本书受到国家社会科学基金项目“‘环境规制、技术创新、产业结构’三位一体的绿色转型机制研究（编号：15CJY035）”、黑龙江省哲学社会科学研究规划项目“波特假说框架下黑龙江省制造业绿色转型升级的创新驱动机制与发展对策研究（编号：20JYB026）”和黑龙江省博士后科研启动金项目（LBH－Q19176）的资助

环境规制下技术创新驱动的产业绿色转型研究

HUANJING GUIZHI XIA JISHU CHUANGXIN QUDONG DE CHANYE LVSE ZHUANXING YANJIU

张　倩　刘　丹　著

中国财经出版传媒集团
中国财政经济出版社

图书在版编目（CIP）数据

环境规制下技术创新驱动的产业绿色转型研究 / 张倩，刘丹著. -- 北京 : 中国财政经济出版社，2021.8
ISBN 978-7-5223-0442-7

Ⅰ.①环… Ⅱ.①张… ②刘… Ⅲ.①环境政策-影响-产业结构升级-研究-中国 Ⅳ.①F269.24

中国版本图书馆 CIP 数据核字（2021）第 050079 号

责任编辑：彭　波　　　　责任校对：胡永立
封面设计：卜建辰　　　　责任印制：史大鹏

中国财政经济出版社 出版

URL：http：//www.cfeph.cn
E-mail：cfeph@cfeph.cn

社址：北京市海淀区阜成路甲 28 号　邮政编码：100142
营销中心电话：010-88191522
天猫网店：中国财政经济出版社旗舰店
网址：https：//zgczjjcbs.tmall.com
北京财经印刷厂印刷　各地新华书店经销
成品尺寸：170mm×240mm　16 开　14.75 印张　220 000 字
2021 年 8 月第 1 版　2021 年 8 月北京第 1 次印刷
定价：68.00 元
ISBN 978-7-5223-0442-7
（图书出现印装问题，本社负责调换，电话：010-88190548）
本社质量投诉电话：010-88190744
打击盗版举报热线：010-88191661　QQ：2242791300

前　　言

长期粗放式经济发展模式造成资源枯竭、生态破坏严重、环境污染现象突出。生态环境作为经济社会发展的一项重要资源要素，同时也可能成为约束经济发展的短板，是经济社会持续健康发展的支撑点。为了转变经济发展方式，摒弃损害甚至破坏生态环境的发展模式，解决“产业发展”与“环境保护”长期脱节的矛盾，促进经济和社会的绿色可持续发展，必须调整能源消费模式，充分重视资源节约，有效治理环境污染。进入经济发展新常态以来，适时提出了绿色发展新理念，绿色成为新时代发展的主基调。技术创新是解决环境污染和经济增长矛盾的根本所在，是产业转型升级的重要动力，绿色技术创新是推动绿色高质量发展的关键驱动力，能够实现生态环境的有效建设管理和促进经济发展的“双赢”局面。政府环境规制是影响产业可持续发展水平的短期效应和长效机制的重要外部约束。研究政府环境规制与企业绿色创新的协同机制，以创新驱动产业绿色转型，推动以生态优先、绿色发展为导向的产业高质量发展，具有较强的理论价值和实践意义。

本书的主要研究内容和结论包括如下几个部分：

第一，明确研究主题，界定相关概念，构建理论研究框架。通过梳理该领域的相关主要文献资料，结合实践发展需要，明确本书的研究主题。界定环境规制、技术创新、产业转型等关键概念，剖析“波特假说”框架，为研究奠定理论基础。构建产业绿色转型的动力机制，分析促进转型的驱动要素；基于生命周期理论构建产业演化的三维模型体系，并结合熵值的数理模型分析产业发展过程熵值的变化；基于超循环理论深入探索产业绿色转型的形态创新、结构创新、组织创新和系统创新，探讨“环境规制、创新驱动和绩效提升”的耦合，以共同推动产业绿色转型演化。

第二，研究环境规制和企业绿色创新的协同作用。首先，以“波特假说”为理论基础，研究环境规制的技术创新倒逼效应。在分析绿色创新动机和形成机制的基础上，通过构建演化博弈模型，探究政府和企业的行为特征及其影响因素，根据复制动态方程分析博弈双方的演化规律和不同情形下的演化均衡状态。研究结果表明，系统稳定均衡策略取决于企业积极开展绿色创新活动和政府严格环境规制的净收益大小，主要的测度指标包括政府宏观监管力度及水平、环境规制费用、经济的惩治、企业绿色转型投资及产出，综合绩效考核中的生态指标和经济指标权重等。其次，以数理模型推导不同环境规制政策对企业技术决策的影响差异。结果表明，在完全信息条件和非对称信息条件下，不同环境规制政策类型发挥作用的条件、途径及对企业技术创新作用的效果存在差异。最后，环境规制反过来受企业技术决策和技术水平的影响，两者存在协同作用，这也是本书的一个特色之处。

第三，研究环境规制约束下创新驱动的产业绿色转型模式。首先，基于“波特假说”理论，从对企业行为影响的视角，构建“环境规制、创新驱动和绩效提升”耦合的企业绿色转型发展框架，从微观经济主体角度提出，环境规制下企业采取积极环境管理策略的绿色转型发展模式。其次，基于生态效率理论，从企业生态效率提升、产业生态效率提升和区域生态效率提升三个层面，提出产业绿色转型模式。再次，构建产业生态风险多主体“协同共治”的绿色转型模式，通过多主体协作共同推动产业良好发展。最后，利用系统动力学建立3E系统可持续发展模型，探讨反映“经济—能源—环境”系统可持续发展的产业绿色转型模式。

第四，建立动态回归模型，检验假设条件，分析滞后效应和交互作用，归集直接或间接作用于绿色创新和产业效率的环境规制因素。鉴于环境规制政策的不同类别与特点、企业技术创新类型和绿色发展绩效，选取并建立相应的指标体系进行评价，基于方向性距离函数对我国不同省区市环境规制下的产业效率进行测度，并考虑其他控制变量影响，以我国各个省区市2005～2016年的面板数据资料为样本进行实证检验。实证分析结果表明，恰当的环境规制激励企业绿色创新，绿色创新在提升绩效水平和生态效率过程中发挥显著的中介效应，但是存在政策和区域异质性，技术创新和环境规制共同影响产业绿色转型效率。

第五，从完善环境规制政策体系、提升技术创新主体能力、健全创新驱动运行机制和推动产业绿色高质量发展四个层面提出产业绿色转型路径。在经济转型的关键时期，科学设计环境规制政策体系，不断优化环境规制手段，适度提高环境规制强度，发挥环境规制的积极作用，根据不同行业和区域选择差异化的规制工具，有助于激励企业积极创新，提升绩效水平；从提升政府主体的保障能力、企业主体的创新能力、高校和科研机构主体的培养能力和中介机构主体的服务能力等方面提升创新主体能力，有助于提高绿色创新水平；完善创新动力机制，发挥多主体协同合作和市场机制的调节作用，健全创新驱动的运行机制，加快创新驱动产业绿色转型发展；变革产业发展形态，拓展路径优化产业链，推动产业集聚，打造产业创新系统，大力发展绿色产业，构建绿色工业体系，引导产业结构更加合理化高级化，推动产业绿色转型，以维护生态安全、产业安全，实现经济社会发展和环境保护双赢的高质量可持续发展。

作者

2021年1月

目　　录

| 第 1 章 |

绪　　论

1.1　研究背景及研究意义

1.1.1　研究背景

20 世纪以来，全球工业迅速发展，经济高速增长的同时付出了沉重的环境资源代价，环境污染重、生态受损大，生态系统问题引起了社会的高度关注。2003 年《我们未来的能源：创建低碳经济》白皮书中指出，应降低自然资源消耗，减少污染物排放，获得更多的经济效益。随着改革开放的发展，中国经济实现了突飞猛进的发展，但是以资源的过度消费和环境污染为代价。长期以来，我国产业呈现粗放式发展模式，不注重技术研发投入，投入产出率偏低，创新驱动不足，整体产业竞争力不强，经济增长减缓，能源浪费现象严重，生态环境承载力下降，资源储量呈减少趋势，高污染、高排放、高能耗、低效率等问题突出。我国能源结构中一次性能源煤炭始终占有绝对优势，一直是我国的主体能源产业。2016 年，我国经济生产总值超过 74 万亿元人民币，大概占到全球总量的 15%；能源消费总量达 436000 万吨标准煤，占世界的比重为 23.0%①；大量的能源消耗使污染物排放量增加，废水排放达 7110953.88 万吨，大气中的工业二氧化

① 《世界能源统计年鉴 2017》。

硫排放量达 1102.86 万吨；环境污染治理投资总额占 GDP 比重为 1.24%。根据环保部发布的《环境空气质量标准》规定，114 个城市中仅有 8 个城市达标。2016 年美国耶鲁大学发布的《全球环境绩效指数》（EPI）显示，我国在 180 个国家中排名 109 位，2018 年排名第 120 位。能源利用效率低、发展方式粗放加上环境治理懈怠，是造成我国能源和环境问题的罪魁祸首，负的生态环境效应严重影响我国的生态安全和经济社会的可持续发展。

随着生态环境问题日益严重和生态系统的退化，中国政府意识到生态环境治理的重要性，从 20 世纪 80 年代以来开始制订相关环境法律和法规。环境污染不仅与经济发展阶段有关，而且受环境规制政策的作用和影响。1979 年，制订并通过了《中华人民共和国环境保护法（试行）》，1989 年修订并颁布了《中华人民共和国环境保护法》。此后，相继发布了《中华人民共和国大气污染防治法》（2000）、《中华人民共和国水污染防治法》（2008）、《国家重点监控企业自行监测及信息公开办法（试行）》（2013）、《中华人民共和国节约能源法》（2018 年修正）等，尤其是 2016 年颁布于 2018 年实施的《中华人民共和国环境保护税法》更具有时代意义。虽然“费”改“税”强化了环境税费政策的税收刚性和法律权威，但征收主体仍在地方，环境税对经济发展造成何种影响尚无定论。部分环境政策明确规定了产品的技术标准和污染排放标准。这些法规在约束企业污染行为的同时，也给可持续发展带来了压力，尤其是对于对环境规制成本承受能力低的中小资源型企业以及资源严重短缺和环境污染严重的行业和区域。此外，工信部制定了相关产业政策和标准、清洁生产政策等。环境税、补贴、排污权交易等规制政策有助于解决市场“失灵”造成的环境问题的负外部性，改善环境质量。

近年来，我国不断推进建设环境友好型社会，越来越多的专家学者意识到环境和发展是相互协调的关系，越来越多的政策支持建设绿色社会。在党的十八届三中全会上，明确提出建设环境友好型社会，将生态发展和经济建设结合起来，开启了构建“两型社会”的新篇章。随着我国对建设环境友好型社会重视程度的加深，探讨一条实现经济效益和环境效益共赢的生态发展之路成为时代必然。党的十八届三中全会将生态文明建设融入经济社会发展，提出构建“两型社会”。党的十八大首次把生态文明建设列入“五位一体”的总体布局，提出要着力推进生态文明建设，加快转型升级、实施创新驱动的产业发展策略，明确提出中国未来发展要走绿色、循环和低碳发展之路，这为建立“产业”与“环境”，“创新驱动”与“生态转型”的互动关系，实现产业生态化发展提供了重要契机。党的十九大报告指出要着力解决突出环境问题，加大环境治理力度，我国经济已由高速增长阶段转向高质量发展阶段，重点支持传统产业的优化升级，再次要求“推进绿色发展”，这为经济社会转型实现工业高质量清洁发展指明了方向。绿色发展是资源合理开发和利用的核心要求，是社会资源优化配置的有效路径，是推进产业革命实现高质量发展的必然选择。

我国将生态文明建设作为实现绿色转型和可持续发展的重大战略，进一步凸显了环境规制的重要性。为了破解生态难题，增强发展动力，实现绿色可持续协调发展，必须落实到企业。生态环境问题归根到底是发展方式的问题，在环境规制政策导向下，做好改造升级工作，企业不仅要实现自身市场竞争力和盈利水平的提高，而且应提高环保意识，自觉把环保责任融入企业发展战略和生产经营过程中，承担保护环境、节约资源的重任，将环境绩效纳入企业综合绩效评价体系，实现企业价值的综合提升，才能实现让“老树发出新枝”，推动绿色发展转型。我国拥有产业核心技术且有市场竞争力的企业相对较少，缺乏高端人才，因此应从重视研发创新、实施柔性生产、建立品牌优势等方面加快产业发展。企业为了追求综合效益最大化，提升发展质量，抢占市场份额，获取竞争优势以立足于不败之地，必须依靠先进的技术手段，创新能力是实现双赢的决定性因素。通过技术创新实现对产业的破坏性创造，充分发挥技术创新的动力作用，打造经济增长新引擎，创新技术成为产业转型的关键动力。以创新为驱动力，优化资源配置，加大绿色技术投入和研发力度，积极实现成果转化和推广，是支撑经济生态化发展的必然选择。

环境规制带来的遵循成本内部化是否可以激发绿色创新动机，增加绿色市场需求，倒逼企业绿色创新，减少能源消耗和污染排放，降低运营成本，形成新的增长点，提高市场竞争力，促进产业发展和结构调整，实现生态社会多维度发展，综合提高经济绩效、环境绩效和社会绩效水平成为当前研究的重点。本书主要解决以下几个问题：

第一，环境规制是否可以倒逼企业的绿色创新行为？作用机制和根源是什么？

第二，绿色创新是否具有完全中介作用，以促使环境规制提升企业绩效？

第三，环境规制作用下是否可以充分激励企业开展技术创新活动，以绿色创新驱动产业绿色转型？

1.1.2 研究意义

经济新常态对产业发展产生了重大影响，转变产业粗放型发展模式，将资源节约、环境友好和经济发展作为发展目标，促进产业绿色转型，实现“绿色创新驱动”和“综合绩效提升”，对于实施国家绿色发展战略具有决定性作用，绿色发展可以带来更多生态“红利”。创新理论为中国产业的转型提供了宝贵的理论支持，探讨环境规制下绿色转型与绿色技术创新协同发展路径，有助于为产业的绿色转型实践提供有价值的实践参考和理论支撑。

（1）理论学术价值。

为“波特假说”提供重要的经验证据，健全环境规制政策的“波特效应”触发机制研究。“环境规制与创新、绩效”的关系研究是一个重要的学术研究领域。本书系统地考察环境规制的创新效应和经济后果，一方面可以检验“波特假说”，并对一些研究成果进行相应修正；另一方面也可以为“环境规制与经济发展”这一研究领域增添更多新的视角。绿色转型机制的研究是环境经济学前沿学术领域的重点方向之一，但目前理论与实践结合的趋势和力度不够，加强环境规制实际效应的研究将会成为解决理论联系实际的最有效尝试途径之一。本书主要采用制度经济学的研究方法，在中国社会经济转型的大背景下结合经济制度的调整以及经济增长方式的转变等具体因素，以政府、产业和企业为研究视角，以产业绿色转型为核心，应用多学科理论的前沿成果，探索生态经济学、环境经济学和产业经济学关注的突出问题，有助于丰富产业转型升级的理论研究体系，从理论上理解环境规制、创新驱动与产业绿色转型升级之间的联系渠道，有重要的学术价值。

（2）实践应用价值。

本书着眼于可持续发展，确保生态文明与经济建设的双赢效果，推进生态文明建设，促进产业转型升级，提高经济发展质量。有助于健全生态环境资源监管体系，提升生态环境治理能力，构建以提升生态环境质量为重点的生态文明体系。有助于重视结构效应，提高技术驱动效应，发挥科技支撑力，促使产业向更有利于经济、社会发展和生态文明的方向发展，即产业结构的高级化、高端化、绿色化。有助于为环境规制的经济后果评估提供经验证据。通过实现产业绿色转型及优化升级，提高经济发展质量，整合经济增长目标、生态环境保护和社会福利提升目标，增强产业竞争力，探寻出一条经济社会可持续发展的道路，实现人与自然和谐共生，促进环境、经济和社会三者共同达到平衡。

（3）政策指导价值。

本书为系统分析环境规制政策的综合影响提供思路，为政策制定者评估环境规制改革的效果提供重要依据，为后续环境规制政策的出台提供事前的参考。为实现产业绿色转型升级提供更多的政策调控切入点，为政府根据实际情况制订环境规制政策、创新政策和产业发展政策提供合理化建议，强化政府的政策支持功能和监管功能，为健全地方配套设施，优化产业发展决策提供借鉴意义，也为区域协调发展提供政策建议。

1.2 国内外研究现状综述

19 世纪末 20 世纪初，经济规制经历了“较少规制—规制—放松规制—以放松规制为主导的再规制与放松规制并存—再规制”的变革过程。20 世纪 60 年代以来，环境污染问题日益引起重视，各国政府均放松了经济规制，社会性规制持续加强，环境规制逐渐跃上历史舞台并日益走向成熟。70 年代，很多学者认为环境规制增加成本、挤占资源，阻碍技术创新，制约经济发展。80 年代末，出现了大量可持续经济增长的研究（Barbier，1989）。90 年代初，波特等提出恰当的环境规制能激发企业绿色技术创新活动，可通过创新消化掉增加的成本（波特假说）。也有部分学者认为，环境规制增加企业的总生产成本，阻碍技术进步，环境规制对产业绩效产生负面影响（Walley，1996；Jaffe，1997）。之后的20年，出现了大量研究从理论或实证角度证实或证伪“波特假说”。进入21世纪，很多学者展开了环境规制与技术创新、经济增长方式、企业竞争力、产业结构与绩效的进一步研究。环境政策是促进绿色发展的关键因素，尤其是对于欧盟国家（Brito et al.，2008）。然而，面临环境规制日益增长的压力，对于地方政府和企业管理层是否应采取积极且有效的措施应对环境规制这一问题并未得出一致的研究结论。因此，环境规制对绩效水平的最终影响效果并不明确。目前的环境规制理论尚不成体系，环境规制对企业的微观影响机制、对产业的中观机制更是少之又少，难以发挥应有的协调作用。因此，融合新古典经济学、生态经济学、演化经济学、制度经济学和环境经济学等理论，完善该方面的理论研究显得尤为迫切。

1.2.1 产业结构及绿色转型发展

产业结构升级的理论研究最早可追溯到佩蒂（Petty，1690），他认为产业结构的差异化导致世界各国的国民收入水平不同，由此产生了经济的不同发展时期。Frosch（1989）将生态学原理应用于产业发展，丹麦卡伦堡共生体系是构建生态产业链的成功案例。Corden 和 Neary（1982）通过构造三部门模型研究发现，依靠能源资源的产业发展能够提升可转移生产要素的边际产品价值，促使生产要素实现转移和资源的重新配置。日本经济学家筱原三代平（1990）对产业结构转型升级深入分析后发现，应以技术进步推动需求增长快的产业，并发展其为龙头产业或主导产业，实现产业的优化升级。经济学家罗斯托（1995）认为，产业部门中占主导地位的行业迅速扩大是经济快速发展的主要推手。Bertinell（2007）指出功能性、认知性和政治性是对资源稳定需求时的重要特征，这三个特点会构成刚性专业化的“陷阱”，从而限制新兴产业进入市场。王必达和王春晖（2009）曾经发现，初始要素禀赋作用于制度变迁的路径选择，传统资源型产业为主导的产业体系转型成本较大，导致经济增长长期被锁定在持续依赖资源的模式，难以实现升级发展。姚予龙等（2011）实证研究发现资源“诅咒”导致区域产业结构单一。

进入21世纪以后，我国学者对产业转型升级的概念等相关理论（郑健壮等，2012）、影响因素（陈敦贤，2000；刘志迎等，2013；王云，2017）、发展方向（金培，2009；徐充，2011；罗建强，2013；刘客等，2014；黄群慧等，2015）、转型模式（李猛、张米尔等，2002；任一鑫等，2018）和转型路径选择（何德旭等，2008；黄付生，2010；洪银兴，2014）进行了大量研究。产业转型升级是以微观主体——企业为单位进行的，薛有志等（2012）、唐孝文等（2015）从企业层面研究了产业战略转型的内涵、路径、影响因素、作用机制和转型模式等内容，旨在为产业转型升级明确方向提供理论指导。

尹琦等（2002）最早提出生态产业概念，孙顺利等（2007）研究了矿区生态产业的形成机理和延伸风险，席旭东等（2011）分析了矿区生态产业规模优化、集成路径和模式，马立强（2011）基于SWOT框架探讨了我国矿区生态产业发展问题，郭训成（2012）剖析了黄河三角洲高效生态产业发展状况，李英等（2013）构建了黑龙江省大兴安岭林产工业的生态产业链。

国内外很多学者研究讨论了技术创新对促进绿色发展的重要性。国外研究起步较早，熊彼特早在1912年发现，企业创新对行业的发展和经济结构的优化有积极的影响，随着研究的深入，熊彼特的创新理论得到长足的发展，在产业变迁和经济结构中的运用更多。Pavitt（1984）研究了基于企业创新发展的企业模型，指出不同行业的创新能力相差明显，固化的产业环境也限制了企业的创新发展，创新发展和产业环境相互影响，在这个过程中，产业演化的轨迹也会随之改变。Nelson 和 Winter（1982）经过研究发现了适合产业演化的模型，推动产业不断演化。Wang Bang 和 Zhou Min 基于博弈理论推导对企业转型的时机和策略抉择展开研究，发现如果技术创新和扩散范围在经济主体承受范围之内，经济主体会主动进行产业转型。Tellis 等（2008）论证发现创新在当代经济可持续发展中发挥关键作用。Padilla - Perez 和 Gaudin（2014）研究了科学、技术和创新（STI）与可持续经济增长之间的关系，结果发现，在中美洲国家 STI 优势与社会经济发展具有很大的关联关系。

国内很多学者也展开了相关研究。刘家顺（1992）和王元月等

(2003) 提出，技术进步是实现产业结构调整和主导产业变化、更替的主导因素和有效途径。许庆瑞 (2006)、黄少安 (2007)、陈劲 (2012)、眭纪刚 (2013) 等进行了创新理论与转型发展关系的探讨。很多学者认为技术创新影响产业结构变化路径 (丁云龙，2010)，技术创新的鼓励政策对产业结构升级和经济增长方式转变有着十分重要的影响 (高俊光等，2007；孙军，2008；刘凤朝，2008；李丹，2013；张里阳，2013)。孙毅 (2012) 指出绿色技术创新是实现生态化转型的主要驱动力量。Yang 和 Wang (2013) 认为先进的技术提升效率水平，并促进能源资源的清洁利用。张江雪等 (2015) 通过实证研究表明，技术因素能够改进工业绿色增长指数 (Green Growth Index of Industry, GGII)，自主创新比国内外技术引进更有助于提升绿色绩效水平。

1.2.2 创新驱动发展与产业演化

(1) 创新驱动发展战略的提出。

约翰·雷 (1834) 在其著作《关于揭示〈国富论〉中自由贸易和一些其他学说谬误的政治经济学新原理》中最早提出了技术在经济发展中的核心地位，他被认为是演化经济学和创新经济学的重要先驱。约瑟夫·熊彼特 (1912) 首次从创新推动技术进步的角度定义了创新，并提出创新是一种新的生产函数，即新的组合，这个组合通过与经济社会发展中的某一领域结合，会诱发这一领域的变革，创新行为能帮助企业提升利润从而促进经济增长，创新也能促进产业变迁和经济结构的转变。创新驱动概念的正式提出是在 1990 年，迈克尔·波特 (1900) 在著作《国家竞争优势》中认为，国家经济在经历要素驱动、投资驱动后转向创新驱动，他以钻石理论为依据，提出了国家产业参与国际竞争的四个阶段：生产要素驱动、投资驱动、创新驱动和财富驱动、创新驱动阶段，知识应该作为经济增长的主要动力，此时国家的主导产业以技术密集型产业为主，自此，各国学者不断拓展波特的创新驱动理论，创新驱动成为研究热点。

(2) 技术创新与产业演化。

Nelson 和 Winter (1982) 构建了演化增长模型，提出技术变迁是经济增长的主要驱动力，产业演化的主要表现形式是产业的结构变革，这也是经济增长过程的核心特征。Pavitt（1984）在研究中构建了基于技术创新的产业依赖模型，提出在不同的产业间技术创新实践存在明显差异，特定的产业环境对技术创新行为具有一定的制约作用，同时技术创新行为对产业环境也产生较明显的作用，对产业演化轨迹存在影响。Pissarides（2007）在实证研究中发现，技术进步的差异导致了产业发展速度的不同。Boglicaino 等（2013）结合技术创新、研发投入与企业利润因素，进行了产业演化模型的构建，并通过实证检验了几个因素间的互动关系，揭示了技术创新与产业演化的互动规律。Jeon 等（2016）指出，消费者需求诱发了企业的技术创新活动，进而推动了产业的快速发展，市场需求与技术创新的相互作用是推动产业演化的重要因素。王元月等（2003）提出技术创新是加快城市产业结构调整的有效途径，并以资源型城市为对象指出产业技术创新推动了资源型产业内部的优化和拓展，实现产业间的渗透和融合。王兆峰等（2011）结合区域因素进行了区域旅游产业演化模型的构建，提出产业演化的过程是不断突破路径依赖的过程，技术创新是核心驱动力，产业演化伴随着技术演化。陶忠元等（2016）指出，技术创新通过扩散效应和技术模仿的乘数效应影响产业演化。钟章奇等（2020）提出，企业技术创新行为能有效驱动区域的产业结构演化发展，同时，产业结构的演化发展对企业的技术创新行为也具有一定的约束作用。

（3）制度创新与产业演化。

新制度经济学代表人物 North（1993）强调制度变迁的决定性作用，认为经济增长取决于制度的路径依赖性。Nelson（2002）指出制度不仅是影响经济利益的约束或激励机制，同时也可以被看作技术的内生变量，作用于经济增长和产业演化过程。Yildizoglu（2002）利用简化的 N－W 模型，将制度创新聚焦于企业的创新策略中，分析了不同创新策略对产业演化的影响，揭示了制度创新在产业演化进程中的驱动效应。Paraskevoupoulo（2012）提出产业规制政策与产业演化两者互为影响，不是单向关系，制度创新也具备动态演化特征，演化过程与技术创新演化具有相似性。Range 等（2015）分析了瑞典政府通过制度创新促进企业的生态创新，进而促进产业结构升级。于立等（2008）提出政府、企业和居民是产业演化的参与主体，其中，中央政府是最终责任者，省级政府承上启下，城市政府则是直接责任者和最终受益者。刘丹（2012）提出制度创新通过引导和规范各类市场主体合理开发资源，避免资源的过度消耗，同时制度创新通过改变投资方向等，培育接续产业，促进产业演化过程。陈衍泰等（2012）通过4个维度分析了战略性新兴产业演化的影响因素，并指出制度维度是重要决定因素。阮建青等（2014）提出，地方政府的政策导向对产业发展有较强的引导和支持作用，地方政府是否能提供合适的公共产品，是产业升级过程中保持竞争力的决定因素。

（4）创新协同与产业演化方面。

众多学者在研究中指出，技术和制度在推动产业演化过程中，存在互动关系，良好的制度环境有利于产业技术创新，而产业技术创新能力的提升也促进了制度环境的良性发展，两者表现为协同演化。Nelson（2002）认为技术是产业演化的主要驱动力，同时，制度通过推动技术的进步促进产业演化，两者互为作用，技术创新的速度受制度的制约，而新技术的适用情况也影响新制度的实施。Pelikan（2003）指出产业演化可以分为制度创新演化与技术创新演化，其中制度可视为约束规则，两者的协同演化是产业演化的本质。Nelson（2005）指出技术与制度不是分别独立的，它们之间应该被理解为协同演化，这种演化关系被看作经济增长的主要驱动力。Sabadie（2014）指出，为保持可持续的技术创新，应提供良好的商业化环境和相关的政策支持，技术和制度的交互作用，能有效推动产业从资源密集型转变到知识密集型。党咨文等（2015）认为技术创新和制度创新间的关系表现为：技术创新决定制度创新，同时制度创新对技术创新具有反作用，当制度不能适应技术时，要通过制度创新推动技术进步。黄凯南、乔元波（2018）研究提出，技术和制度的协同演化是通过对企业适应度的影响建立的，在两者的协同演化过程中还伴随着模仿效应、创新效应和规模效应。赵晓奔（2019）认为技术创新、制度创新和产业间的协同演化是通过“企业家精神”建立反馈环，进而实现协同演化过程的。

1.2.3 环境规制对技术创新和产业发展的影响

对国内外众多学者的研究总结发现，健全的环境规制对行业的创新发展有显著的推动作用，同时也能够促进产业结构优化和资源配置，提升绿色绩效水平。

（1）环境规制对企业技术创新的影响。

综合国内外相关研究发现，有关环境规制对企业技术创新的研究结论莫衷一是，学术界的激烈争论一直不断，主要存在四种观点：负相关、正相关、不确定、协同作用。

其一，环境规制抑制企业技术创新，即负相关理论。环境规制向企业施加履约成本，增加私人成本，环境污染的外部成本内部化挤出创新研发投入，影响企业的资源配置，从而抑制技术创新能力，对企业生产率产生负面影响（Denison，1979；Gollop and Robert，1983；Dean and Brown，1995；Gray，2001；Nakano，2003；Gangadharan，2006；Brännlund and Lundgren，2010；Greenstone，John and Syverson，2010；江珂和卢现祥，2011；沈能，2012），经济效应不足以弥补巨额的规制支出，导致企业经济效益水平下降（Jaffe et al.，1995；Ramanathan et al.，2010）。卢洪友等（2019）、王海等（2019）认为中国环境税税负的提高不仅没有产生“波特效应”，反而对地区绿色创新能力的发展产生“负激励”，对企业 TFP 产生负向影响，呈现“挤出效应”，不但未能产生“蓝色红利”，反而在数量和质量层面抑制了中国经济增长。

其二，恰当合理的环境规制政策和强度能够促进创新的发展，有助于激发相关的行业创新活力，提高行业竞争力，产生“创新补偿”效应，即正相关理论（Porter，1991；Cole et al.，2005；Ambec and Barla，2006；Khanna et al.，2009；Ramanathan et al.，2010；Popp et al.，2011；De Marchi，2012；Kneller and Manderson，2012；赵红，2007；张华和魏晓平，2014；李阳等，2014；张倩，2013、2016、2018、2019）。适当的环境规制政策和强度促使被规制企业积极创新，推动技术进步，能够提高行业的总体发展效率，“创新补偿”效应可以弥补发展生态友好型企业带来的成本，获得竞争中的比较优势（Horbach，2008；nabel and Jaime，2015），进而增加经济效益（Yang，Tseng and Chen，2012；王杰、刘斌，2014；张倩，2015）。有研究表明，环境规制与专利申请数量存在正相关关系（Johnstone，Hascic and Popp，2010；沈能、刘凤朝，2012）。Rennings（2000）认为绿色创新具有一般技术的溢出效应和外部环境成本的“双重外部性”，环境规制对不同企业的创新活动产生推/拉效应，对绿色创新产生促进作用。大多数学者通过实证研究发现，环境规制有助于提高生产率（李胜文等，2010）；通过绿色创新改善环境绩效，为企业提供良好的经营环境，降低污染防治成本，提高资源使用效率，向市场供给绿色产品取得差异化优势，以提升竞争优势，获得更好的市场绩效以改进企业综合绩效水平（董颖、石磊，2013；Ramanathan，He and Black，et al.，2017）。Klassen 和 Mclaughlin（1996）实证分析发现企业环境绩效与经济绩效呈现正相关性，而 Orlitzky 等（2003）、Margolis 和 Walsh（2003）研究发现两者是弱正相关关系。Russo 和 Fouts（1997）实证研究发现，企业环境绩效与经济绩效是正相关关系，其相关系数受行业增长速度等因素的综合影响。Lin 和 Yang（2011）使用协整检验和格兰杰探讨了环境规制与技术创新的关系，结果表明。从长期来看，环境规制对技术创新的影响作用在中国的三个不同区域都为正。

其三，环境规制对技术创新具有不确定性影响，存在错综复杂的非线性关系，受规制类型、企业资源禀赋、技术特征、产业类型等方面的异质性影响，即不确定性论（Cleff et al.，1999；Wagner，2008；Demirel et al.，2011；Kesidou et al.，2012；Horbach et al.，2012；陈诗一，2010；张成等，2011；童伟伟等，2012；许士春等，2012；贾瑞跃等，2013；王小宁等，2014）。环境规制政策工具的严格程度、稳定性和灵活性等特征对创新产生很大影响（Johnstone，Hascic and Kalamova，2010）。蒋伏心等（2013）研究发现，环境规制强度与企业技术创新之间呈“U”形关系，而张倩和曲世友（2014）研究认为两者呈倒“U”形关系。余伟等（2017）研究发现环境规制显著促进创新，但并不能提升经营绩效。梁劲锐等（2018）研究发现环境规制强度对不同类型创新的影响存在偏向性。

环境规制对不同绿色创新类型的调控效果存在政策差异化影响（张平、张鹏鹏、蔡国庆，2016）。欧盟的 IMPRESS 研究认为环境规制政策的变化会催生不同的创新类型。当环境规制强调减少污染排放时，引导企业开展以末端处理技术为主的创新；当环境规制旨在引导企业进行污染防范时，企业以清洁生产技术为创新重点（Kemp and Arundel，1998）。Milliman（1992）和 Prince Jung 等（1996）认为可拍卖许可对企业技术扩散的刺激效果最明显，其次是排污税和环保补贴，命令控制型的环境规制政策收到的成效最差（Jung，Krutilla and Boyd，1996）。除此之外，有专家学者发现不同的环境规制政策工具对企业创新发展的激励效果大小难以排序（Fischer，Parry and Pizer，2003）。命令控制工具与市场激励手段等多种规制政策的恰当匹配和交互作用可以在更大程度上推动技术进步（李冬琴，2018）。Zhao 和 Sun（2016）发现弹性控制政策积极影响中国企业的创新。Castellacci 和 Lie（2017）研究了韩国不同的生态创新类型，结果表明环境税和规制更有助于驱动环保公司的技术创新。

环境规制对绿色发展和技术进步有显著影响，但是对两者的作用机理存在差别。创新是复杂的系统工程，环境规制对创新绩效的影响效果受不同维度（区域、行业、市场、企业自身）协同影响（Zhenyu Jiang，Zongjun Wang and Zhubo Li，2018），经济、环境和社会规制会对创新产生综合效应（Mi Zefeng et al.，2018）。Frondel 等（2007）、Ashford（2007）研究认为，环境规制强度是企业绿色创新决策的重要决定因素，但规制手段、时效和执行效果也有助于刺激替代技术的发展。Oltra（2008）认为环境规制的设计尤其是严谨性、灵活性、时效性和不确定性，也可能是企业创新的关键影响因素。沈能和刘凤朝（2012）研究发现环境规制对技术创新的促进作用存在地区差异。

（2）环境规制对产业发展的影响。

国外学者对环境规制与绿色转型发展之间关系的研究起步较早，研究发现，不管是地区层面还是微观企业层面，环境规制均可通过促进绿色创新，提升企业发展质量，促进转型发展（Lee，2010；Bell，et al.，2017）。新制度经济学代表人物 North（1993）认为经济增长取决于制度的路径依赖性。环境政策是促进绿色发展的关键因素，尤其是对于欧盟国家（Brito et al.，2008）。随着我国资源环境约束加剧，大量国内学者也开始探讨环境规制对企业生态化转型的影响（李婉红、毕克新、孙冰，2013；贾军、张伟，2014；彭星、李斌，2016），以期推动企业实现高质量发展。产业转型要立足区域经济发展的特殊性，推进传统产业的转型升级，发展接续替代产业，推动包括科学技术创新和制度创新在内的全面创新（郑文范，2015）。

“波特假说”认为，环境规制政策的约束伴随着诸多利益机会，敏感的企业能够抢先觉察到行业的技术创新和工艺改进，向着更有利于环境友好发展的道路转型，生态产品的出现逐渐挤压其他企业的市场份额，将推动产业升级。环境规制对产业的影响主要集中在对产业转移、产业升级、产业结构调整、产业绩效等方面影响。部分学者认为环境规制抑制产业绩效的提高（Walley et al.，1996；Jaffe，1997），或存在不确定性影响（Alpay et al.，2002）。但大部分学者认为严格、恰当的环境规制有效地促进了产业变迁和升级（夏艳清，2008；王金，2009；李春米，2010；肖兴志，2013；夏春婉等，2012；徐开军和原毅军，2014；韩晶等，2014），且存在显著的门槛特征及产业、时间和空间异质性（Ljungwal and LindeRahr，2005；Mulatu et al.，2009；原毅军等，2014；钱争鸣等，2014），能够提高产业绩效（李强，2009；黄平，2010；万建香，2011），对产业集聚有正影响（覃伟芳，2015），促进产业结构调整（廖明球，2011；谭娟等，2011；李强，2013）和生态化转型（吕明元等，2014；钟茂初，2015），但影响效果存在地区差异（王询等，2011；李眺，2013）。隋映辉（2010）强调政府政策在产业演化过程中起关键作用。梅国平等（2013）提出了环境规制有利于行业的发展，影响产业结构变迁，能够推进相关企业向环境友好型方向发展，环境规制提出更加严格的行业生态发展标准和限制条件的同时，也赋予产业改革升级的驱动力。董利红等（2015）指出制度质量和技术创新的挤出是产生“资源诅咒”的主要原因，产业转型和结构优化过程离不开高质量制度的约束和引导。

环境规制对产业发展的作用效果受产业特征（不同的污染密集部门、企业规模、资本来源国家的形象）以及环境规制政策类型（Cole and Elliott，2003；Ederington et al.，2005；Zheng and Shi，2017）的影响。List 等（2004）研究发现纽约州企业受宽松环境规制的影响。Dean 等（2009）发现高污染行业的股权合资企业的区位选择倾向于低环境标准区域，受到资本来源国的技术水平影响。Horváthová（2012）研究表明，环境规制对企业生产率的影响效果短期为负，长期为正。姚昕和刘希颖（2010）研究了以碳税为主的环境规制对产业结构调整的作用，于立宏和贺媛（2013）探讨了以市场化机制为主导的能源替代战略与产业结构优化的影响关系。张江雪等（2015）研究发现，强制性的环境制度能够促进行业向着生态友好型的方向发展，但是对公众的影响一般。Zhao 等（2015）发现，相对于强制性的环境制度而言，市场激励型的环境制度和环境保护补助更加有利于行业的生态化转型发展。Ren 等（2016）检验了三类环境规制对区域生态效率影响的差异化。范庆泉等（2016）研究发现，渐进递增的动态环境税政策通过对能源过度使用的纠正，不但体现了促进经济增长与降低污染水平的“双重红利”，而且实现了整条鞍点路径上福利最大化。Zheng 和 Shi（2017）指出，排污收费和公众参与等环境规制工具鼓励行业区位重置，而行政法规等环境政策工具阻止污染行业区位重置。徐文成、毛彦军（2019）提出环境税的实施存在显著的产业结构调整效应。贺娜等（2018）、于连超等（2019）和王海等（2019）都认为环境税对倒逼企业生态化转型的影响存在企业、区域和政策执行情况等方面的异质性。大多数研究表明，环保税加大征收力度并不会对工业经济总产出造成过大负向冲击（吴茵茵等，2019）。

此外，环境规制对产业影响结论的差异性受研究方法论、变量和地理区划等因素影响。Jeppesen 等（2002）将影响因素划分为四大类：实证规范、数据资料、环境规制措施和其他控制变量。Jeppesen 等（2002）指出研究较小的地理区域在很大程度上影响评估结果。Smarzynska 和 Wei（2004）采用不同环境规制衡量方法改进了研究方法。Wagner 和 Timmins（2009）强调除了集聚外部性外，区域规模也是研究环境规制对企业选址影响的重要因素。Rezza（2014）从 26 个最新研究中总结了 5 个子分类：企业污染减排支出、政府环境支出、污染指数、高管意见调查等。Hanna（2010）指出许多美国企业从来不考虑将厂址转移到国外以满足 CAAA。Zhu 等（2014）指出在中国企业区位重置趋势与企业规模呈现倒“U”形关系。

20 世纪 90 年代早期因执行《北美自由贸易协定》，美国 FDI 的流出受到了环境规制政策的影响，由此产生了“污染避难所假说”（Gray，1997；Yang and Kolstand，2002；Waldkirch and Gopinath，2008；Garcia et al.，2009；Quiroga et al.，2009；傅京燕，2010；李国平等，2013），认为环境规制的地区差异影响产业转移（夏友富，1999，金详荣等，2012；周浩等，2015）和产业集中度的调整（张成等，2012）。围绕“污染避难所假说”学者展开了大量相关检验，即发展中国家较低强度的环境规制要求是否会吸引发达国家的高污染性行业进驻。Grossman 和 Krueger（1993）、Copeland 和 Taylor（1994）研究发现美国和墨西哥国际贸易和投资形式受不同环境规制政策的直接影响较小。大部分研究发现，环境规制影响了工业区位和 FDI 配置（Keller and Levinson，2002；Xing and Kolstad，2002；List et al.，2003）。Keller 和 Levinson（2002）发现，不同国家的污染减排成本差异影响 FDI 向美国的流入。在其他的发达国家也得出了类似结论，如法国、德国和韩国（Wagner and Timmins，2009；Kheder and Zugravu，2012；Chung，2014）。Becker 和 Henderson（2000）、Greenstone（2002）发现污染密集企业形成与空气质量规定的严格程度成反比。Mulatu 等（2010）发现环境规制对欧盟 13 个国家的高污染密集产业区位产生了显著的负效应。Chung（2014）声称韩国的污染密集企业向环境规制宽松国家转移。相反，部分研究支持了严格环境规制吸引污染密集型产业的假设。Kirkpatrick 和 Shimamoto（2008）研究发现，对于环境规制力度较小的地理区位而言，高强度环境规制更有利于日本的五个污染行业（钢铁产业、非金属行业、化工行业、造纸业等）吸引 FDI 流入。Tole 和 Koop（2010）实证检验发现，相对严格的环境规制区域吸引更多的黄金矿业企业。此外，另有研究发现，污染密集型产业的区位配置与环境规制不存在显著的线性关系（Ederington et al.，2005；Manderson and Kneller，2012）。Ederington 等（2005）研究认为，污染密集型产业具有相对稳定性，对环境成本的增加反应不敏感。Cole 和 Elliott（2005）认为与环境规制相比，污染密集产业对物质资本和人力资本的反应更为敏感。Manderson 和 Kneller（2012）指出，与宽松的环境规制政策相比，自由贸易政策更有利于吸引英国更多的污染投资。

最近，学者开始关注中国 FDI 的影响（He，2006；Di，2007；Dean et al.，2009；Zheng and Shi，2017）。有研究分析了企业区域重置与环境规制间的关系（Zhu et al.，2014；Liu，2013）。研究人员发现产业区位主要受市场、政府和全球资本三类利益相关者影响。市场势力要求选址能够满足利润最大化，包括劳动力成本、交通运输成本、市场规模和集聚效应（Sleuwaegen and Pennings，2006；Brouwer et al.，2004）。框架图 1-1 中的七个区位因素可用于较为全面系统地解释工业区位选择。

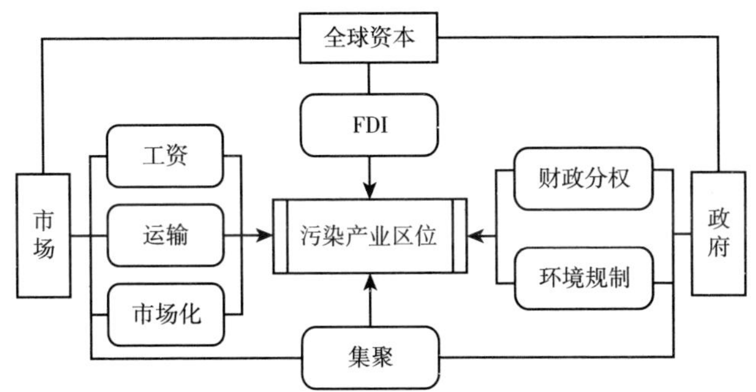

图1-1 中国污染产业区位选择影响因素分析框架

1.2.4 环境规制与技术创新的协同作用

很多学者探讨了技术和制度之间的关系，并取得了显著的成效，大多认为技术创新和环境规制对行业的发展都有积极的推动作用，技术创新和环境规制也产生相互作用，适宜的环境制度能够促进技术创新，技术创新反过来作用于环境制度，影响政府对环境规制政策进行调整，两者动态循环，呈现协同演化的趋势。Erin（2009）指出，技术发展是行业发展最重要的推动力量，环境规制促进技术发展从而间接推动产业结构优化；技术发展受到环境规制等因素影响的同时，新技术在使用过程中的认可程度也影响着环境规制的实施。Victoria（2010）和 Amity（2010）等研究发现，经济的发展是技术创新和环境规制两者影响的宏观表现。Nelson（2005）指出技术与制度之间的协同演化是经济发展的关键驱动因素。黄少安（2007）指出各种层级的政府制度类型和企业技术水平在各类时空场景中产生相互作用力不同，较难分辨制度与技术究竟谁是根本性因素。张景华（2009）认为，产业升级是多种因素协同作用的生态系统。戚文海（2010）指出制度、技术创新、产业结构调整作为动态的因素，表现出辩证的、相互影响的关系，共同推动经济转型。姚平等（2012）、特日昆等（2015）提出技术创新和制度创新发挥协同作用，共同推动产业演化。Sonnenschein 和 Mundaca（2016）的研究结果表明，低碳能源技术与适度政府政策组合不能实现减排目标。

1.2.5 文献综合评述

纵观文献可以看出，学者们在研究视角、实证方法、结论等方面各异，基本都是从环境规制与技术创新、经济增长、FDI、竞争力的关系视角展开，现有文献为后续研究提供了逻辑起点，为继续研究奠定了基础。但相关研究还存在一些不足和值得深入挖掘的问题，具体体现为以下几点。

（1）环境规制政策对创新的作用方向和效应大小取决于政策类型和强度、市场机制、经济发展水平、创新类型、创新阶段以及创新主体特性等内外因素。环境规制主体和客体并非单向维度的关系，不能简单采用“刺激—响应”模型研究两者的关系。现有研究存在的分歧如下：第一，环境规制会对企业的创新行为产生正面还是负面作用？第二，差异化环境规制政策或者强度水平是否引致不同的创新效应？第三，环境规制影响技术创新的关键要素和作用机理可能不同。原因可能主要在于环境规制政策制定和实施年度附近确定存在或很可能存在其他重大事件，因此以这种环境规制为背景的研究很难克服同时期其他事件对企业的影响，这导致研究结论会受到共生性效应的干扰，从而可靠性大打折扣。

（2）环境规制倒逼产业结构调整的相关研究主要存在四个方面的问题：第一，研究视角单一。大部分研究聚焦于单一因素，如政治因素、环境规制、技术创新等。目前的研究专注于单项环境规制政策对产业结构和产业发展的影响，很少有研究将多因素的交互影响纳入综合分析框架，缺乏综合性研究。第二，侧重线性关系研究。在探讨环境规制与产业结构调整的关系时认为环境规制与产业结构是非正即负的线性关系。然而，环境规制增强作用于高污染排放企业，会提高生产要素价格，促使经济主体调整经营策略，受到环境规制本身累积程度的影响，呈现出非线性关系。第三，局限在建立模型考察两者之间总体的关系，不同的环境规制方式对产业结构转型影响差异的却鲜有涉及。第四，研究侧重于实证检验，大多仅停留在检验环境规制作用于企业创新或者企业发展的影响效果上，缺乏内在影响机理的理论机制分析；多从静态视角考察环境规制对产业结构的影响，动态研究较少，忽略可能存在的惯性效应，主要集中在第二、第三产业的比例变动，缺少对能源消耗和污染排放变化的分析。

总之，环境规制对绿色创新有怎样的影响效果，以及如何激励企业的绿色创新行为，并最终提升企业的竞争优势，仍然是当前的重要研究方向之一。此外，越来越多的研究开始认识到环境规制对产业结构调整的影响并非简单的线性关系，而是与制度因素、技术因素、产业类型等因素共同产生作用。产业绿色转型发展是节能减排的有效途径，如何实现产业经济绿色增长，主要驱动因素是什么等问题成为当前研究的热点。

1.3　研究内容和研究方法

1.3.1　研究内容

随着全球经济的崛起以及生态环境问题的日趋恶化，环境规制与技术创新、产业发展之间的关系成为学术研究的一个热点。本书基于“波特假说”等理论，综合研究环境规制、创新驱动和产业绿色转型高质量发展的关系，既探究其内在机理，强调内部运行机制；也力图考虑区域、体制、创新类型及政策的异质性进行实证检验，全书主要分为六个部分：

第 1 章　绪论。首先，阐述研究背景与意义；其次，梳理环境规制、技术创新与产业发展相关研究文献，对现有研究文献进行总结分析，为研究指明方向；再次，介绍主要的研究内容和研究方法；最后，提出研究思路和技术路线。

第 2 章　相关理论介绍。首先，界定研究所涉及的主要概念，包括环境规制、技术创新、产业转型等相关概念；其次，剖析“波特假说”框架，梳理市场“失灵”理论、外部性理论和可持续发展理论，为研究奠定理论基础；再次，构建产业绿色转型的动力机制，分析促进转型的驱动要素；最后，基于生命周期理论构建产业演化的三维模型体系，并结合熵值的数理模型分析和超循环理论，探讨“环境规制、创新驱动和绩效提升”耦合共同推动产业绿色转型演化发展。

第 3 章　环境规制与企业技术创新的作用机制研究。首先，探讨绿色技术创新动机和创新效应的生成机制，构建博弈模型对参与方的均衡策略进行分析，研究政府环境规制与企业绿色创新技术创新策略选择的动态演化均衡状态；其次，剖析环境规制影响企业技术创新行为的政策异质性，通过构建理论模型，推导环境规制对微观主体企业的影响效应和作用条件；最后，研究环境规制和企业绿色技术创新的协同演化互动作用。

第 4 章　环境规制下创新驱动的产业绿色转型模式研究。首先，基于“波特假说”理论，构建“环境规制、创新驱动和绩效提升”耦合的产业绿色转型框架；其次，基于生态效率理论，从企业生态效率、产业生态效率和区域生态效率三个层面提出产业绿色发展提升模式；再次，构建产业生态风险多主体“协同共治”模式，以推动产业绿色高质量发展；最后，构建基于 3E 系统可持续发展的产业绿色转型模式。

第 5 章　环境规制下创新驱动产业绿色转型的实证检验。首先，建立动态回归模型，考虑滞后效应，实证研究变量的直接效应和间接影响；其次，结合不同的环境规制政策、技术创新类型和绿色转型绩效，选取恰当的指标建立评价体系，以我国 30 个省区市 2005 ~ 2016 年的资料为研究样本，并划分为东中西部考虑地区差异，对所提出的 5 个假设进行实证检验。

第 6 章　环境规制下创新驱动产业绿色转型的路径探讨。从建立完善的环境规制政策体系、提升创新主体能力、健全创新驱动的运行机制、打造产业创新系统几个方面提出推进产业绿色转型升级的路径，构建产业生态和谐的发展模式，最终实现绿色高质量发展。

1.3.2　研究方法

本书是针对复杂生态系统的研究，涉及多种研究方法，主要包括以下几种方法。

（1）文献检索分析法。

本书通过文献检索的方法归纳和梳理环境规制、技术创新和产业转型等相关概念和理论，为后面研究奠定文献和理论基础；梳理“波特假说”等相关理论，分析企业技术创新和产业转型的动力机制以及环境规制对企业技术创新和产业绿色转型发展的影响机理。

（2）交叉学科互嵌综合分析法。

应用制度经济学、规制经济学等专业内容，糅合技术创新理论、可持续发展理论、产业生态转型理论、数理模型理论等内容，构建“多维理论分析构架”的基本分析方法体系，展开相关动态分析。运用专家咨询法征求产业发展领域的专家意见和建议，提升研究成果所提出政策建议的可行性和落地效能。

（3）规范研究与实证研究相结合。

首先，从规范视角采用逻辑演绎、规范判断和数学建模的方法，通过目标选择原则、均衡模型、演化博弈等分析环境规制对绿色创新和企业绩效的影响，研究环境规制下产业发展决策的匹配模式。其次，运用统计分析的方法对环境规制、绿色技术创新、企业绩效及产业生态效率测度指标，尽量解决内生性、遗漏变量以及因变量和自变量互为因果等极为常见但又难以解决的计量经济学问题，采用回归模型探究环境规制对企业绩效和产业生态效率的影响效果，进而考虑技术创新的中介驱动效应。

（4）动态分析法。

本书从动态研究视角，应用动态博弈模型分析政府环境规制和技术决策之间的选择，考虑滞后效应运用动态回归方程检验环境规制政策对技术创新和绩效的影响效果；同时还从动态角度检验技术创新在环境规制作用于产业绿色转型过程中的中介作用。

（5）系统分析法。

产业发展和环境保护是一个复杂的生态系统，必须从系统的角度出发，以系统论为基础分析“环境规制、创新驱动、绩效提升”三位一体的产业绿色转型问题中各个要素的错综复杂关系，从系统的高度协同制度因素和技术因素研究产业绿色转型发展问题。

1.4　研究思路和技术路线

本书沿“研究背景→问题提炼→理论研究→模式构建→实证检验→对策探讨”的思路，从宏观、中观和微观层面展开，具体技术路线如图1－2所示。

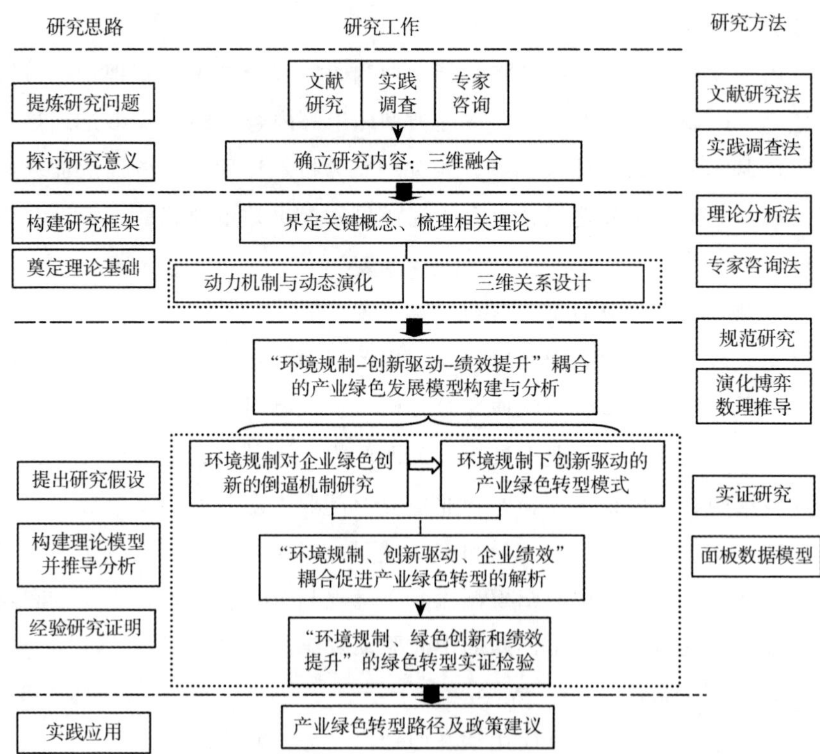
研究思路
研究工作
研究方法
文献研究
实践调查
专家咨询
提炼研究问题
文献研究法
探讨研究意义
确立研究内容：三维融合
实践调查法
构建研究框架
界定关键概念、梳理相关理论
理论分析法
奠定理论基础
动力机制与动态演化
三维关系设计
专家咨询法
规范研究
"环境规制-创新驱动-绩效提升"耦合的产业绿色发展模型构建与分析
演化博弈数理推导
提出研究假设
环境规制对企业绿色创新的倒逼机制研究
环境规制下创新驱动的产业绿色转型模式
实证研究
构建理论模型并推导分析
"环境规制、创新驱动、企业绩效"耦合促进产业绿色转型的解析
面板数据模型
经验研究证明
"环境规制、绿色创新和绩效提升"的绿色转型实证检验
实践应用
产业绿色转型路径及政策建议

图 1－2　本书的技术路线

| 第 2 章 |

相关概念界定及基本理论

2.1 关键概念界定

2.1.1 环境规制的内涵及政策类别

(1) 环境规制的定义。

规制一词来源于英文"Regulation"或"Regulatory Constraint",政府规制是指通过政策、法律、法规等形式对经济主体行为进行控制和制约。政府规制理论的指导和规制政策工具的大力支持,有助于规范经济或社会主体行为,推动经济社会的发展,同时也不可避免地增加了难以市场化和内部化的社会成本,尤其是以效率原则为导向的经济规制难以弥补社会成本与私人成本之间的差额。规制主体通常分为公共机构和私人两种。随着经济社会的不断发展,政府干预对象由单纯的经济事务扩展至生态环境、社会责任等领域,规制理论拓展了新的研究领域,产生了社会性规制理论。

Kahn (1970) 认为从实质上来看,规制是政府命令取代竞争,以提升经济绩效的基本制度安排。日本学者植草益 (1992) 基于经济学角度提出,规制是以特定规则对社会人和经济主体活动进行约束的行为。施蒂格勒 (1996) 将规制界定为强制权,该强制权是为了达到利益相关主体的需求而制定和设计的。Spulber (1999) 等经济学家从不同角度对规制进行了论述,将环境规制定位于公共规制领域,是政府部门为了应对日益糟糕的环境而制定的相关政策。传统的规制理论将环境规制界定为社会规制,在有效助力修正环境外部性的同时，提高资源的配置效率。人们将规制定义为政府部门制定的一系列干预和约束政策，主要涉及保护自然资源的开发、生态环境的保护及空气污染物的排放和水污染的排放等。但是随着市场经济的不断发展，学者们对环境规制内涵的研究开始关注市场机制的作用，环境规制不再单纯局限于政府的行政手段，开始应用市场调节机制来干预自然资源的开发与利用。自 20 世纪 90 年代以来，环境规制的内容日益扩展，典型的表现之一就是除了强制性手段外，自愿型手段广泛应用。Cleff 和 Rennings（1999）将政府政策的推拉效应界定为环境规制。Jaffe 等（2005）认为环境规制是生态环境破坏的必要反应。Frondel 等（2007）指出环境规制是政府兼顾经济发展和环境保护的环境政策工具，是生态创新的重要驱动机制，将其界定为政府政策对企业行为的推拉效应，是引导企业作出正外部性经济决策的重要原动力。如果各环境规制政策之间的目标存在冲突，那么环境规制就很难发挥作用，而且往往会对被规制企业的竞争力和环境保护产生负面效应（Peuckert, 2014）。Wang 等（2015）认为环境规制是旨在解决环境问题的手段，既有助于提高生态环境承载力改善环境质量，也可以有效保证最小化规制成本（Ribeiro and Kruglianskas, 2015）。Korhonen 等（2015）指出，高效的环境规制可以激发企业的环保行为，净收益可以补偿增加的环境保护成本。

国内很多学者也从不同视角界定了环境规制的内涵，但截至目前依然没有清晰而准确的定义。潘家华（1993）在研究中指出环境规制是约束企业的行政手段，而不是借助于市场调节机制对资源开发利用进行干预。李康（2000）认为环境规制是指通过政府的约束措施和手段来引导企业的具体经济行为和决策，保证经济的可持续发展。沈芳（2004）、熊鹰和徐翔（2007）、李旭颖（2008）、赵红（2011）、于文超（2013）、张涛（2017）等认为环境规制是调整和控制经济主体行为，内部化环境污染的负外部性成本，解决社会成本与私人成本之间差异的环境法律、政策法规及相关规章制度等，最终达到经济与自然和谐发展的目标。傅京燕（2006）指出环境规制的目的是通过将外部成本内部化，调整生产和消费至社会最优组合。赵玉民等（2009）和张红凤等（2012）认为环境规制属于社会性规制的范畴。肖璐（2010）从市场调节和政府决策模型分析的视角对环境规制进行解释，她认为政府制定的各项法律制度主要是为了规范企业的行为，目的是保障生态资源和生态环境能够可持续利用，是社会各个利益群体的相关利益动态博弈的结果。董敏杰（2011）研究发现环境规制主要是政府部门对企业主体排放各种污染物的治理及对环境污染行为的限制。刘伟明（2013）认为环境规制是政府通过制订相应法律制度和政策，调节经济主体的活动、约束环境污染行为：实现环境保护与经济协调发展的措施。赵敏（2013）将环境规制定义为，公共机构依据一定的规则，采用行政、市场等手段约束被规制者行为，解决市场“失灵”问题，最大化社会福利的行为。

综合国内外学者的观点，本书将环境规制内涵界定为：为了解决市场“失灵”和外部性问题，防范和控制生态环境恶化，在全社会制定或形成的激励、引导和约束行为主体的各种规则的总和，既包括环境法律法规、条例规定、标准等正式行政命令型环境规制，排污权交易、碳交易等市场调控型环境规制，也包括各种信息披露制度、公众参与等非正式自愿型环境规制。环境规制是为了规范企业主体的经济活动及行为，使环境污染的影响内部化，解决社会成本和私人成本之间的差异，激发创新补偿效应，提高生产率和治污能力，提升企业绩效水平和产业竞争力，实现经济稳定增长、社会和谐发展和生态文明建设的多重目标。

（2）我国环境规制政策实践发展体系及类别。

当前面临的环境问题越来越突出，资源稀缺和环境约束使我国日益重视环境规则政策的发展与建设，自 20 世纪 70 年代以来，我国就开始了环境治理工作，从 80 年代开始逐渐形成相关法律和政策，而党的十八大以后，环境规制的发展得到大幅度提高。随着全球气候变暖等环境问题增加，我国对污染企业的监管政策越来越完善，从 2007 年开始确立重点监控企业，重点监控企业分为国家重点监控企业、省重点监控企业和市监控企业，其中国家监控标准最为严格，然后逐级递减。重点排污单位的范围包含但并不局限于重点监控企业。环保部 2013 年 7 月 30 日颁布了《国家重点监控企业自行监测及信息公开办法（试行）》政策，2014 年 1 月 1 日起国家重点监控企业需要对外披露自行监测信息，并且环保部也会披露对国家重点监控企业的监管信息。根据 2014 年 12 月 19 日发布的《企业事业单位环境信息公开办法》第八条规定，我国将符合相关要求的企业认定为重点排污单位。证监会对上市公司环境污染方面的监管力度也不断加强，2015 年对《公开发行证券的公司信息披露内容与格式准则第 2 号——年度报告的内容与格式》进行修订，第四十四条鼓励上市公司主动披露履行社会责任的情况，并要求重点排污单位按相关环保政策进行环境披露，2016 年和 2017 年证监会分别对《公开发行证券的公司信息披露内容与格式准则第 3 号——半年度报告的内容与格式》和《公开发行证券的公司信息披露内容与格式准则第 2 号——年度报告的内容与格式》进行修订。此外，2018 年起征环境税具有划时代意义，2020 年 12 月 25 日生态环境部审议通过《碳排放权交易管理办法（试行）》，更加说明我国的环境规制制度日趋完善。我国主要环境规制发展历程如表 2－1 所示。

表 2－1　　　　中国环境规制发展历程

阶段	关键特征	主要事件、政策法规和文件	具体表现
1953～1978 年环境保护开创时期	环境保护意识启蒙，环境政策起步	1972 年 6 月我国参加瑞典斯德哥尔摩第一次人类环境会议；1973 年召开第一次全国环境保护会议，通过《关于保护和改善环境的若干规定》；1973 年《工业“三废”排放试行标准》；1974 年 10 月成立国务院环境保护领导小组；1977 年《关于治理工业“三废”开展综合利用的几项规定》	环境保护成为重要的社会问题、“32 字方针”
1978～1992 年环境保护制度建设期	①确立环境保护为基本国策，环境管理制度化和科学化	1981 年《国务院关于在国民经济调整时期加强环境保护工作的决定》；1983 年召开第二次全国环境保护会议；1984 年《国务院关于环境保护工作的决定》；22 个省、自治区、直辖市成立环境保护委员会；1990 年《国务院关于进一步加强环境保护工作的决定》	“三同步”“三统一”“法制化”“预防为主，防治结合”“谁污染谁治理”“强化环境管理”
	②资源环境领域立法体系日趋完善	1978 年《宪法》明确指出环境、自然资源保护及污染防治等；《环境保护法（试行）》（1979）、《环境保护法》（1989 修订）提出五项新制度；1982 年《宪法》增加环保条款；颁布《森林法》《水法》《草原法》《土地管理法》《森林法》《矿产资源法》等	我国资源环境保护立法快速发展，奠定法律基础
	③出台环境规制政策，步入法治化	实行环境影响评价；水污染物排放指标的有偿转让；《征收排污费暂行办法》（1982）	主要依靠行政命令手段，市场“看不见的手”机制政策工具开始起步
	④建立生态环境保护专业化机构	1984 年国家环境保护局成立；1988 年副部级的国家环境保护局独立	生态环境保护司法工作有新进展

续表

阶段	关键特征	主要事件、政策法规和文件	具体表现
1992～2002 年环境规模化治理阶段	①第一次明确提出可持续发展战略、对策	转变传统发展模式，以可持续发展为国家基本方略；《中国环境与发展十大对策》（1992）、《中国 21 世纪议程》（1994）、《中国环境保护行动计划》（1994）	经济、社会、环境各领域贯彻可持续发展原则
	②环境规制的立法进程加快	《环境标志产品认证管理办法（试行）》（1994）；《国务院关于环境保护若干问题的决定》（1996）、《环境噪声污染防治法》（1996）；《刑法》（1997 年修订）规定了破坏环境资源保护罪；颁布相关规范性文件和部门规章	环境污染防治立法修法继续推进；开始注重防止源头污染和治理
	③环境规制体系日益完善	1997 年召开人口、资源与环境问题工作会议；执行污染物排放总量控制制度和排污许可证制度；建立在矿产资源管理领域的政府生态环境治理行政问责机制；开展 SO_2 污染排污权交易试点（1999、2001）	转变污染防治指导方针；加强环保监管，行政控制手段日趋严格；以规制手段促进试点；信息透明化和公众参与出现
	④环境规制保障机构加强	1998 年国家环境保护总局升格为正部级，组建国土资源部；1999 年全国环境保护部门领导管理体制确立为以地方政府为主的双重领导体制	资源节约和污染防治保障机制改善
2002～2012 年生态文明导向的环保综合治理阶段	①资源环境政策、立法和修法密集展开	《大气污染防治法》（2000）、《防沙治沙法》（2002）、《清洁生产促进法》（2003）、《排污费资金收缴使用管理办法》（2003）、《关于开展排污许可证试点工作的通知》（2004）、《可再生能源法》（2005）、《节约能源法》（2008 修订）、《水污染防治法》（2008）、《环境行政处罚办法》（2010）、《节能汽车补贴政策》（2011）	制定和修订大量资源环境领域的相关法律和法规；命令控制型环境规制继续完善，促进了市场激励型环境规制快速发展
	②环境规制体系继续完善	《环保行政许可听证暂行办法》（2004）、2011 年《国务院关于加强环境保护重点工作的意见》，做出加强环境保护重点工作的具体部署；2005～2007 年原国家环境保护总局掀起三次环保风暴；《环境影响评价公众参与暂行办法》（2006）、《环境信息公开办法（试行）》（2007）、《中国环境标志使用管理办法》（2008）、《新疆原油天然气资源税改革若干问题的规定》（2010）	注重清洁生产的经济发展方式；环保信息公开和公众参与机制得到里程碑式发展；资源环境与市场有效联结
	③环境规制专业化机构继续升级	2008 年组建国家环境保护部	环境规制专业化机构的重要性得到进一步重视

续表

阶段	关键特征	主要事件、政策法规和文件	具体表现
2012年至今环境规制改革力度空前加大，生态文明建设深化开展	①环境规制法治建设大力推进	国务院发布实施大气、水、土壤污染防治三大行动计划；《关于进一步推进排污权有偿使用和交易试点工作的指导意见》（2014）、《关于实施煤炭资源税改革的通知》（2014）、《中华人民共和国环境保护法》（2014）、《环境保护税法》（2016）、新《节约能源法》（2016修订）；《中华人民共和国大气污染防治法》《中华人民共和国海洋环境保护法》《中华人民共和国水污染防治法》分别于2015年、2016年和2017年修订；《土壤污染防治法（草案）》（2017）；2018年《环境保护税法》正式施行，生态文明写入《宪法》	法律体系日趋健全；中国环境治理投资占GDP比重加大；生态环境行政处罚力度加大
	②环境规制实现重大制度突破，形式多样化	《关于进一步推进排污权有偿使用和交易试点工作的指导意见》（2014）、《生态文明体制改革总体方案》（2015）、《生态文明建设目标评价考核办法》（2016）、《环境保护公众参与办法》（2015）、《关于全面推进资源税改革的通知》（2016）、《全国碳排放权交易市场建设方案（发电行业）》（2017）、《碳排放权交易管理办法（试行）》（2020）	全面实施生态文明建设目标评价考核制度；环境信息披露和公众参与等形式增多；全国碳市场正式启动
	③规制机构改革加强	《关于省以下环保机构监测监察执法垂直管理制度改革试点工作的指导意见》（2016）、《深化党和国家机构改革方案》（2018）	部署实施省以下环保机构监测监察执法垂直管理制度改革，切实解决地方环保管理体制存在的突出问题

结合表2-1我国的环境规制政策发展历程，基于政府规制政策工具和手段方法的不同，可以将我国环境规制政策总结为以下三种类型：命令控制型环境规制、市场激励型环境规制和自愿型环境规制，如表2-2所示。

表2-2　　　　我国主要的环境规制政策工具类型

分类	典型工具和手段	具体政策
命令控制型环境规制	环境法/污染防治法	大气污染防治法等
	污染排放许可/标准	污染物排放标准
	生产工艺管制/生产技术限制	清洁生产标准（水泥工业）（2009）

续表

分类	典型工具和手段	具体政策
市场激励型环境规制	环保税费	排污收费、环境保护税
	排污权交易	二氧化硫排放权交易制度
	碳排放权交易	全国碳排放权交易市场建设方案
	税收优惠/政府财政补贴	节能补贴政策
自愿型环境规制	环境标准	中国环境标准认证
	环境管理/认证	ISO14000：环境管理体系/环境标志
	环境来信和来访	环保来信来访措施
	环境信息披露	信息公开办法、环境状况公报

目前我国环境规制仍以行政命令手段为主。命令控制型环境规制主要是通过制订相关法律法规和标准来约束企业行为，强制企业减少污染物排放，同时，制订产品质量标准、排污标准、排污许可和排污限额等进行规制，以控制环境污染和破坏，权威性和强制性是命令型环境规制的主要特点。市场激励型环境规制主要是依赖市场自身的调节机制激励与约束市场主体行为，以实现经济发展、社会进步与环境保护的“多赢”，主要是通过收取排污费、税收等经济手段来减少企业污染排放，如排污税、排污权交易和环境税等。自愿型环境规制采用环境信息披露制度、公众积极参与和自愿谈判合作等，鼓励企业和公众参与环境保护，单方面承诺、协商协议和公共自愿项目都是自愿协议形式的规制；环境听证、环境来信和来访、环保教育等都是公众参与形式，自愿型环境规制具有导向性、自愿性、责任性和公开性等特点。

2.1.2　创新驱动

创新不是简单的发现、发明和创造活动，熊彼特（1912）指出创新是一种新的要素组合方式，通过知识、技术和组织等无形要素对资本等有形生产要素进行组合，从而提高生产效率，并从“实现工业的新组织”“引进新的生产方法”视角重点指出了制度创新和技术创新在创新体系中的重要地位。其他学者也相继对创新的概念提出了自己的观点，并对创新的经济学内涵进行了梳理。从经济学角度出发，创新应该被理解为利用知识和技术等要素创造价值的过程，即，将创造知识和技术的能力转化为经济收益和社会财富的过程。综合已有研究观点，可将创新的概念定义为：通过对技术和组织等无形要素进行改造和提升，对资本和资源等生产要素进行重新组合，打破原有生产要素组合方式，达到提高生产效率的目的，进而实现价值再造，推动经济效益和社会财富不断增长。创新的内涵可以从三个方面理解：第一，创新源于对原有知识和技术的积累，进而实现升级；第二，创新是对原有生产要素的重新组合和改造，发挥力量；第三，创新是要实现更高的经济效益和社会财富，创造价值。

创新驱动概念最早提出的学者是波特，他将国家经济发展过程分为四个阶段：生产要素驱动阶段、投资驱动阶段、创新驱动阶段和财富驱动阶段，这一观点的提出概括了不同经济发展进程的驱动工具，也得到了学者的广泛认可。创新驱动是经济发展的高级阶段，是创新经济理论研究的重要内容，从要素驱动向创新驱动的转变，实质上是动力结构的转变，是从资源高消耗驱动发展向创新活动驱动发展的转变，是综合运用技术、制度等创新要素的驱动作用对现有生产要素进行新组合，提高生产效率带动经济增长的过程。创新驱动的概念特征表现为：技术创新通过对原有资源要素进行创新升级，优化要素结构，以技术进步提高生产效率，是经济增长的动力源泉；制度创新是由效益更高的制度对原有制度的替代演进过程，是对制度体系的创新、优化和选择，通过新制度的构建可激励各创新主体行为，加快知识创造，从而优化产业结构，提高经济收益，制度创新是对创新成果的巩固，是经济可持续增长的主要动力。创新驱动不是单一要素驱动，而是多要素共同驱动，包括技术创新、制度创新、金融创新和组织创新等要素的协同互动，其中技术创新和制度创新是核心动力，创新要素的协同演化可有效驱动资源的科学配置和有序流动，推动经济发展从粗放式向可持续内生驱动方式的转变，是实现可持续发展的有效选择。

党的十八大明确提出，要通过实施创新驱动发展战略，加快转变经济发展方式。自此，政府不断为推进创新活动加大经费投入和政策支持，创新体系的构建成为我国区域发展的战略选择。2015 年 3 月，国务院出台《关于深化体制机制改革加快实施创新驱动发展战略的若干意见》文件，进一步明确指导深化体制机制改革加快实施创新驱动发展战略。2019 年 3 月 5 日，国务院总理李克强在 2019 年国务院政府工作报告中提出，近一年来通过深入实施创新驱动发展战略，创新能力和效率得到进一步提升。伴随着创新驱动战略的不断深入，创新主体的参与程度已逐步实现了国家引领同企业自主研发的同步推进，越来越多的企业积极投身到创新研发的浪潮中，积极培养科技创新人才，创建高端科研实验室，企业间在共享理念的带动下重视沟通合作，逐步实现了创新成果的良性循环，加快了新成果的产业化。国家创新驱动发展战略的持续实施与企业创新意识和需求的不断增强，多力齐发的局面促进了我国创新能力的全面发展，推进了以市场为导向、以创新要素组合为核心，保障生产的创新价值链的形成，助推我国向创新型国家的转型，在供给侧结构性改革持续推进的新形势下，创新能力的驱动已成为可持续发展和竞争力提升的重要支撑，成为我国经济发展的不竭动力。

2.1.3 绿色创新

1912 年，熊彼特（J. A. Schumpeter）开创性地提出了创新概念和理论。美国学者曼斯菲尔德（M. Mansfield）认为技术创新是首次被使用或者是首次投放到市场上的新产品或新工艺。1951 年，索罗（S. C. Solo）将技术创新界定为“新思想来源、实现与发展”；G. 林恩（G. Lynn）认为技术创新是通过开发新技术带来新市场，进而将其市场化的全过程。技术创新在国内的研究相对于外国学者来说较晚。项保华和许庆瑞（1989）将技术创新界定为形成新思想到新产品新技术的开发，再到成果的应用，最后是扩散与推广的整个过程。傅家骥等（1992，1998）认为技术创新包括开发新产品、采纳新工艺、开辟新市场、获取新原材料、构建新组织等过程。吴贵生（2000）将技术创新界定为第一商业化的研发成果，是通过新技术与经济发展的协同实现市场化价值的关键。雷家骕（2012）从技术创新源、对象、新颖性等方面对技术创新进行了分类。

技术创新主要是指通过技术进步改变生产函数，提高生产效率，改进产品或者服务的品质，提升市场竞争力。当前，由于能源短缺、环境恶化、经济发展动力不足，导致全球面临多重危机，而技术创新是经济社会可持续发展的根本驱动力。在可持续发展思想指导下，企业技术创新开始转向实现保护环境、节约资源和经济发展相协调，人类与大自然和谐共处成为绿色技术创新的主要目的。绿色技术创新以减少排污量和资源消耗、提高生产效率为首要任务，还要考虑增加环境效益和经济效益等综合效益。绿色技术创新从设计、采购、生产、销售等各个环节考虑了环境因素，强调经济与自然的协调发展，是改变高能耗、高污染，走低碳经济发展模式的基本措施。绿色技术的概念最早由 E. Brawn 等（1994）学者提出。20 世纪 90 年代，著名学者费雪与詹姆斯（1996）将绿色创新界定为新产品和新技术，该产品和技术不仅能够为社会主体创造经济价值，同时还会促进生态环境向健康方向发展。自 90 年代始我国的绿色技术创新开始成为学者研究的热点。杨庆义（2003）将绿色创新界定为产品全过程的绿色化，并且存在于设计、生产以及最终的输出全过程。刘慧等（2004）将绿色技术创新界定为将绿色创新思想应用于工艺创新和产品创新，并将产品推向市场的全过程。李海萍（2005）指出绿色创新的目的在于保证经济增长的同时，节能减排、低碳发展、改善生态环境。葛晓梅等（2005）认为绿色技术创新是将环境保护相关的新知识和绿色技术应用于生产经营中，强调绿色观念、绿色产品以及绿色工艺与技术的研发，同时提升经济效益、环境效益和社会效益的活动。杨东等（2015）认为绿色技术创新更强调基于新知识、新技术路线的探索性创新，实现降低环境污染和提升经济效益的双重目的。

绿色技术创新是与生态环境相适应的新型现代化技术，是生态文明视域下对传统技术的升级和优化，是推动经济绿色发展的不竭动力。本书依据 OECD，根据技术实施的应用对象把绿色创新划分为两类：绿色工艺创新和绿色产品创新。通常认为绿色工艺创新包括清洁工艺生产技术、降低生产经营过程中污染排放的环境治理技术创新；为了满足市场绿色消费的绿色产品创新是指顺应生态化趋势，开发、生产并向市场提供高效利用资源、降低环境污染排放、满足消费者环境偏好的产品或服务，是生态文明建设的重要途径，既可以满足客户功能性需求，也能在整个产品生命周期中符合环保要求。

2.1.4 产业绿色转型

绿色转型是经济发展革命性的变革，也称为生态化转型。20 世纪 80 年代，国外学者就开始阐述产业生态化的内涵。R. A. Frosch 和 N. E. Gallopoulos

(1989) 认为经营模式的调整降低了生产过程给生态环境造成的负面效应，提出产业生态学思想，为产业生态学理论发展打下坚实的基础。由于资源耗竭和环境污染日益严重，原始简单粗暴的扩张模式不适用于现阶段的发展。产业绿色转型不仅包括产业升级、产业结构优化、产业组织形式演进，还包括产业生态改造、非资源型产业生态再造、竞争型企业生态创造。产业的高级化、多元化以及产业组织形式的合理化是产业绿色转型的目标，最终达到增加产业的附加价值、增强产业抵御市场风险的能力、提升企业竞争力以适应市场的需求。

T. E. Graedel 和 B. R. Allenby (1995) 探索了在产业发展这个复杂的生态系统中微观市场主体持续发展与生态文明建设的和谐共生。S. Erkman (1997) 将产业生态化界定为调整产业系统与自然生态系统协调运行。Paul Hawken 等 (2000) 认为产业生态系统是与自然生态系统密切联系的人工生态系统，是一个复杂的系统工程。相关学者的立场虽有差异，但研究成果都体现出产业绿色发展应该实现市场主体经营策略和生态环境保护的协同，要遵循自然生态系统发展规律，通过节约资源消耗，提高利用效率，构建环境友好的动态平衡生态系统，实现经济增长和环境改善相互促进的发展方式。

改革开放以来，产业发展创造了巨大的经济红利。20 世纪 90 年代初，随着资源消耗过度和环境污染加剧，产业生态学理论引入我国。樊海林等 (2005) 提出，产业生态是绿色可持续发展理念的延伸，目的在于提高资源利用效率水平，模仿自然界发展过程以实现绿色发展。袁增伟等 (2006) 认为，产业生态学是基于生态经济学原理，运用系统工程方法，更好地发展传统产业。陈晓峰 (2010) 提出产业生态化应该以新经济规范和行为规则约束生产和消费行为，通过“减量化、再利用、再循环”实现产业转型发展。王海刚等 (2016) 提出产业发展应模拟自然生态循环，提高产业内部资源和能源利用效率，最小化外部废弃物排放，实现经济利益、环境效益和社会效益的综合提升。任相伟和孙丽文 (2020) 研究发现绿色转型对企业财务、环境、发展绩效产生正效应。

产业绿色转型是可持续发展的支撑和关键所在，不仅重视对经济增长的追求，还将生态环境作为产业发展的外在约束条件，可以从根本上破解资源约束与环境污染难题。产业绿色转型有助于创新载体的升级，不仅能够提高资源部门的进入门槛，尤其是技术进入门槛，而且能够加大资源开发的集约度，扩大绿色开采；激励技术含量高、附加值高的关联产业、新型产业、第三产业发展。产业结构升级和技术进步是互为条件的，产业结构调整和转型升级有助于提高技术水平，反之，加快技术进步也会促进产业结构调整和升级（周叔莲、王伟光，2002）。产业绿色发展是一项复杂的系统工程，涉及科技进步和体制机制等各方面。随着我国经济进入中高速增长阶段，我国应发挥制度优势，加强技术进步与产业发展的融合，提高资源的回采率、利用率，不断优化能源消耗以节约资源；提升资源开发的循环效率，延伸产业链条，对排放的污染物进行加工处理，变废为宝，以推动产业向绿色发展方式转变，实现生态环境根本好转的美丽中国现代化建设。

2.2 相关理论基础

2.2.1 波特假说的提出及内涵

环境规制与技术创新的关系是国内外学者长期争论的重要话题。传统主流经济学派认为，环境规制增加企业的私人成本，对经济发展和竞争力产生负面影响，企业效益与社会效益不能两全，即“零和”观点。20 世纪 70 ~ 80 年代，大多数学者认为环境规制在生态环境保护领域发挥了一定的积极作用，但环境规制成本增加，导致企业的经济利润下降（Palmer et al. , 1995）。环境污染的外部性问题是环境规制对绿色创新产生推动或者抑制的主要原因。90 年代初期，美国著名学者波特（Porter）首次提出，适当的环境规制政策和手段不仅能提高市场主体的生态意识，还会激发企业增加研发投入的积极性，调整技术改进方向，提高绿色创新水平，提升市场竞争优势，进而增加企业的经济效益。波特等学者通过深入研究提出了著名的“波特假说（Porter Hypothesis）”，认为设计合理的环境规制政策和规制强度能够鼓励企业增加研发投入，激发企业的创新动机和创新行为，通过采纳创新技术降低企业的生产成本，以创新收益部分或全部弥补环境规制带来的成本负担，减少污染物排放，降低对环境的损害，提高资源综合利用效率，避免对资源的高损耗，推动实施资源节约利用行动计划，通过“创新补偿”取得“先动优势”，增强企业市场竞争力，同时增加环境绩效和经济绩效，实现经济发展和环境保护的“双赢”。Porter 和 Linde 通过剖析环境规制下创新提升竞争力的过程，发现环境规制导向下的创新能够改善企业的环境绩效，但并非一定提升经济主体的市场竞争优势，将波特假说划分为“弱假说”与“强假说”。“弱假说”解析环境规制与技术创新的关系，“强假说”解析技术创新与企业竞争优势的关系，如图 2－1 所示。自此，突破了经济学界关注环境规制负面效应的传统范式。

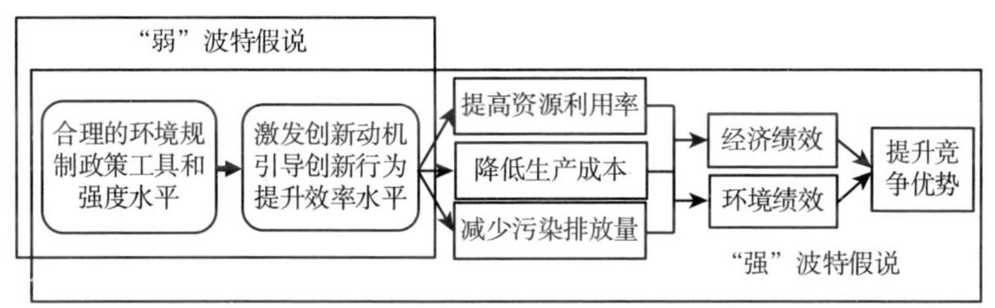

图 2－1　波特假说示意图

Jaffe 和 Palmer（1997）围绕环境规制“政策—创新—竞争力”的关系，将“波特假说”划分为“弱波特假说”“狭义波特假说”和“强波特假说”。“弱波特假说”主张适当的环境规制政策和强度水平可以激发创新动机，推动企业开展特定类型的技术开发和创新活动；“狭义波特假说”认为设计灵活的弹性环境政策工具比命令控制型的强制环境规制能够在更大程度上刺激企业开展绿色创新；“强波特假说”观点认为，设计合理的环境规制有助于提升市场主体的创新意识，引致创新技术，弥补企业遵守环境规制增加的成本，进而增强企业的市场竞争优势。

2.2.2　外部性理论

马歇尔（1890）最先提出“外部性理论”，认为外部性是企业或个人给其他主体带来的外部影响且不需要补偿。Buchanan（1962）认为厂商或个人是外部影响的施加主体，进而改变对方的效用可能性曲线和生产可能性曲线，却不需要承担责任或获得相应的收益。萨缪尔森认为个人或企业的经济活动会给其他主体带来收益或者损失，产生非市场化影响，即外部性。兰德尔认为经营决策者预期之外的部分成本或收益即为外部性，会导致经济活动出现低效率或无效率。虽然不同学者对外部性有不同表述，但主要涉及两个方面：一是经济主体的行为会对他人产生影响；二是具有非市场化特征，不能通过市场机制反映。因此，由于外部性的存在导致价格机制不能有效传递信号，最终产生资源无效配置的现象。外部性是经济主体的福利函数自变量包含其他市场参与者的行为，但并不提供报酬或索取补偿。外部性包括正外部性（正效应）与负外部性（负效应）。正外部性是指某厂商的经济行为使其他主体受益，但无须收取报酬；负外部性是指某厂商的经济行为损害其他主体利益但无须补偿。Pigou（1920）运用边际分析法对外部性问题进行分析，认为边际私人收益（MPR）与边际社会收益（MSR）并不一致，两者的差异即为边际外部收益（MER）。边际社会成本（MSC）与边际私人成本（MPC）之差为边际外部成本（MEC）。$MPC \neq MSC$，市场机制的运行不能完全反映所产生的社会成本，由此导致竞争市场上的资源配置产生帕累托最优偏离。

（1）正外部性。

某经济主体在使用资源的过程中给其他主体带来收益，但不需要补偿时即为正外部效应。企业改善生态环境可以使社会其他主体受益，但并未得到经济补偿，导致 $MPR < MSR$，如图 2－2（a）所示。

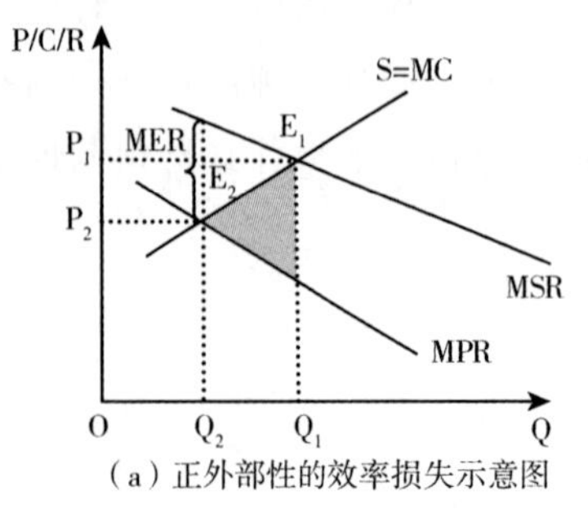

（a）正外部性的效率损失示意图

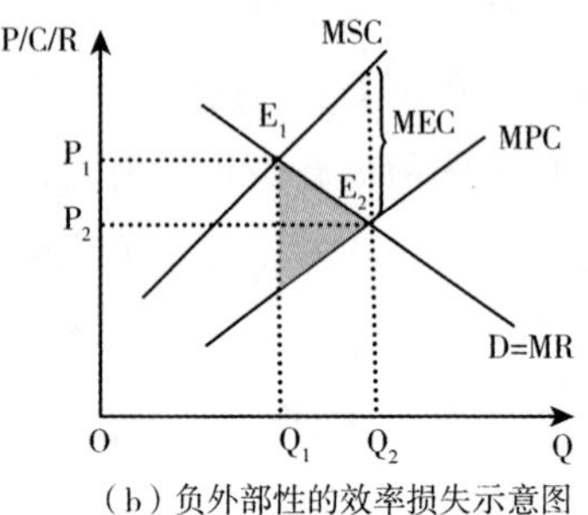

（b）负外部性的效率损失示意图

图 2－2　外部性的效率损失

从整个社会的角度来看，$MC = MSR$ 时达到帕累托均衡点 E_1，实现资源最优配置，社会福利最大化，此时的均衡产量为 Q_1，对应均衡价格为 P_1；

从单个经济主体角度来看，MC = MPR 时满足帕累托最优均衡条件，对应均衡点 E_2，此时的产量和价格分别为 Q_2、P_2。由此可以看出，因外部性的存在导致产出缺口为（$Q_1 - Q_2$），企业得不到生态保护补偿而消极开展环境管理。因此，均衡产量并不能实现社会福利最优，损失掉阴影部分的福利。

（2）负外部性。

负外部性即为负外部效应。当经济主体给市场上的其他参与者带来损失或额外费用，却又不付出经济补偿时，产生负外部性现象，如图 2－2（b）所示。同正外部效应的分析类似，MR = MSC 时达到社会福利最大化，此时的均衡点为 E_1。在生产运营过程中，因社会需要承担单个厂商带来的环境污染而使环境服务功能质量下降的代价，导致 MPC < MSC，垂直距离即为环境污染成本，是解决环境污染和生态破坏所需的费用。从私人角度来看，MPC = MR 时达到均衡状态，实际均衡点为 E_2，最佳产量为 Q_2。因此，当存在外部性时，消费者不承担边际外部成本。（$Q_2 - Q_1$）是超出社会最优的产量，来源于对环境资源的滥用和生态的破坏，此时造成阴影面积大小的社会福利损失。

在单纯追逐经济利益扩张的过程中，生态环境的“公共品”属性容易产生负外部性，难以充分保障环境质量；创新技术的应用有明显的正溢出效应。因此，环境规制的绿色技术创新效应体现出生态环境和技术创新的“双重外部性”，即“推/拉效应”。仅靠市场机制难以解决环境问题的外部性，亟待发挥政府环境规制的作用，矫正被规制对象的经济行为。在环境规制的约束和激励下，企业率先通过绿色工艺或产品创新，获得“先动优势”。合理的环境规制政策有助于发挥对市场主体的适度干预作用，提高环保意识，调节其经济行为，引导企业积极开展技术创新活动，将生态环境成本内部化，通过“创新补偿”效应降低企业成本。

2.2.3　市场“失灵”理论

市场“失灵”是指通过市场调控不能实现资源的最优配置，主要是由于市场的不完全竞争、信息不对称、环境的公共物品性或者外部性引发。“生态环境”和“技术创新”都可以引致外部性。由于环境污染和生态破坏存在负外部性，环境资源具有公共物品性质，加上微观经济主体存在机会主义，仅仅依靠单一的市场手段难以实现经济资源的最优配置，无法解决和谐发展的问题。政府亟待制订科学的环境规制政策弥补市场机制的不足，抑制市场“失灵”现象的发生，以成熟、完善的环境规制理论激励企业开展技术创新活动，指导环境与经济协调发展，实现产业绿色转型的高质量发展目标。首先，实施恰当而严格的环境规制政策，可以为企业提供策略性指导，以实施“绿色化”获得市场先动优势，提高市场占有率。环境规制还可以通过增加市场准入成本，提高市场进入门槛，为现存企业降低成本提高企业竞争力。当存在不完全竞争和产品差异化时，应用环境质量标准可以解决企业间合作问题，增加市场主体的经济效益，最终实现帕累托均衡的优化配置。其次，环境质量信息不对称也会淘汰一部分企业和产品，最终只剩下污染产品。政府部门通过制订环保信息披露的相关法律，强制要求企业对外披露环境信息；或者采用产品的垂直分类，使供给污染产品的企业获益。

2.2.4 可持续发展理论

罗马俱乐部于1972年开创性地发布了《增长的极限》，这是第一份关于环保的报告，同时提出了“零增长”的对策，后来被人们称为“零增长理论”。该环保报告主要探讨了五个基本问题，包括粮食生产的限制、人口爆炸、工业化、环境污染及不可再生资源的消耗，同时指出现行的增长模式是不可持续的，该理论进而推动了可持续发展理念的形成（Meadows et al.，1972）。可持续发展理论构成了人口、资源与环境经济学的核心内容。20世纪80年代“可持续发展”在《世界自然保护战略》中被首次提出。1987年《我们共同的未来》报告中正式界定了“可持续发展”：从代内关系来看能满足当代人的需要，从代际关系来看又不对后代人的需求产生危害。联合国环境署理事会于1989年发布的《关于可持续发展的声明》对可持续发展的定义是当前最常被引用和最权威的，基于这一声明，1992年巴西里约热内卢环境与发展大会制定了《21世纪议程》。

随着经济的发展和社会的进步，针对可持续发展观点，各领域的学者有其不同的见解，充实和丰富着可持续发展的含义，学者围绕可持续发展这个主题展开了深入研究。基于国家发展的整体框架、改革战略、经济社会的发展方向等实际问题，中国科学院可持续发展战略研究组研究并出版《可持续发展战略报告》，探究中国的可持续发展之路，在理论和实践层面上，可持续发展得到了长足的进步。总而言之，可持续发展理论不仅关注代内发展及代际之间的发展，而且很注重资源的特性和禀赋以及环境优化对经济发展带来的持久利益。目前对经济、环境和社会可持续发展的研究，应重点关注在生态环境承载力日益下降和大力提倡生态文明建设的今天，如何实现绿色可持续发展。

2.2.5　新经济增长理论

经济增长理论通常假设生产函数是规模报酬不变的，认为经济增长受到劳动力和资本等资源约束，还包括技术约束以及体制约束，这些因素为外生变量。然而学者们发现经济增长理论无法说明各国经济增长的现实情况，例如，按经济增长模型假设，当资本的存量出现增长时，由于存在边际收益递减，这时经济增长速度会放缓最终停止增长，但通过历史数据显示，许多国家的人均产出保持了正向增长，并不是长期下降趋势；此外，由于贫穷国家的人均资本存量较低，按经济增长模型假设，每单位新增的投资应该会得到较高的报酬率，贫穷国家的增长应高于富裕国家，但实际上贫穷国家的增长通常更为缓慢，因此，一些经济学家开始对经济增长理论进行了反思，认为问题的关键主要在于模型中折旧率、人口增长率、储蓄率和技术进步被看作外生变量，而事实上有部分变量是内生的，由人们的行为决定，并且这些行为的发生可以通过政策进行影响。因此，强调内生经济增长的新经济增长理论正式提出。

新经济增长理论的重要内容之一是：修正了原有假设，将经济增长模型中的劳动力要素加入技术进步，将劳动力的概念扩大为人力资本投资，认为人力除了包括劳动力数量和国家平均技术水平外，还应该包括劳动力的受教育程度、生产技能的掌握水平和相互协作能力水平等能力要素，统称为人力资本，同时新经济增长理论中提出了技术进步的内生增长模型，认为经济增长是建立在内生技术进步之上的。对于技术内生增长的理解包括：技术进步是经济增长的核心；绝大多数技术进步是源于市场激励引发的有意识行为；成本是生产开发产生的，而知识作为商品可以循环使用，不需要追加成本。与传统经济增长理论相比，新经济增长理论强调经济增长源于技术进步与知识积累，资源向研发部门的投入能有效提高知识积累率，进而提高经济增长率，技术进步对经济增长结果的影响更加突出，在新经济增长理论中还强调了政府在经济发展过程中的作用和地位，为经济的可持续发展提出了政策性建议。

新经济增长理论的重要意义表现为：第一，将人力资本和知识积累引入增长模型，提出要素的引入可以产生递增收益，从而提高总的规模收益，说明人力资本和知识技能是经济持续增长的动力；第二，修正了技术外生化的假设，强调了技术的内生性，认为技术进步和知识积累源于经济主体对利润最大化追逐的投资；第三，强调了知识外溢以及“边干边学”在经济发展中的作用，企业在自身的投资活动中会不断学习新的知识，知识的存量是投资量的函数；第四，提出了在经济发展过程中，发展中国家对外开放的重要性，各国之间的经济贸易活动不仅增加外贸总量，对于先进知识、先进技术和人力资本在全球范围内的交流也有重要推进作用，可使各参与国家的知识和技术水平得到快速提升，获取知识外溢效益；第五，新经济增长理论中明确了政府在经济发展中的重要作用，提出了一系列促进可持续增长的经济政策。

2.3 产业绿色转型的动力机制和演化

2.3.1 产业绿色转型的动力因素

实现产业高质量发展，积极推动产业绿色转型，需要培养新动能，既要充分发展科技创新的驱动作用，也要发挥制度因素的积极引导，多维度因素合力促进产业效率提升和绿色转型，以实现发展质量变革。

（1）环境规制是产业绿色转型的外在拉动力。

国内外学者对绿色增长的驱动因素进行了有益探索，研究政府环境规制、企业技术创新能力和水平等是否能够推进生态化发展。但截至目前，政策与技术手段对绿色增长的路径和方法还不明确。环境规制是政府对环境影响的必要反应和干预方式（Jaffe，Newell and Stavins，2005），作用效果表现为制度的推拉效应（Cleff and Rennings，1999）。

Frondel 等研究发现环境规制可以驱动绿色增长。环境规制是一种有效的调控手段，该工具可以激励技术创新，提升创新能力，减少污染物排放，提高经济绩效、环境绩效和改进环境质量（Wang，Zhang and Zeng，2015）。还有学者研究发现，环境规则对中国 CO_2 排放的库兹涅茨曲线有显著调节效应（Yin，Zheng and Chen，2015）。Ren 等（2016）检验了三类环境规制对生态效率的影响，分析了不同政策的差异化作用效果。傅京燕等（2018）通过研究得出市场化环境规制在绿色发展中可以起到更好的作用。Yang 等（2013）通过研究发现环境规制与经济发展和生态环境并不协调，而且这种现象在大多数省份都存在。高苇等（2018）通过对矿业的绿色发展进行研究，结果表明环境规制对矿业的绿色发展存在很大的异质效应。

因此，有效调控经济主体的市场行为，倒逼技术创新，提高生产效率，提升全要素生产率，在经济发展的同时改善生态环境是环境规制的重要目标，有助于推动经济的绿色可持续发展。环境规制政策效果取决于环境规制的强度和结构。通过政府环境规制应真正发挥其指导作用，大力发展主导产业，引进非资源型项目，壮大新兴产业；建立生态补偿机制，大力开展环境治理工作，最大限度地促进产业转型升级。

（2）技术创新是产业结构绿色转型的内在推动力。

熊彼特的《经济发展理论》指出，将从来没有过的关于生产要素和生产条件的“新组合”引入生产体系就是创新。从产业发展来看，产业转型的内在推动力及产业结构演进的催化剂就是技术创新。一方面，技术创新可以提高自然资源的加工深度和利用效率，使产业链向高端延伸，增加产品的科技含量和附加值的同时，通过技术创新可以将属于产业链低端的矿产资源开发利用与处于产业链高端的深度加工相结合，彻底改变传统粗放型产业增长方式，逐步向“依技术发展”的集约型模式转变，实现社会效益和经济效益的最大化。另一方面，通过推行现代技术、研发新材料和新产品，致力于下游产业发展，促进产业链的一体化发展，带动中下游产业的联合发展，让废品废物变废为宝，实现循环经济，培育新的支柱产业。深入推进资源深加工和转化的产业群，促进产业结构置换，发挥产业规模效应，逐渐替代传统产业结构发展模式，提倡多元化发展，最终达到产业结构的根本转型。推动绿色发展根本在于绿色技术。在产业发展中可以引入创新变量，让创新成为增强企业竞争力的主要驱动力，改变传统产业的资源依赖路径。通过技术创新可以增强资源利用效率，改善环境治理效果，产出新产品，促进产业发展。当前主流观点是认为技术创新会对经济增长起到正向推动作用，优化要素禀赋结构，提高技术水平，形成良性循环，成为经济增长的动力源泉。

根据熊彼特的研究可以得出，产业转型的实质就是产业创新的过程。熊彼特研究发现经济的发展不仅仅是数量的增长，真正的经济发展必须是质上的突破，要从创新的视角寻找方法，创新是产业持续增长的动力。产业转型能够刺激产业发展，并且这种刺激具有循环性和周期性，当一个产业长期处于平稳状态，那么这个产业必然会发展缓慢，甚至会停滞衰退，为了使产业能够持续保持活力必须打破原有产业结构，实现产业动态化发展。为了保持产业的持续发展，保证产业转型的正确方向，技术创新必不可少。通过技术创新可以使传统产业和新兴产业融合更加紧密，促进新产品产出，加快产业转型。创新理论有助于解释产业转型的发展本质，并且也阐明了产业转型的核心动力因素，推动经济更高质量发展，为产业转型指明方向。因此，大力推动产业机制创新有助于开发产业发展潜力，提升绿色技术创新能力和水平可以改进生产运营率，提升包括经济绩效、环境绩效和社会绩效在内的综合效益水平。

（3）环境规制与技术创新的协同互动。

制度与技术的协同发展能够促进产业结构绿色转型，增强各种资源的有序流动和科学配置，推动经济增长模式的转变，使经济增长从传统粗放式向绿色可持续的内生驱动式转变。

为了应对资源约束，产业发展主要依赖于技术创新。技术创新一方面可以扩展产业链，转变依靠能源高消耗的产业发展模式；另一方面有助于拓展产业链条向高新技术产业和清洁产业转移，进而提升市场竞争优势。还可通过绿色技术创新改革生产工艺流程，提高治理能力，实现清洁生产，推动绿色产业链可持续发展。有效解决传统产业接续与新兴产业替代的矛盾，实现产业结构优化升级迫切需要政府政策引导来打破产业发展衰退困局，重新激发竞争活力。

环境规制下通过技术创新驱动产业结构调整，可以培育新的接续产业，实现产业结构升级。其动态演化过程表现为环境规制制度因素和技术创新互动形式的不同。

在产业发展的不同生命周期和阶段，资源要素在企业技术创新和环境规制的优化配置方案不同，如图 2－3 所示。

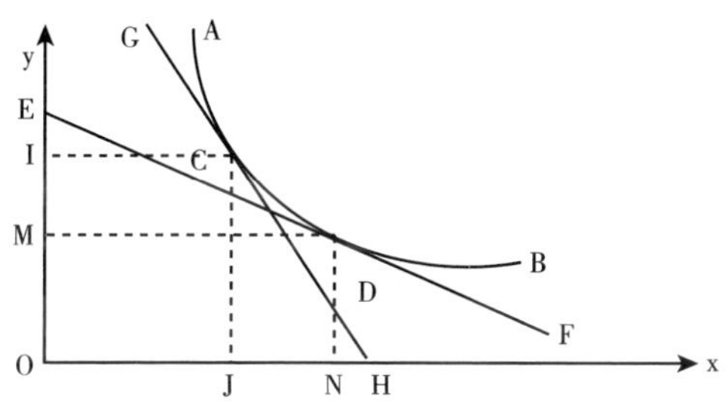

图 2－3　产业发展不同时期环境规制与技术驱动与组合

横轴 X 表示创新投入，纵轴 Y 表示规制支出，EF 和 GH 分别表示产业发展不同阶段技术投入和环境规制支出的要素配置，AB 是产业绿色发展的可能性边界，AB 与要素配置组合线 GH 和 EF 分别相切于 C 和 D。随着时间的推移，产业沿曲线 AB 从左上方向右下方移动，C 点为产业绿色发展第一阶段的要素最优分配均衡点，该均衡点对应的政府环境规制要素为 OI，技术创新要素为 OJ，产业发展曲线与等投入线 EF 相交于 D 点时，进入产业发展第二阶段的要素均衡分配情况，此时技术创新投入为 ON，环境规制支出为 OM。由此可见，D 点的环境规制要素分配为 OM，小于 C 点的分配数量 OI，而 D 点的技术创新要素分配 ON 大于 C 点分配数量 OJ。存在差异的原因主要在于产业发展的不同阶段，推动产业发展的要素和动力大小不同，技术创新能力和制度约束能力存在差异。通过分析产业发展的驱动力可以发现，从第一阶段到第二阶段，产业发展更依赖于技术创新优势，此时加大对技术创新的投入，使产业发展的可能性边界不变。同理，假设产业发展轨迹沿 AB 由右下方发生位移变化至左上方，则在第二个时期要素分配的均衡点为 C，相比技术创新驱动，制度约束发挥更大的作用。

2.3.2 基于生命周期理论的产业绿色转型演化

(1) 传统产业生命周期。

形成期、成长期、成熟期、衰退期 4 个阶段构成了产业发展周期。产业发展的各生命周期阶段存在明显差异。

产业形成期是指一个产业从诞生到开始建设的阶段。创新产品的开发和工艺的发明是形成新产业的关键。在新产业当中那些拥有新发明、新专利的企业，可以生产出数量不多、产品价格相对很高、替代品少的产品，通常这些企业的规模都不大。新产业中的经济效益主要通过向市场供给创新产品获得垄断利润。在产业的形成期，新产品市场投入规模小，没有形成规模效应，但是随着产业的发展，越来越多的企业进入该产业，产业的经济效益逐渐提升。

产业成长期是产业从小变大的过程，因为产业初创期的高价格、高利润会吸引更多的企业加入本行业，导致行业的产出大幅度提升，但是也应该注意到，因为加入的企业增加，企业间的竞争日益激烈，企业作为市场上的经济主体加大过程研发力度，降低单位生产经营成本，以占领更大的市场份额，产出更加标准化的产品，此时产业发挥出明显的规模经济效应。在产业成长期，产业经济效益来源于产品创新和过程创新。随着市场上企业规模和数量的增加，整体产业经济绩效呈现大幅增长趋势。

产业成熟期是产业整体实力逐渐增强的过程。处于成熟时期的产业市场开始分化，呈现不同发展水平，企业的技术创新水平和能力产生差异，不同企业针对不同的目标细分市场供给差异化产品和服务。随着时间的变化，出清的市场价格将越来越低。企业研发投入带来的收益增长随着产业发展和时间推移而下降，进而导致产业经济绩效水平提升速度减慢。鉴于市场整体容纳数量在一定范围之内，因此竞争压力加大，部分企业必然会因为技术或者市场等原因被淘汰出局。而产业内存在的企业倾向于利用技术优势和产品差异化等策略来设置市场准入壁垒，限制新企业的进入。由于产品产量规模化，导致市场价格下跌，企业经济效益下降，市场上的企业数量开始减少，企业产品创新动机减弱。在产业发展的生命周期过程中，产业利润呈现下滑趋势。

产业衰退期是产业由成熟的鼎盛时期到衰败的过程。创新技术的发展、市场上替代产品的出现以及供需不平衡往往是产业衰退的主要原因。在这个阶段，各个企业的产品供给数量大增，企业为了抢占市场，往往会出现价格战，每个企业的利润都比较微薄，会出现大量的企业退出市场。

当不存在技术创新驱动时，产业发展生命周期的四个阶段如图 2－4 所示。

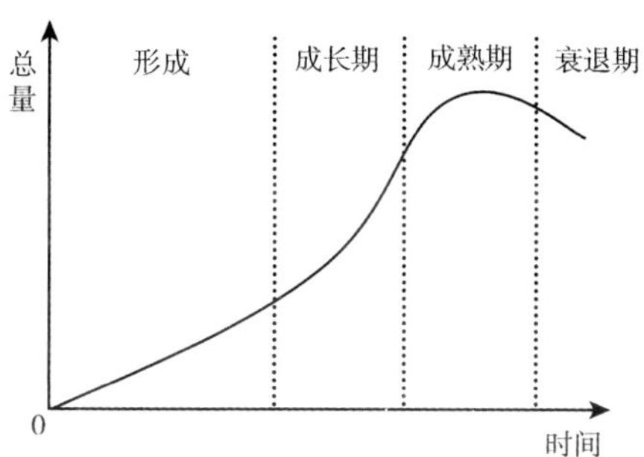

图 2－4　无技术创新驱动时的产业生命周期

（2）技术创新驱动下的产业发展周期路径调整。

不同产业发展对生态环境破坏程度是不同的，因此会出现产业转型与技术创新非协同发展。在形成期、成长期和成熟期，绿色技术创新可以加快产业发展推动产业转型，反过来，产业转型效应刺激技术因素的改善，实现产业转型与技术创新的协同发展，最终达到产业的主动转型。从图 2－5（a）可以看出成长期与成熟期的产业绿色转型与绿色技术创新间的协同路径类似；在衰退期，产业转型往往是一种被动转型，因为只能通过产业转移和结构调整实现绿色发展来拉动技术创新，最终以传统产业和新型产业的协同发展为目标。相对于其他周期来说，衰退期最有利于产业的绿色转型，因为在衰退期，经济发展、社会进步、生态文明建设之间的矛盾突出，产业的发展能力及速度都大大减弱。一旦进入衰退期，将产业转型建立在资源整合的前提下，淘汰落后产能，将具备发展优势和市场竞争力的企业充分调动起来，发挥集聚效应和规模效应，实现资源优化配置，逐步提高技术水平，推动产业绿色高质量发展，有利于从企业外部汲取创新要素，促进提升企业的创新能力，延伸和拓展产业链、深入挖掘原始产品的附加值，积极运用绿色创新技术拉动资源型企业的协同发展；另一方面，吸取绿色产业技术的先进经验，推导出一套符合本企业发展的创新机制，实现产业的健康持续发展，最终优化产业结构，实现绿色创新技术和产业效率结合的产业模式，升级匹配生态产业结构，实现新型产业的过渡和再生。具体作用过程如图 2 – 5（b）所示。

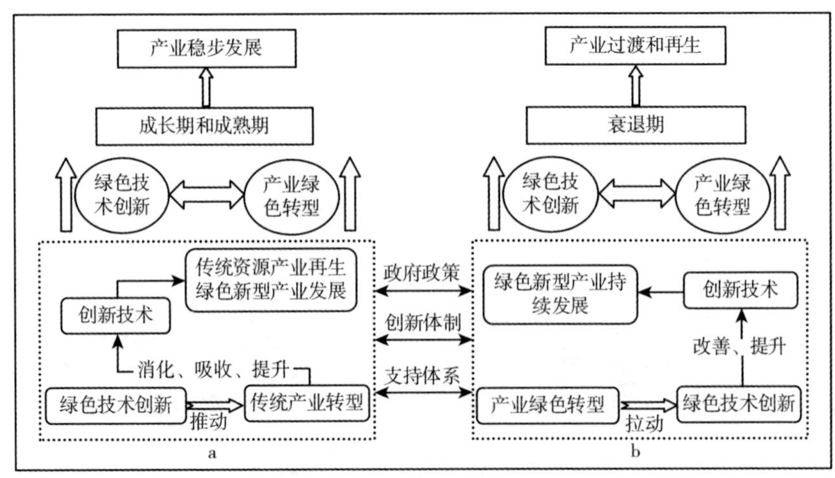

图 2 – 5　传统产业发展周期与绿色技术创新的协同发展路径

当技术创新驱动发挥作用时，产业由此得到新的发展推动力，提高产业效率，从而导致生命周期曲线产生位移变化，上移至更高水平的位置，产业发展避开原有生命周期曲线发展轨迹，避免进入衰退期进而退出市场，实现了产业转型升级，如图 2 – 6 所示。点 A 表示渐进式技术进步驱动下的产业转型升级临界点，点 B 到点 C 表示变革式技术创新驱动下的产业转型发展临界点，虚线表示产业发展尚未经历的生命周期发展阶段。

产业发展受阻力和驱动力的共同作用。阻力主要表现为资源耗竭、环境恶化、产业结构畸形等，驱动力主要以政策扶持引导和技术创新为主。通过环境规制引导和技术创新驱动产业结构调整，培育新的接续产业，则产业发展的生命周期可形成新的路径，如图 2 – 7 所示。

产业生命周期轨迹会因为技术创新作用的不同而出现区别，避免了产业沿原轨迹衰退。调整之后的四个阶段的主要特征如下。

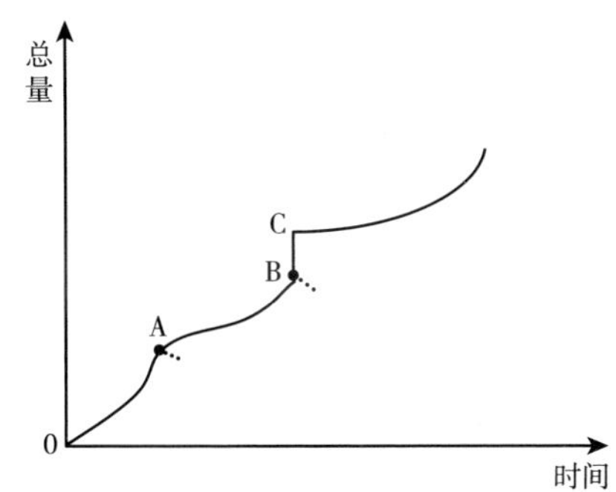

图 2-6　技术创新驱动时的产业生命周期

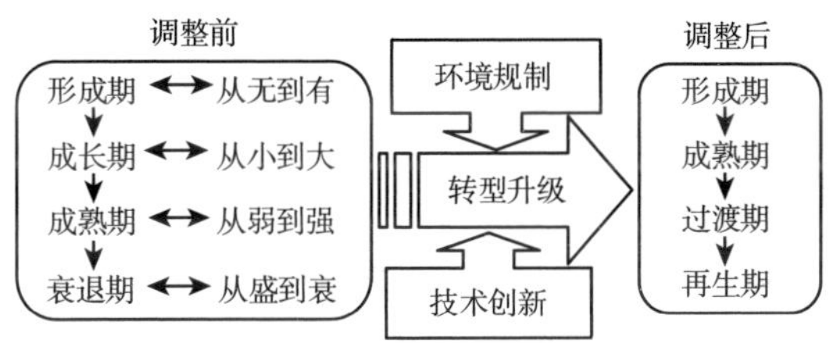

图 2-7　创新驱动下的产业发展生命周期路径

在形成期，技术创新能力不足，环境资源利用效率低下，资源产业核心技术的外溢度小；同时由于技术创新的激励机制不健全，制度对市场行为的约束和调节存在不足，导致经济利益分配存在不公平现象。

在成熟期，技术创新能力有所提高，其中产业替代技术和环境资源的利用技术、环境保护技术都有一定的发展；资源收益分配制度、社会保障制度、环境补偿制度等相关制度逐渐完善，但还存在制度实施效率不高的问题。

在过渡期，产业发展对技术水平和创新能力要求不断加大，新兴替代产业、高新技术、环保技术等大量投入带来产业的可持续发展；制度调控力度明显提升，更加关注资源开发及补偿机制、产业调控和扶持政策、资源收益公平分配体制、生态环境治理制度、绿色创新补贴制度等措施。

在再生期，表现出明显的技术驱动型产业发展，创新资源配置向新兴替代产业和高新技术产业调整，研发投入增加，更加注重技术成果转化能力提升，努力提高创新能力的培养，积极构建完善的创新体系；产业虽实现转型，但处于起步阶段，应该积极统筹多元化产业规划发展方案，进一步健全市场调节机制，完善社会服务和保障体制，大力推进并稳步实现产业的良好发展。

（3）环境规制与技术创新协同作用下产业绿色转型生命周期演化。

从环境规制和技术创新双驱动的视角出发，以产业绿色转型实现新生命周期路径为目标，创建产业转型的三维体系，如图 2－8 所示。

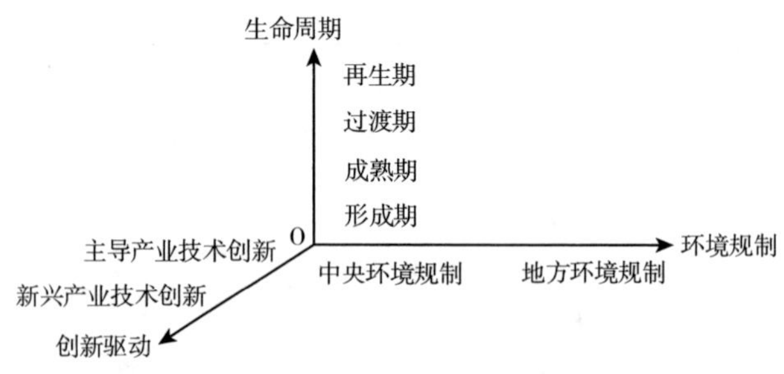

图 2－8　产业绿色转型的三维模型

其一，产业绿色转型与绿色技术创新的协同效应。两者是多条路径相互作用、相互依赖的复杂生态系统。在整个复杂的系统中，关键驱动因素包括要素匹配是否得当、技术纯熟度和产业关联度。首先，以帕累托最优为代表的要素资源优化配置是指凭借技术方面的改革创新促使要素即资源在产业内得到重新分配，使其循环运动于企业各部门间，为企业创新转型、生态化发展提供技术支持；其次，技术提升效应是指依赖绿色技术创新在技术水平、生产设备更新换代、营运方式、发展战略方向及绩效业绩等方面获得长足进步；最后，产业关联效应重点表现在传统产业间、传统产业与实现绿色转型的产业间枢纽的联系及产业链的延伸上。

其二，环境规制和技术创新协同驱动产业转型演化。产业绿色转型是通过发展“生态产业”，摒弃对要素禀赋的过度依赖，以清洁化生产实现“非资源化”转型，不同产业发展周期的驱动因素存在差异，环境规制和技术创新协同作用下的产业演化模式如图 2－9 所示。

①形成期。产业发展的形成期是以创新驱动为主导的协同模式，处于转型的规划时期，应对可能发生的产业结构单一症结制订预防措施，进行提前化解。一方面要大力发展资源型主导产业，另一方面应积极制订绿色潜导产业发展策略。

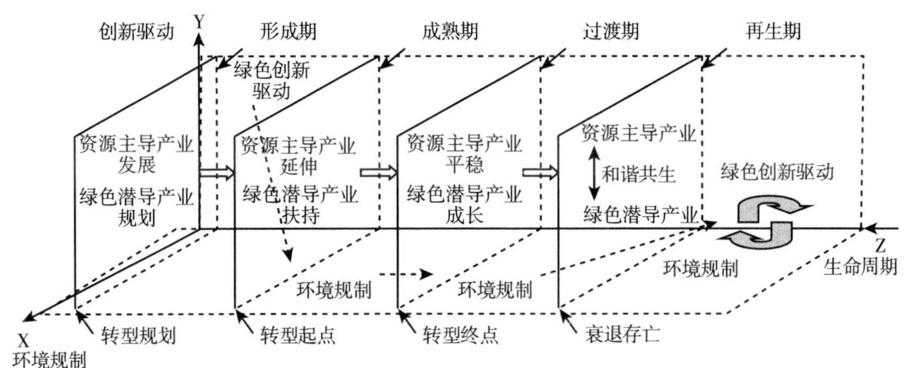

图 2－9　协同作用下产业绿色转型生命周期演化过程

在产业形成期，致力于依靠技术创新提高资源型产品的开发和利用效率，提高企业主体的经济绩效水平。该阶段社会保障不完善，产业结构单一，主导产业为资源型产业，污染高、效率低、损耗大，开采成本较高。企业努力依靠先进的技术水平降低开采成本，增加资源开发量，企业的技术体系日益完善，核心技术外溢度小。此时，产业结构呈现以资源型主导产业为主，绿色潜导产业为辅的局面。资源型产业的发展依赖资源的大量开采和高度耗用，对资源的过度依赖使产业结构失衡，亟须制度约束，以解决产业发展过程中权责利的协调关系。

②成熟期。在成熟期，社会保障制度较为完善，环境治理力度逐渐加大，发展主导产业的同时积极推动替代产业的发展，开采成本逐步减小，主导产业呈现技术集成、现代化，技术研发能力提高。环境规制在产业发展的成熟期发挥主导作用，产业链由资源初加工向深加工延伸，同时带动关联产业发展。在该阶段，绿色生态产业作为潜在主导产业的角色尚未发挥支柱产业的作用，如果不能积极推动绿色生态潜导产业发展则会大大减缓产业的优化升级步伐，该阶段是转型的最佳时期，若能通过环境规制积极引导绿色生态潜导产业，就能提升产业绿色可持续发展水平。

③过渡期。在过渡期，替代产业不断发展，成长空间很大。如果在成熟期积极依靠技术创新实施绿色转型，该阶段产业结构会趋于合理；如果在成熟期未能考虑转型，此阶段成为产业衰退与转型发展的分界点。此时环境规制在产业绿色转型发展过程中的主导力度加大，强制性促进绿色潜导产业的

发展，以完成产业结构优化调整和稳步升级，逐步演化到有序阶段，但由于转型时间滞后，产业的正常发展能力短期内很难恢复。处于这个阶段的产业发展必须突破原有的制度约束框架，摆脱资源过度依赖的发展模式。通过环境规制政策引导和制度支撑，健全技术创新运行机制，调节生产要素的分配和优化向新兴绿色产业转移，大力发展具有优势的潜在主导产业，调整原产业结构进而构建新的产业发展系统，实现产业走向创新驱动的多元化发展，稳步完成产业转型，实现产业走向高级化和合理化的可持续发展。

④再生期。进入再生期，市场管理体制日益严格，税收政策日趋健全；新兴产业以及替代产业成为主导产业，多元化产业共同发展；技术越来越成熟、复杂、先进，环境规制约束和技术创新对产业绿色可持续发展具有同等重要的意义。因此，需要不断完善政府环境规制体系，积极引导绿色创新，推动产业健康可持续发展。再生期是产业的最迟转型点，如果此时仍未启动转型机制，会危及产业发展直至产业衰退。

2.3.3 产业绿色转型的熵值分析

熵是系统内无序状态的量度，不管系统初始状态如何，整个系统内的熵值都会因时间推移而逐渐增大，呈现出越来越无序的状态，最终进入最无序的平衡状态，产业绿色转型遵循熵增效应的无序过程。信息熵是刻画空间信息的重要特征量，是对均衡度和无序度（指客观事件或系统组成要素之间无规则的联系和转化的程度）的度量。一个系统熵值越大，各要素发展越均衡，系统越无序，当系统完全达到平衡时，熵达到极大值。根据产业结构专业化的含义，专业化程度越高，各产业部门的分布或发展越不均衡；反之，越均衡，这与信息熵的原理不谋而合。因此，探索利用信息熵来进行产业结构的研究，具有一定的理论和现实意义。

借助 Shannon 信息熵的概念，构造衡量产业结构均衡程度的信息熵公式。

$$\sum_{i=1}^{n} Q_i = Q \qquad (2-1)$$

假设某区域某产业的所有行业总产值为 Q，i 行业的总产值为 Q_i，共有 n

个行业，则有：

$$P_i = \frac{Q_i}{Q} \tag{2-2}$$

其中，P_i是 i 行业产值所占所有行业总产值的比例，根据 Shannon 熵函数，定义产业结构的均衡程度指标 H 为：

$$H = -\sum_{i=1}^{n} P_i \ln P_i \tag{2-3}$$

其中，$H \geqslant 0$，H 的单位为 bit，当$Q_1 = Q_2 = \cdots = Q_n$时，$P_1 = P_2 = \cdots = P_n$，产业结构均衡程度 H 达到最大值$H_m = \ln N$。式（2－3）测度的是行业专业化水平，（1－H）反映的是专业化程度，H 值越大，各行业所占百分比相差越小，区域产业结构向多样性和均衡方向发展；反之，各部门产值相差越大，区域产业结构越趋向于专业化生产。

产业结构绿色发展熵是指在相对独立和封闭的系统变化形态中，所呈现的有效能量递减而无效能量递增的系统状态函数，且是无法逆转的过程，最终的结果是总体效率呈现下降态势。伴随时间的推移，熵值会因为产业结构单一、生态环境破坏和承载力下降及技术水平低等因素呈现递增趋势，系统的无序度增加，竞争优势丧失，产业可持续发展难以为继，出现熵增效应。

产业结构绿色发展负熵是指在非平衡的系统内，随着产业发展模式转变、环境改善和技术水平提升，呈现的有效能量递增而无效能量递减的系统状态函数，最终导致系统的有序度提升幅度大于无序度的提升幅度，整体效率逐渐提高。在产业结构调整、转型升级过程中，通过与外界环境交换能量等途径，将负熵引入系统，与内部竞争力熵增相抵减，最终导致总熵持续减少，实现产业发展从无序到有序的演化，形成新的有效耗散结构，也称为产业发展熵减效应。

为了分析熵值变化对产业演化的影响，本书依据耗散结构理论展开相关讨论。产业绿色发展总熵是熵与负熵的总和：

$$S^{CP} = S_i^{CP} + S_e^{CP} \tag{2-4}$$

其中，S^{CP}——产业绿色转型发展总熵；

S_i^{CP}——产业绿色转型发展熵；

S_e^{CP}——产业绿色转型发展负熵。

$$S_i^{CP} = -A_1 \sum_{a=1}^{m} A_a \sum_{b=1}^{n} P_{ab} \ln P_{ab} \tag{2-5}$$

其中，A_1——常数，表示增加 1 个单位的收益所需的成本投入；

a——熵的影响因素，a = 1，2，…，m；

b——各子因素，b = 1，2，…，n；

A_a——特定时间的权重；

P_{ab}——影响因素 a 中的 b 子因素对熵变化影响的概率，$\sum_b P_{ab} = 1$。

$$S_e^{CP} = A_2 \sum_{c=1}^{m} A_c \sum_{d=1}^{n} P_{cd} \ln P_{cd} \tag{2-6}$$

其中，A_2——常数，表示 1 个单位的收益所需的成本投入；

c——负熵的影响因素，c = 1，2，…，m；

d——各子因素，d = 1，2，…，n；

A_c——在特定时间的权重；

P_{cd}——影响因素 c 中的 d 子因素对负熵变化影响的概率，$\sum_d P_{cd} = 1$。

S_i^{CP} 恒大于零，S_e^{CP} 可正可负，则：

（1）当 $S_e^{CP} > 0$ 时，$S^{CP} > 0$，此时从外界环境中引入的负熵并不能冲抵熵，相反却导致产业绿色转型发展总熵的增加，出现了最坏的情形，产业发展进入无序系统，且该发展趋势是不可逆的，最终的结果就是难以实现绿色转型可持续发展。

（2）当 $S_e^{CP} < 0$，且 $|S_e^{CP}| < S_i^{CP}$ 时，$S^{CP} > 0$，系统内产业发展熵的强度大于从外界环境导入的负熵值。从整个产业发展系统来看，负熵降低了产业向无序状态演变的速度，换句话说，放缓了产业发展系统的无序变动趋势，虽然无序强度减弱，但产业发展系统总趋势依然趋向无序。

（3）当 $S_e^{CP} < 0$，且 $|S_e^{CP}| > S_i^{CP}$ 时，$S^{CP} < 0$，系统从外部引入的产业绿色转型发展负熵的值大于内部熵值，此时可以完全抵消系统内部的熵增，导致总熵值为负。这种情形下的熵值变化呈现出整个系统从无序状态向有序状态演化，最终形成新的耗散结构，进而实现了产业有序转型发展。

（4）当 $S_e^{CP} < 0$，且 $|S_e^{CP}| = S_i^{CP}$ 时，$S^{CP} = 0$，系统从外部环境引入的产业

绿色转型发展负熵等于系统内的熵增，总熵为零，产业发展系统的有序演化和无序演化处于暂时的均衡临界状态。随着时间的推移，系统内外部熵值不断变化，最终导致临界状态被无序或有序取代。

因此，应有效控制导致产业绿色转型发展熵及负熵变化的原因，减少或放缓熵的增加，提高或强化负熵的流入，以促进整个系统的有序发展。环境规制与技术创新要素的相互作用影响技术水平、市场化程度、环境治理力度等，进而作用于负熵流，影响其强弱变化，改变产业绿色发展的总熵值，呈现不同的产业发展状况。将环境规制和技术创新产生的无效能量增加界定为制度熵和技术熵，产生的有效能量增加界定为制度负熵和技术负熵。

其一，假设产业绿色转型过程中单纯依靠技术创新，没有环境规制约束时的负熵为 S_{e1}^{CP}：

$$S_{e1}^{CP} = \sum_{u1=1}^{m} S_{u1}^{CP} + \sum_{v1=1}^{n} S_{v1}^{CP} \tag{2-7}$$

其中，S_{u1}^{CP}——单纯依靠技术创新时，影响产业绿色转型的第 u 项技术因素或制度因素产生的正熵流；

S_{v1}^{CP}——单纯依靠技术创新时，第 v 项技术创新子因素带来的正熵流，$S_{v1}^{CP}<0$。

其二，假设产业绿色转型过程中只强调环境规制约束，忽略技术创新因素时的负熵为 S_{e2}^{CP}：

$$S_{e2}^{CP} = \sum_{u2=1}^{m} S_{u2}^{CP} + \sum_{v2=1}^{n} S_{v2}^{CP} \tag{2-8}$$

其中，S_{u2}^{CP}——单纯依靠环境规制约束时，影响产业绿色转型的第 u 项技术因素或制度因素产生的正熵流；

S_{v2}^{CP}——单纯依靠环境规制约束时，第 v 项制度子因素带来的正熵流，$S_{v2}^{CP}<0$。

其三，假设产业绿色转型过程中考虑环境规制制度约束和技术创新协同时的负熵为 S_{e3}^{CP}：

$$S_{e3}^{CP} = \sum_{u3=1}^{m} S_{u3}^{CP} + \sum_{x=1}^{n} S_{x}^{CP} + \sum_{y=1}^{k} S_{y}^{CP} + \sum S_{xy} \tag{2-9}$$

其中，S_{u3}^{CP}——考虑环境规制和技术创新两者协同作用时，第 u 项环境规制或技术因素产生的正熵流；

S_x^{CP}——考虑环境规制约束和技术创新两者协同作用时，第 x 项技术创新子因素产生的正熵流，$S_x^{CP}<0$；

S_y^{CP}——环境规制约束和技术创新协同时，第 y 项规制制度子因素带来的正熵流，$S_y^{CP}<0$；

S_{xy}——协同负熵，第 x 项技术创新子因素受第 y 项环境规制制度子因素影响后带来的负熵流以及第 y 项环境规制制度子因素受第 x 项技术创新子因素影响后带来的负熵流，$S_{xy}<0$。

针对上述三个假设的分析，可以得出产业绿色转型发展负熵值，发现 $S_{e3}^{CP}<S_{e2}^{CP}$ 且 $S_{e3}^{CP}<S_{e1}^{CP}$，因此，在环境规制约束下进行技术创新协同时，负熵值最小，引入的负熵流最强。如果 $\left|\sum_{x=1}^{n}S_x^{CP}+\sum_{y=1}^{k}S_y^{CP}+\sum S_{xy}\right|>\sum_{u3=1}^{m}S_{u3}^{CP}$ 成立，则 $S_e^{CP}<0$，负熵流抵消熵值，若满足 $|S_e^{CP}|>S_i^{CP}$ 时，$S^{CP}<0$，导致产业绿色转型实现从无序到有序的演化，此时负熵流引入对产业绿色转型总熵的贡献大。

结合指数衰减脉冲函数，构建反映产业绿色转型效率增减变化的熵函数：

$$Y_i = R_i e - \int_0^t S_i^{CP} dt Y_e = R_e e - \int_0^t S_e^{CP} dt \qquad (2-10)$$

其中，R_i 和 R_e——结构常数；

Y_i——产业绿色转型的递减效应；

Y_e——产业绿色转型的递增效应。

产业绿色转型过程中熵与负熵不断调整，进而形成产业绿色转型效率变化趋势，如图 2-10 所示：

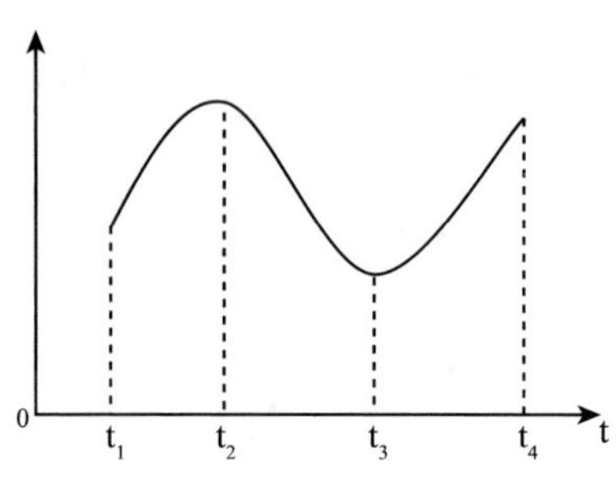

图 2-10　产业绿色转型效率

（1）t_1t_2阶段：$S^{CP}<0$，由于环境规制和技术创新带来的负熵效率大于系统内部的产业绿色转型熵效率，因此总效率大于零，产业呈现绿色转型能力提升。

（2）t_2t_3阶段：$S^{CP}>0$，由于环境规制因素和技术创新因素产生的负熵效率小于系统内部的产业绿色转型熵效率，因此总效率小于零，产业绿色转型能力呈现逐渐降低的趋势。

（3）t_2点和 t_3点：$S^{CP}=0$，由于环境规制因素和技术创新因素产生的负熵效率等于系统内部的产业绿色转型熵效率，总效率表现为极值状态，即产业绿色转型处于暂时的平衡临界状态。在 t_2时点应积极从系统外界环境引入产业绿色转型的负熵，继续保持效率上升的趋势；在 t_3时点应及时与系统外部交换能量引入负熵，否则产业难以实现绿色可持续发展。

2.3.4　基于超循环理论的产业绿色发展演化

产业绿色转型的实现过程也是产业创新发展的演化过程，产业绿色发展演化的动力因素包括环境规制的外在拉动、技术创新的内在推动以及环境规制与技术创新的协同互动，进而实现产业的形态创新、产业的机构创新、产业的组织创新，以及产业的系统创新。超循环理论是系统学的组成部分，被广泛应用于系统演化规律的研究和系统自组织方式研究，产业绿色发展受创新驱动要素影响，存在自组织演化规律，基于超循环理论的演化研究，可探寻产业绿色转型的演化规律和发展模式。

（1）超循环理论。

超循环理论是研究非平衡系统自组织问题的理论，是自组织理论的主要内容。20 世纪 70 年代德国学者 Eigen 提出，该理论中的“循环”是一种事物间的普遍联系，主要包含三个等级的循环：反应循环、催化循环以及超循环。

反应循环是序列的持续反应过程，是一种开放的非平衡态的演化系统，在相互关联的反应序列中，某一步的产物刚好是之前某一步的反应物，反应循环依靠来自外部的催化剂驱动循环过程，使循环被动地运行而不是自身产生，如图 2－11（a）所示，E 与反应物 S 相结合为 ES，进而转化为 EP，之后再释放出 E 和 P，E 重新返回与 S 结合，进入下一轮新的反应过程，在这一过程中，生成物的性质不改变，但反应速度加快。

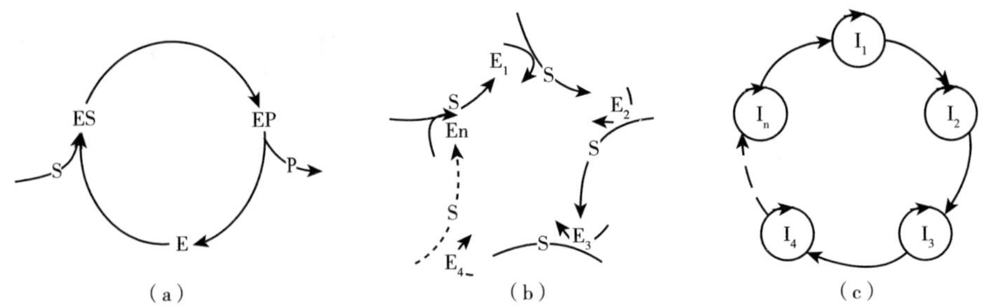

图 2-11　超循环理论的三种循环机制

催化循环是在反应过程中有中间物能对反应自身进行催化的循环，是多个简单的循环在相互作用过程中形成的更高级别的循环网络，催化循环中的催化剂可以像反应循环中那样复原，同时还是催化反应自身的催化剂，具备自复制特性，循环过程中包括自复制和自催化过程，如图 2-11（b）所示，当 E 和 S 结合之后能进行自催化反应，能够使循环自主地运行，多个反应循环可以形成一种自复制系统，运行效率更高，是基于反应循环的循环，是比反应循环更高级别的循环形式。

超循环是多个自催化循环通过功能耦合联系起来的循环组织形式，可以被看作循环的循环，不仅是循环系统形式上的整合，也是一种功能上的综合，超循环的形成演化过程如图 2-12（a）所示，在复制过程中当 I_1 变异为 I_1'时，I_1'或者替代 I_1，或者消失，或者进入到该超循环系统中，当 I_1'有意义，并且自身的复制酶 E_1'比 I_2 的复制酶 E_2 对 I_1 的复制更有利时，更易形成新的耦合关系，I_1'进入原超循环系统中形成 I_3，整个循环过程中，超循环系统保留了新增加的有意义的变异，进而形成了新的超循环，如图 2-12（b）所示，同理，在循环过程中会存在不断的新变异和新选择，会有更多有意义的新复制单元融入循环中，进而不断更新形成新的超循环，如图 2-12（c）所示。在超循环系统中，自复制单元在完成自身复制过程的同时，还可以通过酶的作用进而控制其他复制单元的合成过程，将所有的自复制单元整合成为统一的协同系统，通过选择和竞争的形式形成更稳定的秩序结构，具有更高的复杂性，可被视作一种完全的自组织行为过程。

超循环可以被视为更高级的由多个催化循环耦合而成的三级循环网络，其中每一个催化循环都是一个自复制单元，更多的自复制单元互相协同作用实现了循环的循环，即超循环，如图 2 - 11（c）所示，在超循环过程中，自复制单元既能实现自身的复制，还能控制其他单元的复制。

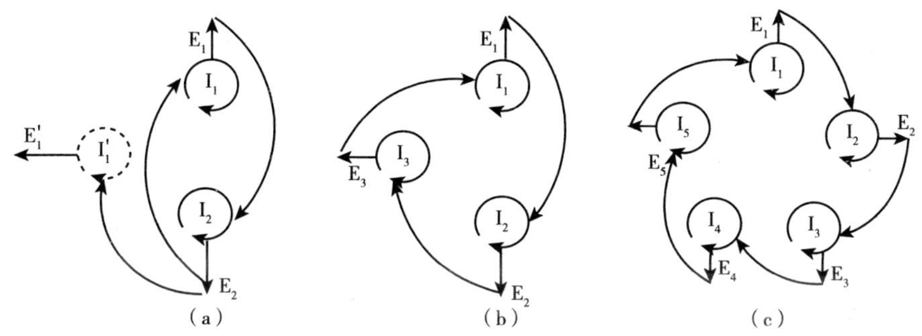

图 2 - 12　多元超循环的形成

超循环的形成离不开以下两点：一个是催化循环单元能实现对自身催化的同时，也能产生催化剂催化其他的催化循环；另一个是在催化剂的不断作用下，能够形成超循环催化网络系统。超循环使组织联系更为紧密，在循环过程中实现能量的不断积累，在某一阶段可以推进系统向更高级别的跨越，超循环的过程体现了竞争和协同的关系，展示了生物系统中各要素的互动循环组织方式，除解释生物界的循环进化过程，对社会经济系统的要素作用关系也有很好的指导意义。

（2）产业绿色发展演化的超循环结构。

超循环系统内的各自复制单元之间，通过互动作用形成自组织演化和积累，促进系统向更新、更高级的有序状态演化，这一自组织过程可应用于理解和剖析产业绿色发展的演化。

产业绿色发展的演化离不开内部和外部因素的催化作用，这些催化剂源于系统内部的自主生成和系统外部的主动介入，如系统内部因利益追逐和竞争需要自发的绿色技术创新行为（新知识、新工艺和新技术等），以及系统外部环境中起主导和激励作用的环境规制创新行为（命令控制型环境规制和市场激励型环境规制等），由于这些催化剂的作用，形成了产业绿色发展演化的超循环结构。

将超循环系统理论应用于产业绿色发展的演化过程，其中产业系统中的企业是基本单元，是超循环系统中的自复制单元，即反应循环单元，绿色技术创新与环境规制创新的协同创新体系是超循环系统中的复制酶（催化剂），这些复制酶一方面对企业自身的绿色发展进行催化驱动；另一方面还影响其他企业的绿色发展，进而在企业间形成协同互动的耦合关系，推动产业体系的生态转型，影响产业绿色发展演化，表2-3展示了产业绿色发展演化与传统生物进化系统的演化对比。

表2-3　　　　产业绿色发展演化与生物进化演化的对比

生物进化系统	产业绿色发展演化系统
自复制单元（I_1，I_2，…，I_n）	企业（企业1，企业2，…，企业n）
催化剂或复制酶（E_1，E_2，…，E_n）	绿色技术创新与环境规制创新协同体系
自复制单元的复制过程	多个企业互动发展形成产业
复制酶有利于自复制单元的复制	实现产业绿色转型
复制酶不利于自复制单元的复制	产业生态发展恶化
自复制单元的异变	驱动新的稳定超循环形成，产业生态系统稳定

产业绿色发展系统的超循环组织具有多层次的表现形式，存在于企业与企业之间，企业与其他各类相关联组织之间，存在于某一产业的内部，产业与产业之间，也存在于产业与外部环境之间。产业绿色发展的演化过程，其实质是借助绿色技术创新与环境规制创新的驱动作用力，通过产业生态系统中的反应循环、催化循环以及超循环实现产业生态转型的过程，途径是通过创新动力提升企业绿色创新能力，从而促进产业整体生态发展的演进。产业绿色发展演化过程包括产业生态优势的形成、提升、深化和巩固过程，也是产业形态创新、产业结构创新、产业组织创新和产业系统创新的超循环过程。

（3）基于空间结构布局的产业绿色发展。

传统支柱产业与新兴高新技术产业、发展环境、区域发展状况之间存在反应循环、催化循环以及超循环，通过超循环的演化，产业内部、产业链、产业集群，以及基于城市群的产业系统都不断进行着自复制和催化过程，从而实现产业转型过程中从传统产业结构向新的有序产业结构的演化，创新驱动的产业转型过程表现为基于空间结构的从“点”到“线”，到“面”，再到“域”的布局分布，通过超循环理论，可深入探索产业绿色转型的形态创新、结构创新、组织创新和系统创新。

①产业形态创新。

产业是从事某种同类属性的经济活动的企业集合，其中企业是组成产业的基本单元，能够进行生产和提供同一类型的产品或者服务。企业是产业发展的主体，实现产业生态转型必须调动企业的主观能动性，激发企业改善自身发展结构，提升企业自身竞争能力，助推产业系统的发展，产业形态创新模式就是以创新驱动为动力，以企业生态发展为核心，在产品绿色升级、绿色技术创新应用、市场集中度基础上的产业绿色转型发展过程。

产业形态创新是产业系统内部的反应循环过程（见图 2－13），传统支柱产业与新兴高新技术产业的发展演化都可以被看作反应循环，其中，自复制单元（I）是由某种同类属性企业构成的产业系统，绿色技术创新和环境规制创新活动是反应循环过程中的催化剂（E_1），在反应循环中通过催化剂作用不断产生新工艺、新技术和新市场（E_2），其既是产业系统的创新能力和竞争能力不断提升的过程，也是产业实现绿色转型的过程。

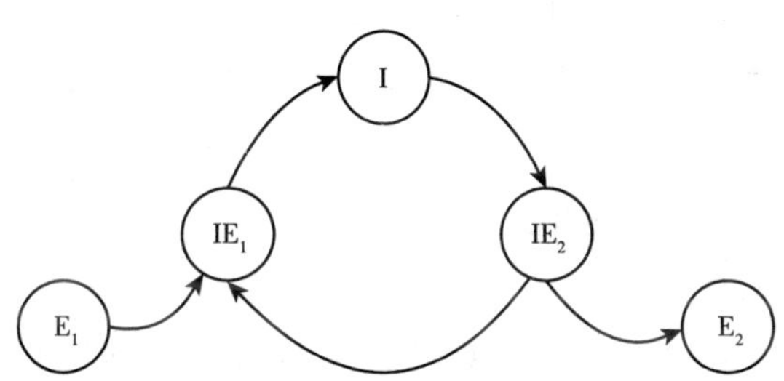

图 2－13　产业形态创新（产业优势演化）

产业绿色发展需要重点培育具有高新技术的绿色新兴企业，产业体系主要包括传统支柱产业与新兴高新技术产业。

传统支柱产业是区域的传统主导产业，具有显著的比较优势，但由于传统产业的发展对资源的消耗以及对高收益的追逐，使传统支柱产业的发展多体现为粗放式，进而产业的生命周期进入衰退模式，竞争力下降，增长缓慢，并伴随一系列的社会问题。传统支柱产业的形态创新，一方面需要通过绿色技术创新行为提升企业装备制造和产品工艺水平，改变原有粗放型生产方式，淘汰掉落后产能，实现资源以及能源的合理和高效利用，应对传统产业所耗费资源的稀缺性，引进和研发低耗、减排、绿色的新工艺和新技术，实现产品的绿色升级，提升资源的有效利用和生态化效能；另一方面通过企业的绿色管理创新，以及政府的环境规制创新，可进行企业间的跨区域并购重组和绿色转型，例如，针对煤炭类企业存在规模小、竞争力弱、环境破坏严重、安全隐患大等问题，政府相继出台煤炭基地建设政策和生态补偿政策，培育大型和超大型煤炭企业，推动和鼓励国有煤炭企业通过兼并、收购和控股等方式实现产业集中，对煤炭的产销企业进行全面整合，通过大型产销集团的组建提升煤炭产业的产销集中度，并推进煤炭产业的全面绿色转型，实现煤炭产业的生态化发展，逐步提升传统煤炭支柱产业的市场竞争能力和可持续发展能力。

新兴高新技术产业是产业结构优化的重要组成部分，是推动区域发展的新兴支柱产业，实现区域的可持续发展，需要摆脱对传统高消耗型产业的依赖，因此，产业绿色转型应依托传统支柱产业实现的资本积累，以绿色技术创新和环境规制创新为关键驱动，通过吸引外来资本和先进技术，完成新兴产业转移、孵化和培育，助推市场潜力突出、成长性显著、生态特征良好、竞争优势强劲的产业快速发展，新兴支柱产业多建立在知识创新的基础上，产业的科技优势明显，生态化水平高，从长远发展来看，在市场上易形成产业发展优势，是产业绿色转型的主要途径。

②产业结构创新。

产业链是基于技术经济的关联关系，在两个以上处于上下游的产业部门之间以一定的技术联系在一起，表现出来的环环相扣关系的描述，是依据特定的逻辑关系和空间关系呈现出来的链条式的关系结构。通过产业链的演化提升产业生态化优势，需要合理整合处于上下游的企业或产业资源，通过环境规制引导创新主体探索企业或产业核心产品或服务的绿色技术创新，助推产业的多元化和生态化发展。产业结构创新是在原有产业发展体系的基础上，通过业务间的融合、技术的融合，以及市场的融合等打破固化的产业系统，形成新的产业融合体系，形成具有生态化竞争优势的新业态，并逐步实现新产业链条的形成，促进产业体系创新，提升产业竞争优势。

产业结构创新是处于产业链环节中各企业或产业间相互促进，以及相互融合的超循环过程（见图 2 - 14），处于产业链环节上的产业可看作各个二元超循环结构，在产业内部各企业单元所产生的复制酶对自己和其他单元都产生促进作用，即同类型企业间的绿色技术创新和产业绿色发展的环境规制激励作用会促进企业和企业间形成更平稳的发展状态，互相促进和制约，形成二元超循环组织，每个已经形成的二元超循环组织与其他产业形成的新组织，又可以通过复制酶的作用进行新的催化，使处于产业体系中的多个产业在不断部分融合以及全部融合的作用过程中，形成更稳定的产业链结构，从而促进产业结构优化和产业绿色转型，逐步在区域内部形成更具有竞争力的新的产业结构体系，这一过程也是创新驱动产业绿色转型的过程。

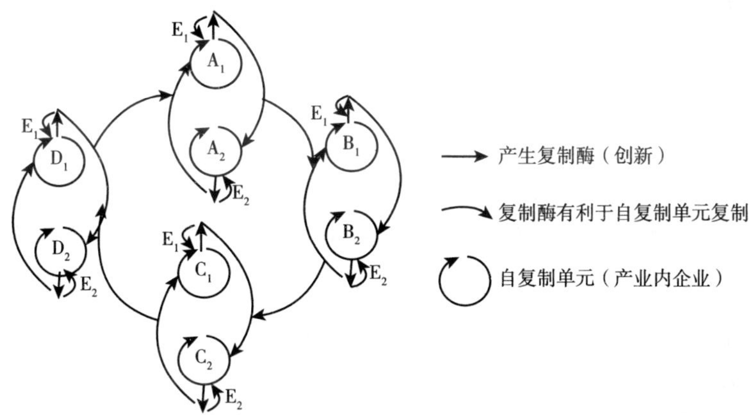

图 2 - 14　产业结构创新（产业链优势演化）

产业链的发展主要着重于横向产业面的拓宽，以及纵向产业链的拉长。一方面横向产业面的拓宽是将不同的无直接投入产出关联的、联系度小的产业进行融合，产业绿色转型和产业结构优化可通过培育新兴高新技术替代产业实现，激励大型龙头企业进行多元化发展，在扩大经济规模、提高经济收益的同时，促进产业的横向多元发展，同时在同产业间和不同产业间实现相互渗透，高新技术可向传统产业进行技术扩散，提高产业整体效率，带动经济体系升级，也助推新产业的衍生。另一方面纵向产业链的拉长是实现上下游产业的有效融合，产业结构普遍以某类支柱产业为主，结构过于单一，且多数产业链明显较短，产品的高附加值和科技含量普遍较低，产业链的拉长要整合上下游产业的科技优势和资源，针对具有共性和合作性的技术问题，进行链上创新活动的同步融合，在产业链上向前延伸到产业链发展的基础研发环节，引导和激励各创新主体对产业发展的技术开发，向后进行产品深加工开发是市场拓展环节，依托产业链上的核心企业，推进企业兼并重组和整合，由原来的粗放型简单产品的生产向产品深加工的生态化形态转变。通过产业链的横向拓宽和纵向拉长，可有效地提升产业链上产业的创新性、稳定性和产业的竞争力，推进产业结构的优化和产业的绿色转型。

③产业组织创新。

产业集群是集中在某一特定区域范围内，在某一领域或行业内由众多表现为竞争性或分工合作关系的企业，以及其他与企业相关联的供应商、服务商和科研机构等各组织机构的聚集，在集群内的各企业和组织间存在密切的经济关联和技术关联，依托价值链联系起来的在空间上的集合。产业集群的优势表现在通过集群内企业间、企业和组织间的竞争、合作和创新等活动，在区域范围内形成更强大的产业竞争力。产业集群注重合作，将企业与企业连接成产业网络，进行专业化分工协作，提高了企业的专业化程度；产业集群存在竞争，集群内部的各企业之间由于具有相同或相似的生产流程或营销环节，从而形成了竞争环境，使各企业都非常关注自身科技水平和专业化水平的提升；产业集群持续创新，竞争与合作助推了企业的创新行为，为保持竞争优势，提升创新能力，各企业会加强核心竞争力的培养，进而实现创新活动的良性发展；产业集群在创新利好和制度利好的环境氛围下，更易实现知识与技术的外溢效应，加快新技术和新理念的扩散，进而促进生成更有效的竞争规范和更合理的产权制度和环境制度，推进相关制度创新，而制度创新又会反作用于产业集群本身，激励创新活动和产业集群发展。

产业组织创新是产业集群内表现出来的，产业与产业、机构组织间相互作用的超循环过程（见图 2 – 15），在集群内部的各产业首先都满足二元超循环，集群内各主体间的知识共享和知识外溢，制度创新的激励和倾斜是超循环中的复制酶，复制酶在促进自身产业发展的同时，还对产业链各环节的关联产业有积极的推动作用，在集群内的科研院所和服务机构等与产业密切相关的组织也扮演着催化剂的角色，在集群内承担着知识创造和知识传递的作用，为集群内产业提供创新服务，集群的发展是动态演化的过程，由于市场中竞争和合作关系的不断作用，催化行为也在持续发生，从而影响整个产业体系的发展，逐步形成下一个更稳定的产业优势，这一超循环过程也是产业优化升级的过程。

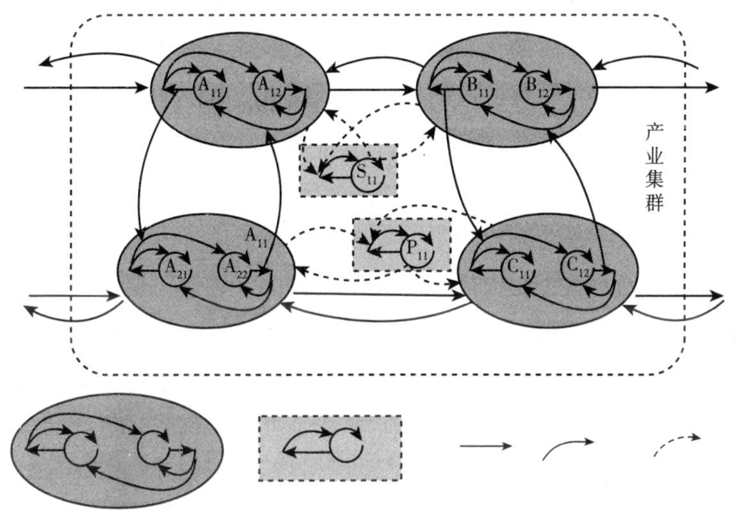

图 2-15　产业组织创新（产业集群优势演化）

产业集群是产业空间布局上的整合，通过产业集聚效应提升产业的整体竞争优势，是产业绿色转型的有力保障。传统支柱产业是前期发展的优势条件，在空间区域上的集聚，会呈现出比社会平均劳动时间更高效的生产时间，提升传统支柱产业的比较优势，产业内更易形成围绕核心企业形成的专业化生产分工，使规模效应逐渐展现，形成传统支柱产业集群，成为更合理的产业链优化和创新发展的组织载体。从新兴主导产业发展的视角来看，在某一区域内的新兴产业若能形成产业集群，发挥集群效应，相比于其他产业更易于形成相对优势，更偏向于发展为主导产业。

产业集群发展首先强调的是产业自身要素，即处于集群内的核心企业（传统产业龙头企业，新兴高新技术核心企业等）在自身发展规模以及自身发展能力上的提升，需要通过创新行为推动生产要素投入，以及管理水平和技术水平的整体提高；其次对于传统支柱产业应表现为既依托资源又弱化依赖的趋势，在产业链发展过程中，依据产业间资源占有关系，适当调节各要素的投入比率，在保证产业效率提升的前提下，加快新型替代型产业核心能力的衍生；除此之外，在集群内部要充分调动各科研机构和中介组织，以及高校等支持机构的产业发展参与度，构建开放式的协同创新网络，通过基础研究和应用研究的相互促进，形成知识网络下更开放灵活的产业组织创新形式。以东营市产业发展为例，东营的油气资源丰富，但随着开采的继续原有储量不断下降，通过对原有油田的改制，衍生出了基于油气资源的一批石油装备制造企业，政府及时进行制度引导，完成了对石油装备制造业产业集群的规划和落实，使该产业形成规模优势，发展为产业系统中新的优势产业，通过利用前期资源收益的原始积累，重点培育和扶持了一批中小型企业和大型石油装备制造的龙头企业，进一步确保了产业链条的完整性，并高效引领了同类型产业以及相关联产业的发展，同时集群还注重与胜利油田“五院一中心”、中国石油大学等科学研究机构进行广泛合作，加强合作共赢，提升了集群的科技创新能力，打造并稳固了该产业集群的核心竞争优势，全面提升了产业结构优化能力。

④产业系统创新。

基于城市群的产业系统创新有助于在城市群战略下优化产业项目布局，发挥城市群系统的整体产业功能，实现产业区域创新。城市群是在特定区域范围内，由包含一个以上核心城市、多个其他城市为单元构成的，依托基础设施网络联系起来的具有空间紧凑、经济联系频繁，能围绕核心城市形成高度一体化的城市—区域集合体。城市群范围内的核心城市具有某一产业的突出优势，能对其他城市相关产业产生辐射效应，是城市群的基础产业，城市群的出现是城市化发展高级阶段的产物，是生产力发展、生产要素优化的产物，也可看作产业集群进一步演化的结果，城市群表现为城市经济的聚集，通过产业关联产生集聚效应，通过产业分工与合作推动产业发展进而促进城市群发展与升级，从而形成更强大的竞争优势，城市经济的聚集高效整合了城市内产业系统的各自优势，为产业的优化发展提供有力支撑，在形成产业比较优势的同时，也创建了产业的区域品牌效应，产生更强大的市场竞争力。

城市的产业系统创新是基于产业链和产业集群的基础上进行的超循环演化过程（见图2－16），产业链的集聚不需要处于产业链各环节的企业在空间区域上产生集聚，其中各节点可按需处于集群以外，即在城市群中产业链上的企业可分布于各个城市之中，城市群内各产业可视为二元超循环结构单元，各企业发展过程中产生的复制酶对企业自身以及所处产业的发展有积极作用，复制酶既包括企业主体的绿色技术创新，也包括政府有效的环境规制等制度创新，促进产业演化为稳定的二元超循环结构，复制酶除对自身产业的积极作用外，对产业链其他环节的相关产业也进行催化促进，产业集群中的辅助机构也不断通过创新活动提供复制酶主体产业的演进，在多方共同作用下，产业系统的演化会衍生新的产业结构形态，分布于城市群中各城市的产业链环节不断为产业集聚提供更具竞争优势的比较力量，随着不断催化，产业系统逐步稳固壮大，城市群优势和实力凸显，这一过程也是产业结构优化升级的巩固过程。

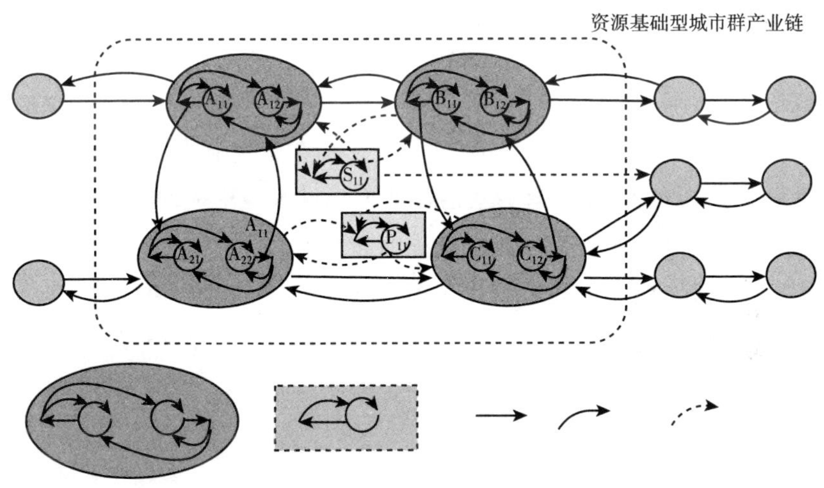

图2-16　产业区域创新（资源基础型城市群优势演化）

城市群中的核心城市依托强劲区位优势，充分调动城市群内产业分工互动，合理优化和配置群内产业资源，保障产业竞争比较优势，提升联动经济效益。产业链和产业集群是城市群中实现经济网络互联的主要形式，城市与城市间的产业分属于产业链的不同环节，通过关联作用，各节点互相促进，相关企业联动发展，产业在保持原有产业优势的前提下，通过发挥上下游产业的合作效能，可进一步提升产业的经济效益与附加价值；产业集群在参与市场竞争中可有效发挥聚集效应，进一步强化产业内分工协作，降低产品成本，通过合作和竞争诱发并激励创新，引导新产业形式的出现，能发挥出更具凝聚力和竞争力的市场优势。以辽宁中部城市群为例，沈阳是城市群的核心城市，其中资源型产业发展涉及城市包括抚顺、本溪和鞍山三座城市，在整个城市群发展中装备制造业是具有明显优势的产业集群之一，通过产业发展辐射作用，几座资源型城市在原有资源优势的基础之上，均将装备制造产业融入城市原有产业系统中，进入了城市群产业链环节，成为产业链专业分工中的节点，依托城市群的发展实力，带动城市内产业结构的调整和优化，提升城市内产业的比较优势，实现产业的转型和升级发展。

2.4 本章小结

本章首先界定了环境规制、创新驱动、绿色技术创新、产业绿色转型等关键概念，并对我国环境规制发展历程进行梳理，划分了不同类型的环境规制。其次，回顾“波特假说”理论并进行剖析，论述外部性理论、市场“失灵”理论和可持续发展理论为后续研究提供了理论依据。最后，结合环境规制的外在拉动、技术创新的内在推动和两者的协同作用探讨了产业绿色转型的动力机制；结合产业发展的生命周期理论、三维框架体系、熵值的变化和超循环理论探讨了产业绿色转型的演化，探寻了产业绿色转型的演化规律和发展模式。

| 第 3 章 |

环境规制与绿色技术创新的作用机制研究

近年来，环境问题已日益成为影响和制约社会经济发展的关键因素，日趋严重的环境问题对人类的生存发展构成了严重威胁。只有通过可持续创新才能赢得竞争优势，环境规制成为可持续发展的必要制度约束，如何实现经济、环境、社会效益三重目标，成为我国经济高质量发展面临的重要问题。本章主要回答三个方面的问题：(1) 环境规制是否可以倒逼绿色技术创新？(2) 不同环境规制政策对企业绿色技术创新的影响路径和效果是否存在政策异质性，在动态策略调整过程中存在怎样的均衡关系？(3) 政府环境规制与企业绿色技术创新是否存在协同作用？

3.1 环境规制的绿色技术创新效应分析

本部分基于“波特假说”的相关理论研究和实证检验，探讨绿色创新动机和创新效应的生成机制，并通过构建动态演化博弈模型，对动态复制方程和演化稳定性进行推导，研究政府环境规制与企业绿色创新的均衡策略选择。

3.1.1 绿色技术创新动机及形成机制

(1) 基于微笑曲线模型的绿色创新动机分析。

企业实现绿色转型以追求可持续发展的研究可以从微笑曲线（Smiling

Curve）的应用中获取思路。微笑曲线理论是重要的产业战略理论，源于国际分工模式由产品分工转变为要素分工，后来发展为产业的中长期发展策略方向。1992 年，台湾宏碁集团创始人施振荣因“再造宏碁”目标而推出“微笑曲线”，是微笑嘴型的一条曲线，产业链按照附加值进行分布，高附加值的区域集中在产业链的两端，左端是研究、开发、设计环节，右端是品牌、服务和销售环节，中间的制造环节附加值最低（见图 3－1）。产业未来应朝微笑曲线的两端发展，只有不断往附加价值高的区块移动与定位，才能获取更高的收益，提升竞争力：一方面，向产业价值链的上游移动，提升整合性设计能力，通过增加研发投入，提高科研设计水平，获取丰厚的附加值；另一方面，为提升整合性服务向微笑曲线的右侧移动，即价值链的下游移动，加强客户导向的营销与服务，以自主品牌塑造产品，保持市场上的领先优势，提升企业形象和售后服务水平等。

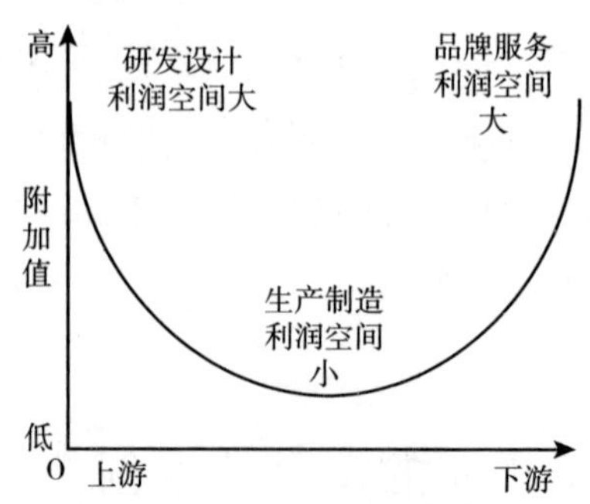

图 3－1　微笑曲线模型

企业的竞争压力和生存压力迫使企业通过创新改进研发设计降低成本，提高制造环节的附加价值，充分发挥获利的潜力，可以在很大程度上提升企业价值。同时，企业还需要思考向产业发展链条中高附加值区域移动。Nagel（2003）认为改进工艺流程和采用环保设备比采用环境管理系统、绿色营销等方式带来更高附加值。在高附加价值的区域中，关键技术及关键零组件可以更好地满足市场需求。Schmitz（2004）等从价值链治理的角度分析了“微笑曲线”产生的缘由。毛蕴诗和熊炼（2011）基于对偶性理论，研究了低碳运作的对偶微笑曲线模型，对原有的微笑理论进行了拓展，如图 3－2 所示。该模型有助于更好地分析企业产品与服务如何创造持续性的附加价值。图 3－2（a）和图 3－2（b）的横轴表示产业价值链，图 3－2（a）的纵轴表示成本，图 3－2（b）的纵轴表示附加值。该模型对于研究产业的转型升级具有广泛的应用价值。当企业通过技术创新提升制造能力、减少资源投入和消耗、降低生产经营成本（尤其是生产制造环节的成本）时，可以有效提升价值，此时图 3－2（a）中的微笑曲线就会从实线的位置向下移动至虚线的位置，并且凸向下方。经济学中的收益与成本对偶理论认为两者存在反向关系。图 3－2（b）中的微笑曲线从实线的位置向上移动到虚线的位置，并且凸向上方，提升企业附加值，通过成本降低达到提升价值的目的。因此，在企业追求绿色可持续发展的过程中应关注生产制造环节，通过绿色创新降低污染防治成本和运营成本，从而提升附加值。

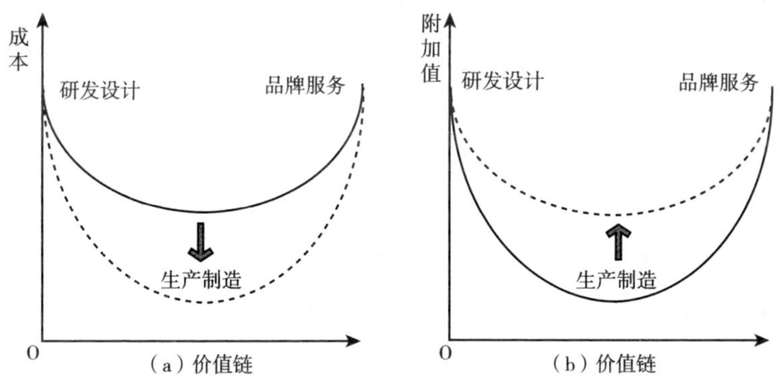

图 3－2　对偶微笑曲线模型

在不同生产方式下，附加值曲线呈现倒微笑曲线与微笑曲线交替出现的情况，因此微笑曲线可以扩展为更复杂的形式，如图 3－3 所示，包括“U”形、倒“U”形（倒微笑曲线）及直线形，分别表示不同技术创新水平下相应价值的分布情况。企业加大研发投入力度，依靠核心创新技术可以提升企业的相对附加值。

根据微笑曲线模型的理论指导，企业依靠技术创新可以有效降低能耗水平，提高生产运作效率，降低生产成本，不断提升产品附加值，最终推动绿色转型升级，实现可持续发展。绿色创新指在显著改善产品（或服务）、生产工艺过程、组织结构或制度安排等方面的同时，可以改善生态环境，是由

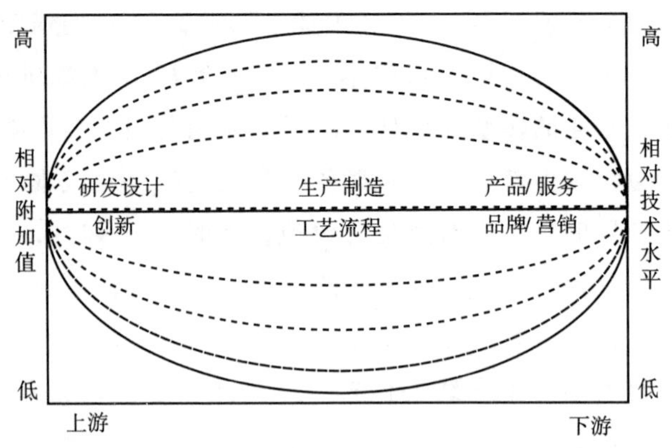

图 3－3　扩展的微笑曲线模型

技术、组织和制度变革共同构成的组合系统。与传统技术创新相区别的是，绿色创新追求经济效益、环境效益和社会效益的综合效益提升。企业是否进行创新、采纳何种创新类型以及创新的强度和绩效如何等受多种因素综合影响。欧盟“测量绿色创新（MEI）”项目认为绿色创新自身特征、创新主体特性和创新环境（市场、环境政策等）是影响创新的三个主要动因（Kemp and Pearson，2007）。环境规制政策的着力点是充分发挥绿色技术创新的导向功能，通过“补偿效应”和“抵消效应”的综合影响，引导企业提升技术创新能力，解决经济发展和保护环境的矛盾。

（2）环境规制下的绿色发展模式及绿色创新效应生成机制。

在环境规制约束下，企业通过绿色创新实现转型升级，在短时期内可能会造成企业成本的增加，但是从战略先机视角则有利于提高产品质量和顾客满意度，取得行业领先优势，提升企业综合绩效水平。企业在受到环境规制约束时，将“绿色创新”理念整合于商业模式，能有效降低环保合规成本和合规风险。环境规制下的企业绿色发展模式和绿色创新效应分析分别如图 3－4 和图 3－5 所示。

实现绿色创新导向下的可持续发展并非易事，既需要企业本身的战略嗅觉，深刻理解绿色竞争时代市场的新变化和新需求，并积极采取行动；也需要政府等相关利益者多方的大力扶持，积极推动创新活动的开展，让绿色竞争力转化为市场综合竞争力。

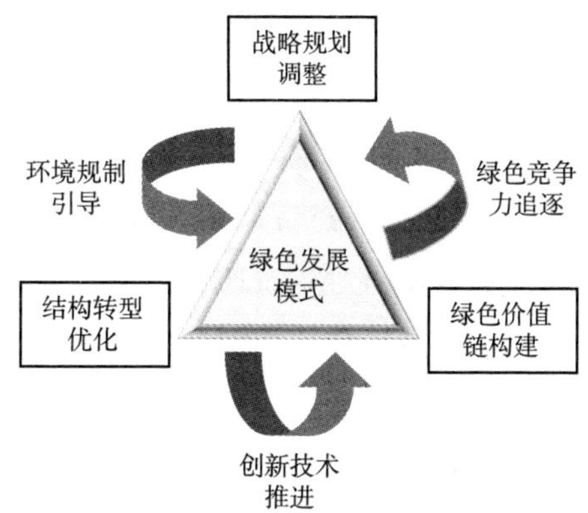

图3-4　环境规制下的绿色发展模式

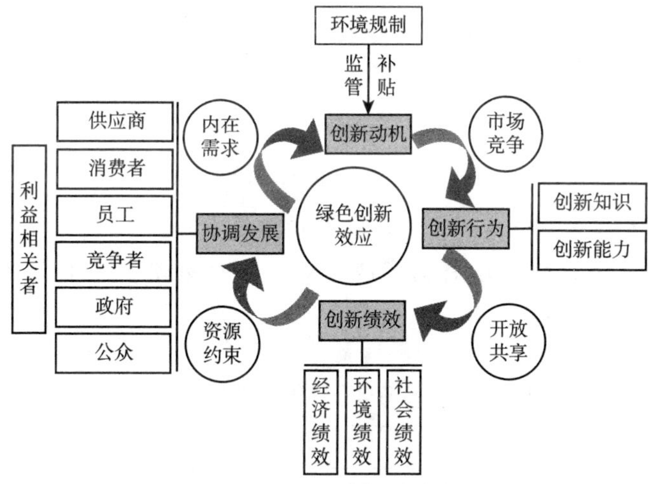

图3-5　环境规制下的绿色创新效应生成机制

3.1.2　基于动态演化博弈的环境规制与绿色技术创新策略研究

政府环境规制和企业的绿色创新行为是多因素共同作用下，演化博弈系统中参与主体双方动态选择的过程。

3.1.2.1　基本模型假设和演化博弈模型描述

为了简化分析，在不改变研究问题本质的前提下，做出如下假设，进而进行演化分析。政府和企业是博弈系统中两个重要的参与群体，在动态博弈过程中，双方会适时进行策略调整。当政府通过环境规制约束企业时，企业可以加大绿色研发投入，积极开展绿色创新活动满足规制要求；企业也可以不采纳绿色创新技术而接受政府的经济制裁。针对企业的绿色创新行为选择，政府可以进行严格环境规制，对生态环境污染行为实施经济制裁，对创新行为给予补贴；也可以选择疏于环境规制。

假设 T 为政府对污染企业的经济制裁（征收的环境税、罚款等），B 为政府的绿色创新补贴，C_2 是政府开展环境规制的成本。企业的绿色创新投入为 C_1，为企业开展绿色创新过程中挤出的经济利益损失，即绿色创新的机会成本。α_1 和 α_2 分别是企业消极进行绿色创新的力度和政府环境规制的强度水平。R_0 和 R_1 分别是企业进行绿色创新和不进行绿色创新的经济效益；I 是企业进行绿色创新过程中增加的生态效益；D 是企业不进行绿色创新产生的生态环境损失，$\delta_1(0<\delta_1<1)$ 和 $\delta_2(0<\delta_2<1)$ 分别表示企业综合绩效评价中经济指标和生态指标权重；$\lambda_1(0<\lambda_1<1)$ 表示经济外部效应系数，$\lambda_2(0<\lambda_2<1)$ 表示生态外部效应系数。结合模型假设和参数说明，运用混合策略概括了博弈双方各自策略行为上的博弈支付矩阵，如表 3-1 所示。

表 3-1　企业绿色创新与政府环境规制的博弈支付矩阵

博弈方		政府	
		严格环境规制（y）	疏于环境规制（1-y）
企业	积极绿色创新（x）	$-C_1+B+\delta_1R_1+\delta_2I$	$-C_1+\alpha_2B+\delta_1R_1+\delta_2I$
		$-C_2-B+\lambda_1R_1+\lambda_2I$	$-\alpha_2C_2-\alpha_2B+\lambda_1R_1+\lambda_2I$
	消极绿色创新（1-x）	$-\alpha_1C_1-T+\delta_1R_0-\alpha_1\delta_2D$	$-\alpha_1C_1+\delta_1R_0-\alpha_2T-\alpha_1\delta_2D$
		$-C_2+T+\lambda_1R_0-\alpha_1\lambda_2D$	$-\alpha_2C_2+\lambda_1R_0+\alpha_2T-\alpha_1\lambda_2D$

3.1.2.2 构建复制动态方程

企业开展绿色创新活动、政府实施严格环境规制的概率分别为 x、$y\in[0,1]$，且为时间 t 的函数，则企业消极开展绿色创新活动的概率为 1-x，政府疏于环境规制的概率为 1-y。企业积极开展绿色创新活动和消极进行绿色创新的期望收益（效用）分别为 U_{E1} 和 U_{E2}，平均期望收益为 U_E。

$$U_{E1} = y(-C_1 + B + \delta_1 R_1 + \delta_2 I) + (1-y)(-C_1 + \alpha_2 B + \delta_1 R_1 + \delta_2 I) \tag{3-1}$$

$$U_{E2} = y(-\alpha_1 C_1 - T + \delta_1 R_0 + \alpha_1 \delta_2 D) + (1-y)(-\alpha_1 C_1 + \delta_1 R_0 - \alpha_2 T - \alpha_1 \delta_2 D) \tag{3-2}$$

$$U_E = xU_{E1} + (1-x)U_{E2} \tag{3-3}$$

则由式（3－1）~式（3－3）构建演化博弈中的企业复制动态方程为：

$$F(x) = dx/dt = (U_{E1} - \bar{U}_E)x = x(1-x)(U_{E1} - U_{E2}) \tag{3-4}$$

通过求解可得：

$$F(x) = x(1-x)[y(1-\alpha_2)(B+T) - C_1(1-\alpha_1) + \alpha_2(B+T) + \delta_1(R_1 - R_0) + \delta_2 I + \alpha_1\delta_2 D] \tag{3-5}$$

政府严格进行环境规制的期望收益 U_{G1}，疏于环境规制的期望收益为 U_{G2}，政府的平均期望收益为 U_G。

$$U_{G1} = x(-C_2 - B + \lambda_1 R_1 + \lambda_2 I) + (1-x)(-C_2 + T + \lambda_1 R_0 - \alpha_1 \lambda_2 D) \tag{3-6}$$

$$U_{G2} = x(-\alpha_2 C_2 - \alpha_2 B + \lambda_1 R_1 + \lambda_2 I) + (1-x)(-\alpha_2 C_2 + \lambda_1 R_0 + \alpha_2 T - \alpha_1 \lambda_2 D) \tag{3-7}$$

$$U_G = yU_{G1} + (1-y)U_{G2} \tag{3-8}$$

则由式（3－6）~式（3－8）构建演化博弈中的政府复制动态方程为：

$$F(y) = dy/dt = (U_{G1} - \bar{U}_G)y = y(1-y)(U_{G1} - U_{G2}) \tag{3-9}$$

通过求解可得：

$$F(y) = y(1-y)(1-\alpha_2)[-x(B+T) + (T - C_2)] \tag{3-10}$$

根据式（3－5）和式（3－10）构建企业绿色创新行为的复制动态系统：

$$\begin{cases} \dfrac{dx}{dt} = x(1-x)[y(1-\alpha_2)(B+T) - C_1(1-\alpha_1) + \alpha_2(B+T) \\ \qquad + \delta_1(R_1 - R_0) + \delta_2 I + \alpha_1\delta_2 D] \\ \dfrac{dy}{dt} = y(1-y)(1-\alpha_2)[-x(B+T) + (T - C_2)] \end{cases} \tag{3-11}$$

3.1.2.3 博弈模型的演化及稳定性分析

（1）企业演化稳定策略分析。

根据 Frideman 研究提出的方法，当 $F'(x)<0, F(x^*)=0$ 时，x^* 为动态演化稳定策略（ESS），动态系统的可能平衡点（x^*，y^*）。根据复制动态方程（3-5）可求得：

$F'(x)=(1-2x)[y(1-\alpha_2)(B+T)-C_1(1-\alpha_1)+\alpha_2(B+T)+\delta_1(R_1-R_0)+\delta_2 I+\alpha_1\delta_2 D]$，$x^*=0$ 或者 $x^*=1$，

$$y^*=\frac{C_1(1-\alpha_1)-\alpha_2(B+T)-\delta_1(R_1-R_0)-\delta_2 I-\alpha_1\delta_2 D}{(B+T)(1-\alpha_2)}$$。

y^* 在不同的取值范围内时企业的行为策略为：

①当 $y^*=\dfrac{C_1(1-\alpha_1)-\alpha_2(B+T)-\delta_1(R_1-R_0)-\delta_2 I-\alpha_1\delta_2 D}{(B+T)(1-\alpha_2)}$，$0\leqslant\dfrac{C_1(1-\alpha_1)-\alpha_2(B+T)-\delta_1(R_1-R_0)-\delta_2 I-\alpha_1\delta_2 D}{(1-\alpha_2)(B+T)}\leqslant 1$ 成立时，$F(x)\equiv 0$，$F'(x)=0$，对所有的 x 轴水平都是稳定的，说明所有 x 的取值都是平衡状态。因此，当政府的环境规制概率为 $y^*=\dfrac{C_1(1-\alpha_1)-\alpha_2(B+T)-\delta_1(R_1-R_0)-\delta_2 I-\alpha_1\delta_2 D}{(B+T)(1-\alpha_2)}$ 时，企业选择创新策略的概率是稳定的。

②当 $y\neq\dfrac{C_1(1-\alpha_1)-\alpha_2(B+T)-\delta_1(R_1-R_0)-\delta_2 I-\alpha_1\delta_2 D}{(1-\alpha_2)(B+T)}$ 时，令 $F(x)=0$，则 $x=0$ 或者 $x=1$ 是 $F(x)$ 的两个平衡状态点。演化稳定策略要求 $F'(x)<0$，分不同情况讨论：

其一，当 $y^*>\dfrac{C_1(1-\alpha_1)-\alpha_2(B+T)-\delta_1(R_1-R_0)-\delta_2 I-\alpha_1\delta_2 D}{(B+T)(1-\alpha_2)}$ 时，$F'(1)<0$，此时 $x^*=1$ 是全局唯一演化稳定策略。因此，如果政府有很强的环境规制意愿，提高环境规制强度达到一定水平时，在动态演化博弈系统中，企业的最优策略选择是“积极开展绿色创新”。

其二，当 $y^*<\dfrac{C_1(1-\alpha_1)-\alpha_2(B+T)-\delta_1(R_1-R_0)-\delta_2 I-\alpha_1\delta_2 D}{(B+T)(1-\alpha_2)}$ 时，

$F'(0)<0$，此时 $x^*=0$ 是系统唯一演化稳定策略。因此，当政府疏于环境规制、企业由于污染环境而接受的经济处罚较小时，在动态演化博弈系统中，企业的最优策略选择是"消极开展绿色创新"。

当 $C_1(1-\alpha_1)-\alpha_2(B+T)-\delta_1(R_1-R_0)-\delta_2 I-\alpha_1\delta_2 D<0$ 时，即满足 $C_1(1-\alpha_1)-\alpha_2(B+T)-\delta_1(R_1-R_0)-\alpha_1\delta_2 D<\delta_2 I$，说明企业积极进行绿色创新的收益大于成本。此时恒有 $y>\frac{C_1(1-\alpha_1)-\alpha_2(B+T)-\delta_1(R_1-R_0)-\delta_2 I-\alpha_1\delta_2 D}{(B+T)(1-\alpha_2)}$，即政府以高于 $\frac{C_1(1-\alpha_1)-\alpha_2(B+T)-\delta_1(R_1-R_0)-\delta_2 I-\alpha_1\delta_2 D}{(B+T)(1-\alpha_2)}$ 的强度进行严格环境规制时，企业积极进行绿色创新是演化稳定均衡策略。

当 $C_1(1-\alpha_1)-\alpha_2(B+T)-\delta_1(R_1-R_0)-\delta_2 I-\alpha_1\delta_2 D>0$，企业开展绿色创新的总收益小于总支出。如果 $0<\frac{C_1(1-\alpha_1)-\alpha_2(B+T)-\delta_1(R_1-R_0)-\delta_2 I-\alpha_1\delta_2 D}{(B+T)(1-\alpha_2)}<1$，当 $y>\frac{C_1(1-\alpha_1)-\alpha_2(B+T)-\delta_1(R_1-R_0)-\delta_2 I-\alpha_1\delta_2 D}{(B+T)(1-\alpha_2)}$ 时，$x=1$ 是动态演化稳定均衡状态；当 $y<\frac{C_1(1-\alpha_1)-\alpha_2(B+T)-\delta_1(R_1-R_0)-\delta_2 I-\alpha_1\delta_2 D}{(B+T)(1-\alpha_2)}$ 时，$x=0$ 是动态演化稳定均衡状态。如果 $\frac{C_1(1-\alpha_1)-\alpha_2(B+T)-\delta_1(R_1-R_0)-\delta_2 I-\alpha_1\delta_2 D}{(B+T)(1-\alpha_2)}>1$，则 $y<\frac{C_1(1-\alpha_1)-\alpha_2(B+T)-\delta_1(R_1-R_0)-\delta_2 I-\alpha_1\delta_2 D}{(B+T)(1-\alpha_2)}$ 恒成立，此时 $F'(0)<0$，则 $x=0$ 是动态系统的最优策略。因此，如果政府的环境规制强度水平低于 $\frac{C_1(1-\alpha_1)-\alpha_2(B+T)-\delta_1(R_1-R_0)-\delta_2 I-\alpha_1\delta_2 D}{(B+T)(1-\alpha_2)}$，则演化稳定均衡策略是"企业不会积极开展绿色创新"。

（2）政府的演化稳定策略分析。

根据政府的复制动态方程（3－10），可得 $F'(y)=(1-2y)(1-\alpha_2)[-x(B+T)+(T-C_2)]$，令 $F(y)=0, F'(y)<0$，系统的可能平衡点为 $y^*=0$ 或

者 $y^*=1$，$x^*=\frac{T-C_2}{B+T}$。x^*在不同取值范围时，政府做出相应的策略选择。

①当 $x^*=\frac{T-C_2}{B+T}$，$0\leq\frac{T-C_2}{B+T}\leq1$ 成立时，$F(y)\equiv0, F'(y)=0$，说明对所有 y 轴水平都是稳定的，所有 y 值都处于动态博弈选择的平衡状态。因此，在政府环境规制和企业绿色技术创新行为决策的动态演化过程中，当企业绿色创新概率为 $x^*=\frac{T-C_2}{B+T}$时，政府选择环境规制策略的概率是稳定的。

②当 $x\neq\frac{T-C_2}{B+T}$时，令 $F(y)=0, T-C_2<0$，可得 $y=0$ 和 $y=1$ 是 $F(y)$ 的两个平衡点，演化稳定策略要求 $F'(y)<0$，分不同情况讨论：

其一，当 $T-C_2<0$，恒有 $x>\frac{T-C_2}{B+T}$，$F'(0)<0, F'(1)>0$，则 $y^*=0$ 为系统唯一的演化稳定策略。由 $T-C_2<0$ 可知，$T<C_2$，即，政府对经济主体生态环境破坏的经济处罚所得小于积极开展环境规制的成本支出。因此，当企业以高于$\frac{T-C_2}{B+T}$的概率水平选择“积极绿色创新”作为最优策略时，政府的演化稳定均衡策略为“疏于环境规制”。随着企业环保意识的增强，开展绿色创新活动的概率越来越大时，政府倾向于将逐渐降低环境规制强度作为最优演化策略。

其二，当 $T-C_2>0$，且 $0<x<\frac{T-C_2}{B+T}<1$，$F'(0)>0, F'(1)<0$，则 $y^*=1$ 为全局唯一的演化稳定策略。由 $T-C_2>0$ 可知，$T>C_2$，即，政府对企业生态环境破坏的经济处罚所得大于严格开展环境规制的成本支出。因此，企业以低于$\frac{T-C_2}{B+T}$的概率水平选择“积极绿色创新”作为最优策略，政府的演化稳定均衡策略为“严格环境规制”，随着绿色创新的概率越来越小，政府增大环境规制强度是最优演化策略。

(3) 系统策略的演化稳定性分析。

结合复制动态系统方程（3－11），令$\begin{cases}\frac{dx}{dt}=0\\ \frac{dy}{dt}=0\end{cases}$，在平面 $P\{(x,y)|0\leq x,$

$y\leqslant1\}$ 可求得 5 个复制动态平衡点：$E_1(0,0)$、$E_2(0,1)$、$E_3(1,0)$、$E_4(1,1)$ 和 $E_5(x^*,y^*)$，其中 $x^*=\dfrac{T-C_2}{B+T}$，

$y^*=\dfrac{C_1(1-\alpha_1)-\alpha_2(B+T)-\delta_1(R_1-R_0)-\delta_2 I-\alpha_1\delta_2 D}{(B+T)(1-\alpha_2)}$。

Frideman 认为微分方程描述的动态系统均衡点可通过求解系统雅克比（Jacobi）矩阵的局部渐进稳定性得到。对 $F(x)$ 和 $F(y)$ 分别求偏导，则系统雅克比矩阵为：

$$J=\begin{bmatrix} J_{11} & J_{12} \\ J_{21} & J_{22} \end{bmatrix} \tag{3-12}$$

其中，

$$J_{11}=(1-2x)[y(1-\alpha_2)(B+T)-C_1(1-\alpha_1)+\alpha_2(B+T)+\delta_1(R_1-R_0)+\delta_2 I+\alpha_1\delta_2 D]$$

$$J_{12}=x(1-x)[(1-\alpha_2)(B+T)]$$

$$J_{21}=y(y-1)[(1-\alpha_2)(B+T)]$$

$$J_{22}=(1-2y)(1-\alpha_2)[-x(B+T)+(T-C_2)[-C_1(1-\alpha_1)+\alpha_2(B+T)+\delta_1(R_1-R_0)+\delta_2 I+\alpha_1\delta_2 D](T-C_2)。$$

矩阵 J 的行列式为：

$$\det J=(1-2x)[y(1-\alpha_2)(B+T)-C_1(1-\alpha_1)+\alpha_2(B+T)+\delta_1(R_1-R_0)+\delta_2 I+\alpha_1\delta_2 D](1-2y)(1-\alpha_2)[-x(B+T)+(T-C_2)]-(1-\alpha_2)^2(B+T)^2x(1-x)y(y-1) \tag{3-13}$$

矩阵 J 的迹为：

$$trJ=(1-2x)[y(1-\alpha_2)(B+T)-C_1(1-\alpha_1)+\alpha_2(B+T)+\delta_1(R_1-R_0)+\delta_2 I+\alpha_1\delta_2 D]+(1-2y)(1-\alpha_2)[-x(B+T)+(T-C_2)] \tag{3-14}$$

系统动态演化过程中渐进稳定的充要条件是：$Det(J)>0$、$Tr(J)<0$，即将 $E_1(0,0)$、$E_2(0,1)$、$E_3(1,0)$、$E_4(1,1)$代入 Jacobi 矩阵行列式和迹的表达式，满足 $Det(J)>0$、$Tr(J)<0$ 时，该平衡点具有局部稳定性，当 $Det(J)>0$、$Tr(J)>0$ 时该点为不稳定点。企业与政府博弈的各均衡点对应的 DetJ 和 TrJ 表达式如表 3-2 所示。

表 3-2　　雅克比矩阵 DetJ 和 TrJ 的表达式

均衡点 E(x,y)	类型	等式结果
(0,0)	DetJ	$[-C_1(1-\alpha_1)+\alpha_2(B+T)+\delta_1(R_1-R_0)+\delta_2 I+\alpha_1\delta_2 D](1-\alpha_2)(T-C_2)$
	TrJ	$[-C_1(1-\alpha_1)+\alpha_2(B+T)+\delta_1(R_1-R_0)+\delta_2 I+\alpha_1\delta_2 D]+(1-\alpha_2)(T-C_2)$
(0,1)	DetJ	$-[(1-\alpha_2)(B+T)-C_1(1-\alpha_1)+\alpha_2(B+T)+\delta_1(R_1-R_0)+\delta_2 I+\alpha_1\delta_2 D](1-\alpha_2)(T-C_2)$
	TrJ	$[(1-\alpha_2)(B+T)-C_1(1-\alpha_1)+\alpha_2(B+T)+\delta_1(R_1-R_0)+\delta_2 I+\alpha_1\delta_2 D]+(1-\alpha_2)(T-C_2)$
(1,0)	DetJ	$[-C_1(1-\alpha_1)+\alpha_2(B+T)+\delta_1(R_1-R_0)+\delta_2 I+\alpha_1\delta_2 D](1-\alpha_2)(B+C_2)$
	TrJ	$-[-C_1(1-\alpha_1)+\alpha_2(B+T)+\delta_1(R_1-R_0)+\delta_2 I+\alpha_1\delta_2 D]-(1-\alpha_2)(B+C_2)$
(1,1)	DetJ	$-[(1-\alpha_2)(B+T)-C_1(1-\alpha_1)+\alpha_2(B+T)+\delta_1(R_1-R_0)+\delta_2 I+\alpha_1\delta_2 D](1-\alpha_2)(B+C_2)$
	TrJ	$-[(1-\alpha_2)(B+T)-C_1(1-\alpha_1)+\alpha_2(B+T)+\delta_1(R_1-R_0)+\delta_2 I+\alpha_1\delta_2 D]+(1-\alpha_2)(B+C_2)$
(x^*,y^*)	DetJ	$-(1-x^*)(1-y^*)[-C_1(1-\alpha_1)+\alpha_2(B+T)+\delta_1(R_1-R_0)+\delta_2 I+\alpha_1\delta_2 D](1-\alpha_2)(T-C_2)$
	TrJ	0

令 $\omega_1=-C_1(1-\alpha_1)+\alpha_2(B+T)+\delta_1(R_1-R_0)+\delta_2 I+\alpha_1\delta_2 D$ 为政府疏于环境规制、企业环保意识增强并积极进行绿色创新的净收益；$\omega_2=(1-\alpha_2)(B+T)-C_1(1-\alpha_1)+\alpha_2(B+T)+\delta_1(R_1-R_0)+\delta_2 I+\alpha_1\delta_2 D$ 为政府强化对污染行为的治理以严格进行环境规制、企业积极进行绿色创新的净收益；$\omega_3=(1-\alpha_2)(T-C_2)$ 为政府进行严格环境规制的收益所得与规制支出之差，即净收益；$\omega_4=(1-\alpha_2)(B+C_2)$ 为政府环境规制的成本支出，$\omega_1<\omega_2$。各均衡点雅克比矩阵的 DetJ 和 TrJ 符号及动态演化博弈稳定性分析结果如表 3-3 所示。

表3-3　　　　局部稳定性分析结果

序号	条件	等式类型/分析结果	平衡状态点				
			$E_1(0,0)$	$E_2(0,1)$	$E_3(1,0)$	$E_4(1,1)$	$E_5(x^*,y^*)$
①	$\omega_1>0,\omega_3>0$	DetJ	+	-	+	-	-
		TrJ	+	不定	-	不定	0
		结果	不稳定	鞍点	ESS	鞍点	鞍点
②	$\omega_1>0,\omega_3<0$	DetJ	-	+	+	-	+
		TrJ	不定	+	-	不定	0
		结果	鞍点	不稳定	ESS	鞍点	鞍点
③	$\omega_1<0,\omega_2<0,\omega_3<0$	DetJ	+	-	-	+	-
		TrJ	-	不定	不定	+	0
		结果	ESS	鞍点	鞍点	不稳定	鞍点
④	$\omega_1<0,\omega_2<0,\omega_3>0$	DetJ	-	+	-	+	+
		TrJ	不定	-	不定	+	0
		结果	鞍点	ESS	鞍点	不稳定	鞍点
⑤	$\omega_1<0,\omega_2>0,\omega_3<0$	DetJ	+	+	-	+	-
		TrJ	-	+	不定	+	0
		结果	ESS	不稳定	鞍点	不稳定	鞍点
⑥	$\omega_1<0,\omega_2>0,\omega_3>0$	DetJ	-	-	-	-	+
		TrJ	不定	不定	不定	不定	0
		结果	鞍点	鞍点	鞍点	鞍点	中心点

情形一：当 $\omega_1>0$，$\omega_3>0$，即政府疏于环境规制且企业积极开展绿色创新的净收益为正、政府严格进行环境规制的净收益为正时，$E_3(1,0)$是博弈过程的演化稳定策略。当政府环境规制水平较低，企业积极开展绿色创新的净收益为正时，会增加企业的创新意愿，自发增加绿色创新投入，通过加大绿色技术研发力度，提高绿色技术水平，降低生产过程中的污染排放。若政府严格环境规制的净收益为正，鉴于高强度规制成本和企业积极创新的态度，政府的环境规制水平会逐渐降低，日益疏于对企业的环境监管。经过不断动态博弈后，企业积极开展绿色创新活动，政府不需要提高环境规制水平。如果政府对企业生态破坏的经济处罚较高，企业在综合绩效评价时生态绩效考核指标所占权重增加，则更容易激发企业积极开展绿色创新活动、主

动承担生态文明建设的责任；与此同时，政府为了节约环境规制支出，逐渐放松监管，降低环境规制水平，动态演化博弈的相位图如图 3－6 所示。

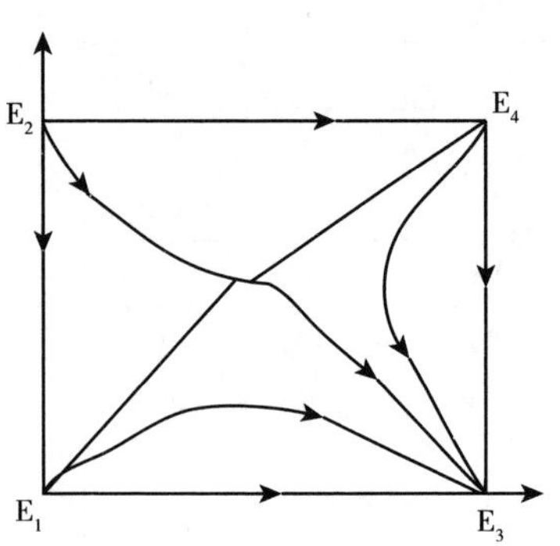

图 3－6　动态演化博弈相位图

情形二：当 $\omega_1>0$，$\omega_3<0$，即政府疏于环境规制且企业积极开展绿色创新的净收益为正、政府严格进行环境规制净收益为负时，系统演化均衡策略是点 $E_3(1,0)$。当政府环境规制水平较低，企业积极开展绿色创新的净收益为正，尤其是收益较高时，即使没有政府的严格环境监管，企业也会自发开展绿色创新活动，在改善生态环境的同时增加经济收益；如果政府加大环境规制力度伴随较高监管成本，导致净收益逐渐减少甚至为负值时，政府最终选择疏于环境规制的策略。另外，如果在企业综合绩效评价过程中，生态指标权重大于经济指标，且绿色创新积极性较高，而政府高强度环境规制成本略高于对企业的经济制裁金额，则政府逐渐倾向于降低环境规制水平。

情形三：当 $\omega_1<0$，$\omega_2<0$，$\omega_3<0$，即当政府疏于环境规制且企业积极开展绿色创新活动的净收益为负、政府严格监管环境污染行为而实施高强度环境规制的净收益为负、政府严格监管环境污染行为开展高强度环境规制且企业提高环保意识积极开展绿色创新活动的净收益为负时，系统演化均衡策略是点 $E_1(0,0)$。当政府环境规制成本较高，对企业消极开展绿色创新活动的经济制裁水平较低时，政府倾向于放松环境规制。企业积极开展绿色创新活动的净收益低于消极创新接受政府经济制裁后的净收益时，企业经营过程中对生态治理并不积极作为。若政府环境规制收益不足以弥补规制支出，则政府疏于环境监管；企业在综合绩效评价时，生态绩效考核指标所占比重较

小，经济绩效考核指标权重较大时，则企业更注重经济绩效，可能会损害生态指标。经过持续的演化博弈，双方陷入“囚徒困境”，结果是企业不积极开展绿色创新，政府环境规制也流于形式。

情形四：当 $\omega_1<0$，$\omega_2<0$，$\omega_3>0$，即政府疏于环境规制且企业积极开展绿色创新活动的净收益为负、政府严格监管污染行为提高环境规制水平的净收益为正、政府严格监管污染行为提高环境规制水平且企业积极开展绿色创新活动的净收益为负时，博弈双方的演化稳定均衡策略是点 $E_2(0,1)$。如果政府环境规制成本较低，且生态环境治理监管效益较高，或者为谋取社会福利最大化，而强化生态文明建设责任，则政府积极投身生态环境治理，加强对污染企业的环境规制。另外，如果企业环保意识不强，消极开展绿色创新的收益大于积极开展绿色创新活动的所得，且综合绩效考核时经济绩效指标比重大于生态绩效指标比重，则企业在持续的动态演化过程中选择的最优策略是不开展绿色创新活动，这继而进一步激发政府提升环境规制强度水平。

情形五：当 $\omega_1<0$，$\omega_2>0$，$\omega_3<0$，即当政府疏于环境规制而企业积极开展绿色创新活动的净收益为负、政府严格环境规制的净收益为负、高强度环境规制下企业积极开展绿色创新活动的净收益为正时，在动态演化博弈系统中，参与博弈的两方经过动态博弈之后的演化稳定均衡策略是点 $E_1(0,0)$。政府严格进行环境规制的经济效益不能弥补高额的环境规制支出时，为获取经济利益最大化，逐渐趋向于疏于环境规制的策略选择。为了追求经济利益最大化，若企业消极采纳绿色创新的收益大于积极开展绿色创新活动的收益，且在企业综合绩效评价中经济绩效指标占比较大，则企业更加热衷于投资可以获得较高经济利益的项目，而减少生态环境治理投入，抑制了绿色创新活动。因此，持续博弈的结果是导致政府和企业都疏于环境保护，生态环境将会持续恶化。

情形六：当 $\omega_1<0$，$\omega_2>0$，$\omega_3>0$，即政府疏于环境规制时企业积极开展绿色创新活动的净收益为负、政府高强度进行环境规制的净收益为正、政府高强度进行环境规制且企业积极开展绿色创新活动的净收益为正时，在该动态博弈演化系统中，博弈双方不存在演化稳定均衡策略，得到中心点 (x^*, y^*)，博弈系统处于不稳定状态。根据非对称演化博弈分析，企业复

制动态方程 $F(x)=0$ 时，$x=0$ 和 $x=1$ 是动态博弈系统的两个稳定平衡点。若初始状态 $y<y^*$，则 $x=0$ 是稳定平衡状态点；反之，平衡点为 $x=1$。同理可分析政府的复制动态方程和平衡点。此时博弈双方采取混合策略，演化博弈的最终结果取决于初始状态水平及临界值（x^*，y^*）。由于当政府严格进行环境规制的支出较小时，会强化环境规制，而企业虽然积极开展绿色创新的综合效益并不高，但是面临政府严格的环境规制和高额的经济制裁，也会加大绿色创新投入，通过提高绿色技术创新水平，减少污染排放。经过长期的动态演化博弈过程，政府和企业根据收益最大化原则选择有利的决策，最终形成双方的混合动态均衡策略。随着企业对生态环境保护重视水平的提高和政府环境规制成本加大，政府逐渐放松对企业生产经营过程的排污行为进行监管；随着环境规制水平的降低，企业会弱化污染治理，且消极开展绿色创新活动的收益较高时，企业会减少绿色创新投入。

综上所述，在政府和企业的博弈策略选择过程中，企业积极开展绿色创新活动的净收益和 y^* 起到决定性的作用。提高企业综合绩效考核水平中的生态效益指标权重、降低经济效益权重，加大企业污染行为的经济制裁和创新补贴力度，降低规制成本和创新支出，有助于引导企业合理配置优势资源，加大研究开发支出，提高企业绿色创新能力，以创新驱动转型升级，提升经济绩效和环境绩效，实现绿色可持续发展。

环境规制对绿色创新的倒逼效果受规制政策类型、强度水平、绿色创新技术特征、企业绩效考核指标体系等因素影响。绿色创新技术的采纳情况在很大程度上取决于净收益的大小。企业积极开展绿色创新的收益大于消极创新收益时，无论政府的环境规制强度水平如何，企业都倾向于加大绿色创新投入，积极进行绿色创新；如果严格环境规制的收益不足以补偿环境规制支出，则政府疏于环境规制。

从长期来看，基于“理性经济人”假设的博弈初始状态水平和“激励—约束”关系也是影响策略选择的重要因素。考虑到博弈过程中有限理性的存在，在整个演化博弈动态过程中，企业群体在博弈的初始状态并不会选择最优策略，政府环境规制行为是引导企业进行绿色创新的重要制度约束，在环境规制政策的制定过程中应兼顾短期性与长期性、强制性与激励性、局部性与整体性、事后治理与事前预防，以引导企业通过持续动态优化调整形成最终的行为决策，在动态博弈过程中根据综合绩效水平的高低来决定绿色创新的投入水平和创新力度，实现企业生产过程减排与末端治理的协同控制，追求集约高效的绿色增长模式，最终实现生态环境治理变迁中的主体协同共治。

3.2　不同类型环境规制对企业技术决策的影响差异

环境规制对企业技术决策行为的影响存在政策异质性。环境规制政策要么是在企业投资决策之前制定，即承诺性环境规制政策；要么是在投资决策之后制定，即动态一致性环境规制政策。企业的减排成本和创新技术固定采纳成本都存在信息不对称。由于环境规制机构难以完全观测到企业技术特征，以推断企业采纳创新技术的情况，在完全不掌握创新技术成本信息的情况下制定环境政策。环境规制机构可能确实面临关注被规制产业开发和使用所需技术能力的不确定性（Nentjes，A.，de Vries，F. P.，Wiersma，D.，2007）。通常很多环境规制政策选择都是基于相关成本和影响效果的不完全预期制定。而企业自身要比规制机构掌握更多创新技术成本的信息。在信息不对称的情况下，政府和企业要如何进行决策成为研究的重要内容。

自从 Downing 和 White（1986）以及 Milliman 和 Prince（1989）做出相关研究以来，绿色技术采纳动机成为很多学者研究的对象，关注不同规制工具下企业的技术变化。Requate 和 Unold（2001，2003）综述了有关不同环境规制政策对技术采纳的影响，构建模型刻画了以异质性企业（Requate and Unold，2001）和同质性企业（Requate and Unold，2003）为研究对象，排污税、减排补贴和排污许可交易对内生化新技术采纳数量影响的差异。重点研究了两个极端情况：一是规制机构在不掌握创新技术的情况下制定最优政策；二是规制机构掌握创新技术信息，此时不论是承诺性政策还是时间动态一致性政策，都可以实现社会最优。

即使在完全信息情况下，如果存在市场“失灵”，则承诺性政策和时间一致性政策都不能执行最优决策。如果企业数量很少，在时间性一致规制政策下，则企业可以反作用于环境规制政策，阻碍了最优决策的实施。然而，这并不意味着承诺性环境规制比时间一致性规制能带来更高的福利水平。

Amacher 和 Malik（2002）通过研究排污税环境规制政策下，单一企业选择是否采纳创新减排技术说明了该结论。因此，技术采纳情况是一个离散变量。

为了保证考虑非对称信息复杂性时的可操作性和适用性，设定整个产业中的所有企业在减排成本方面信息对称，但对创新采纳固定成本信息的掌握是不对称的。在非对称信息情况下，规制机构能够在时间一致性政策下执行最优决策，但是在承诺性政策下不能实现最优决策。决策结果主要取决于成本参数。在承诺性政策下，两种规制工具会导致企业依据过去经济发展情形分析投资不足或者投资过剩的现象。非对称信息和假设规制机构在制定政策时考虑成本参数分布，意味着税收（许可证）与技术投资过剩（投资不足）之间不存在明确的联系。然而，排污许可交易环境规制下的创新技术投资不足。最后，由于规制机构可以完全推断出创新技术的实现成本，因此，规制机构在时间一致性规制政策下可以实现福利最大化。

Weitzman（1974）最早系统研究了在不确定性环境政策下价格和数量规制的相对绩效问题，主要关注产业总边际减排成本（AMAC）曲线截距的不确定性，本章侧重关注斜率的不确定性。价格和数量工具的比较取决于 AMAC 和边际环境损害曲线的斜率。但是，AMAC 曲线平均斜率由反概率权重非直觉规则决定：高倾斜度的斜率由斜率平缓的概率衡量，反之亦然。Mendelsohn（1984）研究了对边际减排成本和投资成本有非对称信息的单一企业决策。Storrøsten（2014）在 Krysiak’s（2008）模型的基础上加上了产品需求不确定性。Krysiak（2008）研究了存在许多事前分析相似的小企业产业，这些小企业在做出投资决策之后获取边际减排成本信息。Mandell（2008）研究了不同环境规制的作用，一部分污染企业受排污许可交易规制，另一部分企业受到排污税规制的情况。Krysiak 和 Oberauner（2010）研究了企业在两种规制工具之间的选择决策。Yates（2012）通过比较常量污染许可供给和常量税率，发现在处理减排成本不确定性时，最优许可供给函数优于最优污染税函数。Ambec 和 Coria（2013）在减排成本不对称信息的情况下，比较了价格和数量工具对污染企业的控制。Stranlund（2015）比较了当减排成本的不确定性和环境损害相关时，排污税和具有价格高低限额的混合排污许可计划带来的影响，研究发现当存在负相关时，税收工具优于复合工具。Mendelsohn（1984）、Krysiak（2008）和 Storrøsten（2014）研究了内生技术变化如何影响承诺性政策下对价格和数量工具的选择，技术选择决策是一个连续区间，企业可以投资技术创新降低 MAC 的截距和斜率（Krysiak，2008；Storrøsten，2014）。

大部分研究发现内生技术变化降低了长期 MAC 斜率，与价格规制工具相比，数量规制工具发挥了更积极的作用。本节内容侧重分析排污许可交易和排污税对企业绿色技术创新决策的作用效果。通过设定模型、推导完全信息下的社会最优决策、讨论企业如何做出排污和技术决策、分析规制机构的行为并推导子博弈完美均衡。

3.2.1 基本假设和模型设定

假设某产业群体存在一系列连续企业使用初始减排技术时，污染排放量为 e_0，则企业的总减排成本和边际减排成本为：

$$C_0(e_0) = \frac{1}{2}(1 - e_0)^2, MAC_0(e_0) = 1 - e_0 \tag{3-15}$$

当前技术条件下不存在固定成本，所有企业的成本函数相同。成本函数是减函数，而且是排污量的凸函数。企业 i 采纳绿色创新技术时的污染排放量为 e_θ，其变动减排成本是：

$$VC_\theta^i(e_\theta) = \frac{1}{2}(\theta - e_\theta)^2 \tag{3-16}$$

假设模型中企业和规制机构对变动成本和固定成本两个方面的信息存在不对称。非对称信息与成本参数 θ 有关，对于所有企业来说，成本参数是相同的，与创新技术降低成本的速度及企业得到所需财务资源的难度等因素相关。企业了解该成本参数，但是环境规制机构并不掌握该信息；规制机构根据价值 L 的概率 v 和价值 H 的概率（1 - v）可掌握 θ 的先验分布，$1/2 < L < H < 1$，$L > 1/2$ 是要研究更加普遍的增量创新情形，并非创新技术快速大幅度降低减排成本（$\theta < 1/2$）时反映急剧的技术变化结果。F^i 是企业投资创新技术的固定成本支出，所有创新主体 i 都掌握该信息；环境规制机构认为 F^i 在（0，F）上均匀分布，但是并不掌握具体每个企业的固定成本投入。根据式（3 - 16），创新企业 i 的总减排成本和边际减排成本如式（3 - 17）所示：

$$C_{\theta}^{i}(e_{\theta}) = VC_{\theta}^{i}(e_{\theta}) + F^{i} = \frac{1}{2}(\theta - e_{\theta})^{2} + F^{i}, MAC_{\theta}(e_{\theta}) = \theta - e_{\theta} \quad (3-17)$$

总排污量 E 为：

$$E = \pi_{\theta}e_{\theta} + (1 - \pi_{\theta})e_{1} \quad (3-18)$$

其中，π_{θ} 是采纳创新技术的企业所占比率。总的环境损害和边际环境损害分别是：

$$D(E) = \frac{1}{2}dE^{2}, MD(E) = dE \quad (3-19)$$

其中，$d>0$。

为了排除 $\pi_{\theta}=1$ 和 $e_{\theta}=0$ 时的特殊情况，假设：

$$F > L(1 - L) \quad (3-20)$$

$$L > \frac{dF}{d[F + (1 - H)^{2}] + F} \quad (3-21)$$

$$H > \frac{d}{d+1} \quad (3-22)$$

结合式（3-20）以及 $H>L>1/2$ 则有：

$$F > (1 - \theta)^{2} \quad (3-23)$$

在承诺性政策和时间一致性政策两个体制规制下，企业都必须向政府支付排污税费，在两种政策体系下环境规制机构都只能设定单一变量，税率或总排污许可量。两者之间的区别在于规制机构和产业之间是一阶段的博弈还是两阶段的博弈。在博弈的初始阶段，首先确定成本参数 θ 和固定成本 F^{i}，所有其他参数都是共同信息。在承诺性政策下，规制机构在第一个阶段设定总排污许可量或者排污税率①，第二个阶段企业选择技术类型。在时间一致性政策下，该顺序相反。最后，企业在第三个阶段做出排污决策。

3.2.2 模型推导及最优决策过程

（1）完全信息社会最优决策。

首先探讨环境规制机构了解成本参数 θ 和固定成本 F^{i} 的社会最优决策。

① 假设规制机构在根据企业行为推断出成本参数 θ 之后不能调整环境规制政策，因为做出调整需要一定的时间要求。该模型只有在规制机构对规制政策做出调整之前有效。

给定 θ，规制机构设定采纳创新技术的企业比例 π_θ，创新技术对应的排污量为 e_θ，原有技术对应的排污量为 e_0。环境规制机构假定同等技术水平的企业排污量相等；投资创新技术的固定成本越低，企业越倾向于投资创新技术。则采纳创新技术时的社会成本为：

$$SC_\theta = (1-\pi_\theta)\frac{1}{2}(1-e_1)^2 + \pi_\theta\frac{1}{2}(\theta-e_\theta)^2 + \frac{1}{2}\pi_\theta^2 F + \frac{1}{2}d[\pi_\theta e_\theta + (1-\pi_\theta)e_1]^2 \tag{3-24}$$

其中，公式右侧第一项是企业在当前技术水平下的总减排成本；第二项和第三项是企业在新技术水平下的变动成本和固定成本，成本均匀地分布在 0 和 $\pi_\theta F$ 之间，所以平均成本是$\frac{1}{2}\pi_\theta F$，总固定成本是$\frac{1}{2}\pi_\theta^2 F$；第四项为环境损害。

求解式（3－24）社会成本最小化可得：

$$\tau \equiv 1-e_1 = \theta - e_\theta = dE \tag{3-25}$$

此时所有企业的边际减排成本相等，而且等于边际环境损害的标准条件。用 τ 表示 MAC 相等的水平，可以解释为减排影子成本。在图 3－7 中，曲线 MAC_1 和 MAC_θ 分别表示当前技术水平和创新技术水平下的边际减排成本，是 e_0 和 e_θ 的函数。如果所有企业采纳相同技术水平，则产业的边际减排成本 MAC 是 E 的函数。在图 3－7 中，根据式（3－25），当 MAC＝τ′时，采纳当前技术水平的企业和采取创新技术的企业分别在达到社会最优水平时排放污染物 e_0'和 e_θ'。

关于 π_θ 求解式（3－24）的社会成本最小化可得：

$$\frac{1}{2}(\theta-e_\theta)^2 - \frac{1}{2}(1-e_0)^2 + \pi_\theta F = (e_0-e_\theta)dE \tag{3-26}$$

对于采纳创新技术的边际企业（即，有最高的固定成本 F^i）来说，增加的减排成本应该等于减少的环境损害。

由式（3－25）和式（3－26）可得：

$$\pi_\theta F = \tau(e_0-e_\theta) = (1-\theta) \tag{3-27}$$

图 3－7 阐明了式（3－27）所表达的企业采纳创新技术的最优份额。排污影子成本等于 τ′时，企业转向采纳创新技术所减少的环境成本可以用面积

$B_\theta B_1 J_1 J_\theta$ 表示，该区域等于 $\tau'(e_1'-e_\theta')=\tau'(1-\theta)$。即，所有固定成本小于 $\tau'(1-\theta)$ 的市场参与主体的社会最优策略是进行技术创新战略模式选择。采纳创新技术企业的最高固定成本 $\pi_\theta' F$ 正好等于图 3-7 中的面积 $B_\theta B_1 J_1 J_\theta$。区域 BB_1J_1 的面积等于 $\frac{1}{2}\tau'\pi_\theta'(1-\theta)$，根据式（3-27）则可得，该区域表示采纳创新技术的企业总固定成本 $\frac{1}{2}(\pi_\theta')^2F$。

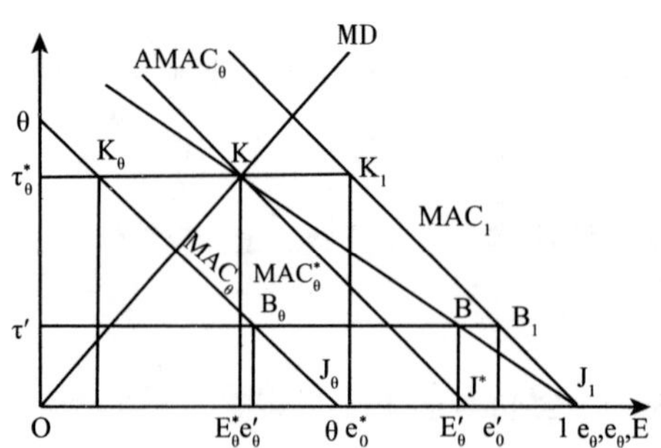

图 3-7 完全信息时社会最优策略选择

将式（3-25）和式（3-27）代入式（3-18），在 τ 点的总排污量为：

$$E_\theta=e_0-\pi_\theta(1-\theta)=e_0-\frac{\tau(1-\theta)^2}{F} \tag{3-28}$$

根据式（3-25）、式（3-27）和式（3-28），可以将总边际减排成本曲线定义为：

$$1-e_0=c_\theta(1-E_\theta)\equiv AMAC_\theta \tag{3-29}$$

其中，c_θ 是曲线 $AMAC_\theta$ 的负斜率，由式（3-20）则可得 $c_\theta>\theta$，内生技术变化减少了 AMAC 的斜率（$c_\theta<1$）。

$$c_\theta=\frac{F}{F+(1-\theta)^2}>\theta,\ c_L<c_H \tag{3-30}$$

函数 $AMAC_\theta$ 给出了特定水平 E_θ 下产业总边际减排成本，根据式（3-25）和式（3-27）设定 e_0、e_θ 和 π_θ 的最优值。$AMAC_\theta$ 是 MAC_θ 和 MAC_1 的加权平均值，π_θ 越大，$AMAC_\theta$ 距离 MAC_θ 越近。

根据式（3-25）和式（3-29）求解总排污量的最优水平，以及相应的边际损害和总边际减排成本。

$$E_\theta^* = \frac{c_\theta}{c_\theta + d},\ \tau_\theta^* = \frac{c_\theta d}{c_\theta + d} \tag{3-31}$$

将式（3-31）代入式（3-27）可以得到采纳创新技术的最优比率：

$$\pi_\theta^* = \frac{(1-\theta)}{F}\frac{c_\theta d}{c_\theta + d} = \frac{d(1-\theta)}{F(d+1)+d(1-\theta)^2} < \frac{d}{d+\theta} < 1 \tag{3-32}$$

根据式（3-20）可以得出第一个不等式，π_θ^* 随着 F 递减。根据式（3-23）和式（3-32）可以得到 $\pi_L^* > \pi_H^*$，$\frac{\partial \pi_\theta^*}{\partial \theta} = \frac{d[d(1-\theta)^2 - F(d+1)]}{[F(d+1)+d(\theta-1)^2]^2} < 0$。

整合式（3-29）中的 $AMAC_\theta$ 与 E，根据式（3-25）和式（3-27）设定 e_0、e_θ 和 π_θ 的最优值，特定水平 E 对应的总减排成本 $AMAC_\theta$，根据式（3-29）可以发现 $AMAC_\theta$ 以 E 为截距，$E=1$ 时总固定成本为 0。

$$ATAC_\theta = \frac{1}{2}c_\theta(1-E)^2 \tag{3-33}$$

图 3-7 给出了最优排污水平 e_θ^*、e_0^* 和 E_θ^*，以及边际减排成本的最优水平 τ_θ^*。已知采纳创新技术的最优份额 π_θ^*，产业的边际减排成本（扣除固定成本）为 MAC_θ^*。MAC_θ^* 下面的区域 $E_\theta^*KJ^*$ 是最优总变动减排成本。根据前面所讨论的 τ'，总的固定成本为 KK_1J_1，$KK_1J_1 = J^*KJ_1$。因此，加总社会最优总减排成本，包括固定成本和变动成本，即，$J^*KJ_1 + E_\theta^*KJ^* = E_\theta^*KJ_1$，位于 $AMAC_\theta$ 曲线下方。最小化社会成本为：

$$SC_\theta^* = ATAC_\theta(E_\theta^*) + D(E_\theta^*) = \frac{1}{2}c_\theta(1-E_\theta^*)^2 + \frac{1}{2}dE_\theta^* = \frac{c_\theta d}{2(c_\theta + d)} \tag{3-34}$$

第二个等式根据式（3-19）和式（3-33）计算得来，第三个等式来自式（3-31）。在图 3-7 中，合计总减排成本为 $E_\theta^*KJ_1$，总环境损害为 OKE_θ^*，所以最优总社会成本为 OKJ_1。

（2）企业决策选择模式。

推导出最优基准点之后，接着讨论被规制企业在排污税和排污许可交易下的排污水平决策和技术类型决策。企业掌握成本参数 θ 信息，假设环境规制政策和企业创新技术采纳份额 π 是给定的。以变量 x 表示排污税下的税率 t 以及排污许可下的排污价格 p。

①企业的污染排放决策。

不论是承诺性政策还是时间一致性政策，做出技术决策的企业在第三个阶段确定排污水平。企业力求在排污税或者排污许可交易支出以及变动减排成本最小时做出最优决策。在排污税规制政策下，税率是规制机构提前制定的。由于是考虑存在一系列连续企业构成的完全竞争市场，因此，在可交易许可规制下，许可证价格也是给定的。

采纳当前技术的企业的最优决策函数 $MIN[C(e_0)+xe_0]$，根据式（3－15）得出：

$$e_1=1-x \tag{3-35}$$

采纳创新技术的企业的最优决策函数 $MIN[VC_\theta^i(e_\theta)+xe_\theta]$，根据式（3－16）得出：

$$e_\theta=\theta-x \tag{3-36}$$

将式（3－35）和式（3－36）代入式（3－18），对于给定的 π 和 θ 则可得 E 和 x 的关系：

$$x=1-E_\theta-\pi(1-\theta) \tag{3-37}$$

②企业的技术采纳决策选择。

在承诺性环境规制政策体系的第二个阶段以及时间一致性环境规制政策体系的第一个阶段做出技术采纳决策。在两种政策体制和两类规制工具下，每个企业假定 x 是给定的。在承诺性体制的排污税政策下，税率在第一个阶段设定。在时间一致性税收政策下，企业意识到第二阶段的税率依赖于采纳比率 π，但是企业也会认为自身在市场中的地位微不足道，难以影响 π。在可交易排污许可下，企业意识到第三阶段的排污许可价格依赖于 π 的大小，但是企业也会认为自身难以影响 π。

在技术决策阶段，每个企业在给定 x 的情况下，比较两种技术策略下的总成本（包括税收支付或者许可证购买）。

根据式（3－15）和式（3－35），不采纳创新技术的企业总成本为：

$$K_0=\frac{1}{2}(1-e_0)^2+xe_0=\frac{x(2-x)}{2} \tag{3-38}$$

根据式（3－17）和式（3－36），采纳创新技术的企业总成本为：

$$K_\theta^i=\frac{1}{2}(\theta-e_\theta)^2+xe_\theta+F^i=\frac{x(2\theta-x)}{2}+F^i \tag{3-39}$$

如果 $K_\theta^i < K_0$，企业 i 采纳创新技术，根据式（3－38）和式（3－39）可得：

$$F^i < F_\theta \equiv x(1-\theta) \tag{3-40}$$

因此，投资创新技术的企业比率由 $F^i < F_\theta$ 的企业占比所确定。由于固定成本在区间（0，F）上均匀分布，根据式（3－40）可以得出采纳创新技术的份额为：

$$\pi_\theta = \frac{F_\theta}{F} = \frac{x(1-\theta)}{F} \tag{3-41}$$

若 $x=\tau$，则式（3－41）和式（3－27）相同。根据式（3－29）所定义的 $AMAC_\theta$ 和式（3－33）所定义的 $ATAC_\theta$ 做出最优决策方案。

给定 x 时的总排污量可以根据式（3－29）设定的 AMAC 求解：

$$E_\theta = \frac{c_\theta - x}{c_\theta} \tag{3-42}$$

在排污许可交易规制政策下，同时求解式（3－41）和式（3－42）可以得出给定 E 和 θ 时技术采纳份额 π_θ 和许可证价格 p_θ 的均衡值：

$$p_\theta(E) = c_\theta(1-E),\ \pi_\theta(E) = \frac{c_\theta}{F}(1-\theta)(1-E) = \frac{(1-\theta)(1-E)}{F+(1-\theta)^2} \tag{3-43}$$

3.2.3　结果分析与比较

综上所述，存在信息不对称时，在承诺性（时间一致性）体制下，规制机构在企业做出技术决策之前（之后）制订环境规制政策。在承诺性体制下，规制机构不能做出最优决策，仅当边际损害曲线比边际减排成本曲线更为陡峭时，排污权交易会比排污税带来更高福利。时间一致性体制要求规制机构推断创新技术成本。但是环境规制政策只能在某一固定时间段制定，规制机构不能总是有机会等到不确定性都已经解决之后制订规制政策，尤其是很多导致不确定性的因素可能随时出现，规制机构或许不能在不确定性解决之后迅速做出反应。如果环境规制机构可以做出政策菜单，根据企业的技术采纳决策制定税率或者排污许可总量，那么规制机构可能会执行最优决策。因此，时间一致性方案可以作为一种模式化基准，因为很难制订出一个根据被规制企业的技术决策对环境政策进行立即调整的方案。

此外，只有假设产业群体里面存在很多小企业时，在给定排污税率或许可价格时企业才能做出社会最优技术采纳决策，表明有关固定成本的非对称信息不影响均衡。因此，面对信息的不对称，规制机构必须推断有关被规制的企业成本参数。如果产业由许多大企业构成，在任何时间性政策工具下，企业通常都不会做出社会最优技术采纳决策。例如，大企业可能会影响时间一致性政策，所以可能不会执行最优决策，与承诺性政策相比可能会更糟（Amacher and Malik，2002）。然而，当产业中存在大企业时，这也意味着排污交易市场不再是完全竞争市场。排污交易许可不能带来企业间边际减排成本的均等化，因为企业战略行为面临其他市场失败和机会，排污交易许可与排污税相比可能始终是次优。在承诺性体制下，拍卖可交易许可导致创新技术的预期采纳份额很小。因此，规制机构可以通过明确免费分配规则激发创新技术采纳动机，以增加社会福利。给定总发行排污许可，小企业在免费分配排污许可数量固定的情况下做出社会最优创新技术采纳决策。改变免费分配数量仅仅增加特定排污许可数量下的总减排成本（进而增加社会成本），并不能帮助规制机构解决主要问题，这是因为规制机构必须在得出成本参数信息之前确定总排污许可。

3.3 环境规制与绿色创新的协同作用

环境规制作用于技术创新活动，技术创新也反作用于环境规制，两者是一种协同演化关系，如图 3－8 所示。

（1）环境规制通过对技术的引导和支撑推动技术创新的发展。命令控制型环境规制采取的是强制性政策约束，而市场激励型环境规制加强产业扶持，可引导和规范合理开发资源，激发自主创新和持续性创新等。不同环境规制政策界定了不同的产业发展策略选择方式。此外，产业转型升级发展过程中捕获技术信息和要素资源的能力，在很大程度上影响创新主体的动力来源，进而影响产业结构调整。

（2）技术创新反过来影响环境规制政策的制定和调整。产业结构绿色转型发展离不开环境规制政策的不断完善。技术创新是产业优化发展的关键驱动力，也作用于环境规制政策体系使其不断调整，绿色技术创新调动资源重新配置的积极性，使产出发生规模报酬递增，增强企业环保意识，提高社会福利水平，进而促使政府调整并完善环境规制政策体系。

因此，应发挥环境规制与技术创新的协同关系，从动态的角度驱动产业的绿色转型发展。

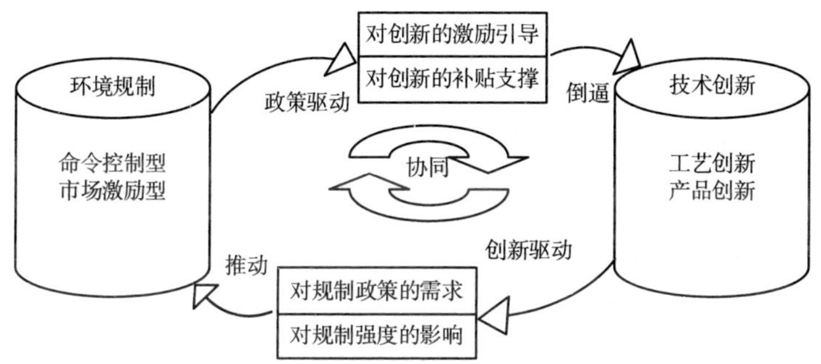

图 3-8　环境规制与技术创新的协同演化

3.4　本章小结

本章首先分析了环境规制对企业技术创新产生的影响效应，基于演化经济学理论研究了政府环境规制与企业技术创新行为的均衡策略选择，通过构建企业与政府两个参与主体的演化博弈模型，分析了双方的策略选择演化规律，推导出不同情形时的全局最优策略。其次，不同环境规制政策和工具发展作用的条件不同，对企业技术创新的作用机理和效果也存在差异。通过采用数理分析工具，从理论上推导排污权交易和排污税两种环境规制对企业技术创新作用模式、影响机制及效应的差异化，以分析政策异质性。最后，运用协同理论分析两者的相互作用。环境规制影响企业技术创新行为，技术创新反作用于环境规制，两者处于不断的演化调整过程，呈现出协同作用。

| 第4章 |

环境规制下创新驱动的产业绿色转型模式

加快产业升级和绿色转型是在新常态下打造经济增长新引擎、实现经济发展方式转变、保持可持续发展的重要途径。企业需要树立对生态环境损害最低化的低碳理念，将环境友好型发展模式贯穿于企业各个阶段，聚焦于提供清洁能源服务的新定位，建立人与自然的共生模式，以及经济社会发展的生态平衡机制。同时，企业作为市场经济主体应高度关注资源高效利用和节能环保，追加研发投入，加强绿色高新技术的深入研发，提高科技转化和创新能力，依托创新实现绿色、安全、智能化和高效发展。要实现可持续发展，需要整体考虑生态环境最大承受负荷，保证资源的绿色开采和高效利用，降低因经济社会发展产生的生态环境损失，坚决摒弃“先污染，后治理”的传统发展之路。此外，还应加大生态环境综合治理，保护生态环境，构建全过程的清洁产业链，引导绿色消费，实现产业高质量绿色可持续发展。

4.1 “波特假说”框架下的产业绿色转型发展模式

在工业生态学中有学者提出，工业发展发挥“双赢”作用的前提是要有适合特定环境变量的规制政策，而创新友好型的弹性环境规制政策是促进创新、提高绩效的关键动力因素（Costa et al.，2010）。也有研究表明，环境规制政策和企业绩效的关系取决于企业管理战略、资源和创新潜力（Christmann，2000）。产业绩效受多方面因素共同影响，其中最主要的两个因素为环境规制政策、企业的环境管理行为，具体来讲，表现为环境规制政策是否具有足够的激励弹性、所属规制企业是否愿意积极动态调整环境管理策略，保证环境规制政策执行到位。

在波特假说中，环境规制对企业行为的影响是一个重要的维度，即在环境规制作用下企业本身如何调整经营策略以达到提高环境绩效的目的。一般来讲，假如环境规制具有足够的弹性，灵活程度较高，则能够有效促进企业自发调整动态环境管理策略，积极组织开展各类环境管理实践活动（如能源节约、污染物处理等）、对污染性产品生产流程进行设计调整、增加末端治理技术投入以减少高环境规制负担等，逐步发展为环境友好型企业。

通过采用先进环境管理方式对资源进行重组，优化经营方式，有利于企业达到环境规制要求。企业所具有的动态调整能力是先进的环境战略实施的重要保证，而弹性规制能够在企业实施动态调整策略过程中为其赋予更多的创新机会，这种动态调整策略由动态能力理论（DCV）所支撑。由此可见，企业自身竞争优势往往取决于不同的流程组合方式、企业自身特色的资产形态（如知识产权和互补资产的组合等）和演化路径，是影响企业经营战略、组织机制和创新行为选择的关键因素，因而决定企业的组织技能和创新成果。因此，企业能否合理利用环境规制、提升资源配置效率、推进绩效水平提升、构建创新性优势取决于企业对创新的投入及关注、针对创新的配套管理机制等。

环境规制有助于增加正外部效应，形成技术溢出效应，降低负外部性影响。政府制定环境规制政策旨在激励企业采取动态调整战略，实现企业长期可持续发展。通过借助政府治理结构，实现外部压力机制向创新机制的转变，依托开放式思维开展创新活动，研发更具市场竞争优势的产品和服务，建立现代化产品—服务体系，在提升环境绩效的同时谋求经济效益最大化。创新型实践活动需要凭借先进的商业模式为发展平台，如高端的产品 + 优质的服务统一、长期合作的战略伙伴和前瞻性的发展战略及规划等。社会公共利益受企业生产流程、环境污染降低程度等因素共同影响，社会公共利益的实现需要大量企业参与到环境治理过程中，而创新是实现可持续利益的关键因素，因此构建如图 4－1 所示的“环境规制、创新驱动和企业绩效”三位一体的作用框架。

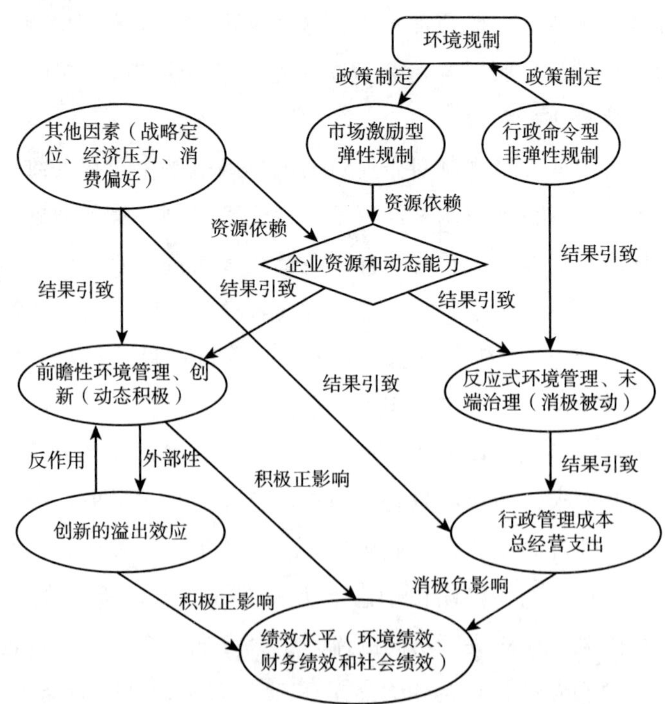

图 4－1 “环境规制、创新驱动和企业绩效”三位一体的作用框架

4.1.1 环境规制下创新驱动的企业环境管理行为

前期研究结果提出有关先验假设，主要涉及环境规制、环境管理实践、绿色创新和企业财务绩效等方面，具体包括以下几点内容：第一，通过执行控制型的非弹性环境规制约束企业，增加合规性支出；第二，通过执行市场激励型弹性环境规制，让企业能够实施动态策略，其中可持续发展战略、绿色消费偏好和经济压力等诸多因素有利于促进企业实施积极的环境管理战略，通过创新实现环境绩效、财务绩效水平同步提高；第三，为防止在市场激励型弹性规制政策背景下企业仍持过于保守的策略，通过采用高成本的污染控制方法以提高环境绩效指标，从而进一步影响企业的财务绩效水平。

近年来，各类环境规制政策陆续出台，并在政策落实方面表现出越来越严格的趋势，因此企业需要配置更多资源以满足规制要求。例如，环保部制定了较多新规定，要求企业改进工艺和检测标准，为保证企业在正常经营情况下达到更高的规制要求，进而导致检测设备更新、培训支出等成本费用急剧增加。基于能源耗费、废物加工等成本的大幅度增加，节能减排工艺越来越受到企业的重视。企业管理者积极优化升级生产工艺，削减污染排放量，脱离被动接受环境规制及行政惩罚约束的境况，达到降污减排、增加财务绩效的双重效果。环境规制一方面以重构内外部驱动力机制带动基础创新和环境管理实践；另一方面还能通过间接作用促进企业创新，如通过影响企业的环境管理战略、公众消费偏好等间接调控企业的自主创新活动。为改善环境绩效，较多企业自愿组织策划创新活动以达到新的环境规制标准，甚至有些企业内部愿意设定较高的环境标准，力争获得创新的先动优势。对于一些积极性欠缺的企业，在环境规制的约束下，也基本能达到相应的环境规制要求。总体来讲，环境规制能够有效激励企业通过建立创新体制，改善生态环境条件，提高环境绩效水平。

（1）环境规制对企业环境管理战略的直接影响。

不同环境规制政策对企业施加不同的影响。市场激励型环境规制具有一定的政策弹性，给予企业较大的自主选择空间，不断强化企业增强节约资源和提高资源利用效率的意识和动力，引导企业制订前瞻性的环境管理战略，借助提高资源要素的配置效率将环境成本控制在合理范围内。命令控制型环境规制作为一种有强制约束力的政策，在有限的弹性和灵活性条件下，企业一般会以消极的状态应对环境规制的强制管理，通过增加环境成本或者其他管理成本，使总成本提升，不利于实现企业的财务绩效指标，压缩个人可持续发展的利润空间，进而会给公共可持续利益带来负面影响。但是，即使赋予环境规制相对灵活的操作空间，在时间跨度上政策执行效果的滞后性也会持续影响企业环境策略的制订。较短的政策时效性降低环境规制的弹性水平，由于创新型企业缺乏充足的时间展开创新研究不得不被动应对环境规制。企业为了应对新的环境规制政策，应当及时作出战略调整，对原有战略规划、预算和资源要素进行优化，而不是仅限于资金投入的大小。在某些突发情况中，如果超出企业预算，非常规的较低成本支出也会反映到企业的基本生产运营中，突发的环境规制变化会迫使企业在管理上做出调整，使企业在绿色创新技术改革和生态转型方面陷入被动局面。

（2）基于中介变量的影响。

企业的环境行为并非由环境规制单一因素驱动，企业的战略定位、经济绩效指标的压力以及公众的消费偏好都是作用于企业创新性活动和创新型平台的关键因素。其一，企业可根据环境战略的指导，通过改进降污减排工艺减少生产过程中的污染副产品，积极提升环境绩效水平，规避违反法律的风险和遵守强制要求而承担超额环境规制费用。其二，由于环保意识日益深入人心，节能减排、降低成本损耗、提高产品的创新竞争力、提升综合绩效水平成为企业采纳自愿型环境管理的重要选择。环境规制通过增加企业污染治理的成本支出，要求企业实现更高的环境管理计划回报进行弥补（Ramanathan and Akanni，2015）。其三，环境规制通过引导市场绿色消费，鼓励企业采纳绿色创新和生态转型的策略。企业为了在市场上占据有利地位，满足消费者的绿色消费偏好，通过改进工艺流程降低污染、提供绿色创新产品、保证优质生活环境，打入原始市场内部，增强长期市场竞争优势。

可持续发展战略规划框架、创新市场竞争压力的存在、市场需求的多重作用力，共同推进企业环境管理战略的实施和创新活动的开展。

（3）企业自身对环境规制的反应能力。

企业应对环境规制应根据自身独特的资源优化配置能力，充分发挥资源禀赋在产业升级和绿色转型中的基础性作用，充分释放动态创新能力以配合国家的环境规制政策。面对政府出台的环境规制，企业通常以消极接受和被动服从的反应性环境管理策略或者积极应对和主动实施的前瞻性自愿环境管理策略应对。贮藏丰富的有形资源和价值可观的无形资源支撑着企业的前瞻性环境管理计划，帮助企业形成应对环境规制的动态能力（Aragon - Correaand Sharma，2003）。企业充分发挥资源配置能力，提高资源配置效率，使用有限的资源禀赋，做出迅速反应以应对企业外部的竞争环境，实施比竞争对手更先进的环境管理计划体系。动态均衡能力有利于帮助企业有条不紊地缓解和灵活应对外部市场变化带来的压力。为了避免违反环境规制而承担环境成本，企业通常会以高标准、高要求约束企业内部的生产和经营活动。相反，很多小规模企业因资源匮乏，动态调整能力不足，没有足够的财力支撑企业研发更为先进的低排放技术，通常会被动应对环境规制。

4.1.2 创新驱动和前瞻性自愿环境管理提升综合绩效水平

企业的创新方向和环境管理方法的选择，会影响企业自身的长期综合效益，同样也对公共环境的长期效益有所影响。创新领域的产品在环境优化及工艺革新方面，给企业发展创造了新的契机。伴随环境制度的约束力越来越强，企业以提升自身核心竞争力为目标积极采取应对措施。树立环境友好理念，借鉴管理计划的可持续方针，不断推出合理化方案，改进流程化生产作业，以提高废物利用率，降低能源消耗，争取能源利用率最大化，降低有害污染物的排出，为市场提供环境友好产品，增加市场份额，用提高企业收益的方式来达到缩减成本的目的。前瞻性环境管理和创新效应在改善环境的同时，可以增加企业经济效益，提升社会福利水平，实现环境绩效、财务绩效和社会绩效的共赢。

统筹个体可持续利益最大化和公共可持续利益的优化治理机制可以刺激环境规制激励作用的发挥。环境规制促进企业长期固定生产模式的升级优化，激励企业做出有利于经济效益增加的创新改革，实现资源节约和生态环境保护，履行生态文明建设责任。相较于命令控制型环境规制，市场激励型弹性环境规制为企业提供了更为灵活的创新发展平台，既可以激励企业提升环境绩效水平和个体可持续利益，又可以惩罚破坏环境的落后企业，避免“一刀切”。

环境信息对企业绩效的信号传递程度会受到环境规制的影响。环境信息披露政策作为重要的环境规制手段，旨在进一步规范国家重点监控企业污染防治管理，引导企业绿色发展，实现可持续经营。环境信息披露政策的实施促使企业积极引导市场消费的同时鼓励企业采纳绿色创新和自愿环境管理策略。企业为了在环境信息披露过程中向消费者传递有利信息，在市场上占据优势地位，引领绿色消费偏好，积极降低污染、改进工艺流程、提供绿色创新产品、保证优质生活环境，打入原始市场内部，增强长期市场竞争优势，提升综合绩效水平，实现整个社会可持续发展利益的最大化。关于环境信息披露对企业经济绩效的影响研究结论主要包括：正相关、负相关、不相关、周期性相关和不确定性五种观点。其一，正相关关系。汤亚莉、陈自力等

(2006) 将环境信息披露指数作为被解释变量，公司总资产的自然对数和净资产收益率作为解释变量，得出了企业经济绩效与环境信息的披露水平呈正相关关系。李秀玉、史亚雅（2016）选取上证社会责任指数成分股的公司作为研究对象，通过回归分析得出企业碳信息披露质量与财务绩效呈正相关，且影响效应存在跨期性，并且非国有企业碳信息披露质量对财务绩效的影响效果要强于国有企业。狄为、郭梦婕（2019）认为环境信息披露水平与企业绩效正相关，且市场化水平越高的地区影响越显著。吕备、李亚男（2019）从系统管理的角度出发，通过托宾 Q 值与环境信息披露得分的回归分析等三个模型，研究认为两者关系服从信号传递理论，企业对外披露环境信息，能够向公众传递企业社会责任感较强的信号，提升企业形象进而提高企业价值。Wang 等（2020）以 2013 ~ 2017 年 1054 个企业的年度数据为样本进行实证研究，结果表明环境信息披露对财务绩效有显著的正效应，并且研究了企业知名度（包括分析师数量、报告数量和机构所有权）和流动性的中介效应，采用 Sobel - Goodman 检验和 Bootstrap 检验分析中介效应，得出分析师数量、报告数量和流动性对环境信息与财务绩效的关系具有中介效应，而机构所有权则没有中介效应。其二，负相关关系。于华江、储志蕊（2014）指出，在 2012 年环保部进行了国家重点监控企业污染源自行监测能力的检查，发现国家重点监控企业自行监测存在真实性较差的现象。国家重点监控企业为了提高企业形象和经济绩效，会倾向于粉饰企业污染信息披露，而这种加工环境监测信息的动机源自于企业认为自行监测政策会给企业经济绩效带来负效应。Chen 和 Hung（2018）通过 PSM 匹配法、Logit 回归、双重差分模型等方法对 2006 ~ 2011 年沪深的所有上市公司进行分析，得出强制性的企业社会责任披露降低了营利能力和企业绩效，减少了企业对环境的污染。其三，不相关关系。陈璇、吕峻、焦淑艳（2011）以沪深的建材业和造纸业 A 股上市公司作为研究对象，实证分析认为环境信息披露和经济绩效不存在显著的相关关系。隋芳芳（2012）同样得出了环境信息披露和经济绩效不存在相关关系的结论，并且认为不同行业环境信息的披露水平不同，制造业的披露水平要好于非制造业。其四，周期性相关关系。常凯（2015）将企业市值和无形资产市值作为财务绩效指标，通过格兰杰因果检验法推出环境信息披露与财务绩效在 5% 的显著性水平下存在因果关系，由面板数据的固定效应得出环境信息披露对财务绩效的影响呈周期性变化。戴悦、史梦鸽（2019）通过实证分析发现环境信息披露对财务绩效有正向影响，该影响具有一期的时间滞后效应，且逐年递减。该影响效应在不同股权性质的企业作用力不同，非国有企业所受影响相较于国有企业更显著。其五，不确定性关系。持该观点的学者认为不同限定条件的研究对象导致环境信息披露与企业绩效相关关系不同。陈斌（2013）在阐述《国家重点监控企业自行监测及信息公开办法（试行）》的设计思想时提及，政策对国家重点监控企业的自行监控并不是“一刀切”式的统一监控标准，而是根据企业自身情况进行自行监控，并且企业的自行监测信息是强制公开的。环保部门也要公开对国家重点监控企业的监测信息，环保部和国家重点监控企业都受公众的监督。环境信息披露政策执行过程中，行业间政策效应差距较大。不同行业的国家重点监控企业在污染治理方面的资本投入、费用支出、盈利能力不同。赵萱、张列柯等（2015）从公司特征、制度环境、董事会特征三大方面出发研究了企业环境信息披露政策绩效的影响因素。Martin 和 Bikki（1988）以造纸、炼油、化工和钢铁四大污染行业的公司作为研究对象，实证结果表明：对于总样本来说，污染披露水平与经济绩效没有相关关系；将样本按照行业分组，在炼油行业组中两者存在显著的正相关关系，其他行业与总样本结果相同；将样本按照企业规模大小分组，在规模大的公司组中存在显著的负相关关系，而规模小的公司组与总样本结果相同。Greg Filbeck 和 Raymond F. Gorman（2004）通过不同时间段的回归，先后得到积极的环境政策与财务绩效负相关和不相关的结论。Hichem 和 Achraf 等（2015）以卡萨布兰卡和约翰内斯堡证券交易所2004～2009年随机抽样得到的14家摩洛哥公司和14家南非公司为样本，通过多元回归分析得出，在南非环境信息披露提高了企业绩效，而在摩洛哥环境信息披露对财务绩效有重大的负面影响，指出在研究环境报告政策与企业绩效关系时要考虑国家的法律法规和利益相关方。

（1）创新驱动和前瞻性自愿环境管理对企业绩效水平产生正效应。

环境信息披露政策实施后，国家重点监控企业积极实施自愿环境管理，经过一段时间的自行监测与大力整改，在环保部的监管下，以高产能为导向的生产布局向绿色生产转型，环境绩效、经济绩效和社会效益逐步显现。通过出台更详尽的法律法规、政策等，进一步丰富实施细则，环保部对国家重点监控企业的直接监管和环境监测信息的公开进一步规范化、制度化，便于公众对国家重点监控企业的监督，对企业的污染物排放等活动发挥更显著的规范作用，也有助于企业将更多的精力投入如何更加环保的经营活动。企业应该转变对环境信息披露的固有观念，从被动的强制性披露到主动的积极进行污染监测，从长远利益出发积极开展环境友好活动，优化企业设备，提高技术水平，在提升生产率的同时节能降耗，积极履行社会责任，提高公信度，赢得好口碑，提升企业形象，扩大产品市场，提高产品渗透率，实现企业自身经济利益与社会公众利益的共赢。企业对管理者的绩效考核方式也应做出相应调整。所有权与经营权的分离本就容易使管理者因短视而做出违背长远利益的决策，短期来看环境信息披露对经济绩效产生负效应，管理者可能为追求短期利益而上报虚假监测数据或设法粉饰环境信息披露报告。企业通过适当调整管理者的绩效考核指标，将环境绩效指标纳入绩效考核体系，加强管理者的环保意识，积极开展自愿环境管理，以提升综合绩效水平。

（2）创新驱动和前瞻性自愿环境管理对绩效的影响存在企业异质性。

受企业规模、历史发展基础、企业经营机制等多方面影响，不同体制下环境规制政策效应不同。国有企业环境信息披露制度较为完善，受环境规制政策的影响较小；而非国有企业受规制政策影响较大，环境规制政策对非国有企业环境信息的公开起到更好的规范作用。相关部门在出台配套措施时，应考虑国有与非国有企业的不同特点，差异化地进行企业污染活动监管。对国有企业而言，应把可量化的环境监测指标纳入考核体系，对于重大污染事项实行一票否决制度。对于非国有企业来说，应更注重过程控制，完善企业内部控制流程，提高自行监测的真实性。同时，国家相关部门应做到监管与服务并重，在监管过程中，向企业提供有效信息，促进企业间合作交流，有效提升企业自愿环境管理水平。国有企业在环境规制政策约束下进一步丰富和规范环境信息披露，为企业更好地开展自愿环境管理和接受环保部门的监管打下坚实基础。非国有企业积极响应环境规制政策，将环保观念贯穿始终，培养员工的绿色意识，加强污染治理，提高环境信息披露的积极性和主动性，提升绩效水平。

（3）创新驱动和前瞻性自愿环境管理对绩效水平的影响存在行业异质性。

由于不同行业的环境规制政策实施效果存在差异，下一步出台相关政策时应考虑到行业间差距，按不同行业制订不同的具体环境政策，做到政策与对应行业相适应。此外，通过对不同行业的不同企业分析发现，环境会计在核算方法、报告格式、环境信息披露项目等方面存在较大差异。而目前会计类教材对环境会计内容涉及较少，以核电站、石油、天然气等重度污染设施的弃置和恢复所产生的弃置费用为主，尚未对环境会计进行系统介绍，因此国家有关部门应进一步完善环境会计体系，加大对环境会计人才的培养。高污染行业既要保持住当前的经济效益，让政策带来的正效应长期稳定存在，而不是特定时期的高绩效。例如，化工行业应该保持政策敏感性，为新一轮生产和监测设备的更新和技术优化做准备；有色金属行业应该对行业投资成本高、资本回收期长的特征有更深入的认知，积极履行社会责任，做好自行检测和环境信息披露的工作；制药、造纸、煤炭、玻璃和酿酒等其他污染行业的企业应该抓住行业优势，充分发挥污染治理主观能动性，完善废水废气的排放系统，积极执行环保政策。

4.1.3　环境规制下的企业绿色发展策略选择

环境规制机构通过制定恰当的环境规制政策，发挥“环保成本效应”和“创新补偿效应”，引导被规制企业真实披露污染信息，以实现企业高质量绿色发展。为简化分析，假设市场上存在单一企业主体，其污染排放量为 e，对应收益 $R(e)$，$R'(e)\geqslant 0$，$R''(e)<0$，$e\in[0,\infty]$。p 是污染物价格，可以把边际收益 $R'(e)$ 视作企业的需求函数；反需求函数为 $P(e)$，$P'(e)<0$。污染损害为 $D(e)$，其中 $D(0)=0$，$D'(e)>0$，$D''(e)\geqslant 0$。$D'(e)$ 可以被看作污染许可供给函数 $S(p)$。

当不存在环境规制时，企业的污染排放量为 e^0，$P(e^0)=0$。企业污染排放量从 e^0 降低到 e 时的减排成本为 $C(e)=\int_e^{e0}P(x)dx[-C'(e)\equiv P(x)]$，当 $e<e^0$ 时的最小总减排成本为 $C(e)=\int_e^{e0}P(x)dx$。环境规制机构的目标是污染减排成本和污染损害之和最小，即污染收益扣除污染损害的值最大，以实现社会福利最大化，如式（4－1）所示：

$$\underset{e}{Max}\{R(e)-D(e)\} \tag{4-1}$$

对式（4－1）求一阶导数可得最优污染排放量 e^*，则有：

$$P(e^*) = R'(e^*) = D'(e^*) \qquad \forall i = 1, \cdots, n \tag{4-2}$$

环境规制机构为企业提供连续区间的价格—数量规制政策组合［$p(e)$，e］，价格是统一的或者呈线性特征的。最优目标的约束条件如式（4－3）所示：

$$\max_{e}\{R(e) - p(e)e\} \tag{4-3}$$

通过求解式（4－3）的一阶导数推导最优排污量 $e^*(p)$，则：

$$R'(e) = p'(e)e + p(e) \tag{4-4}$$

结合式（4－2）和式（4－4），则有：

$$p'(e)e + p(e) = D'(e) \tag{4-5}$$

环境规制机构通过求解式（4－5）得出 $p^*(e)$，诱导企业做出最优排污决策，进而可以根据式（4－1）实现规制目标。因此，结合式（4－1）和式（4－3），则有 $p^*(e)e = D(e)$，可以得到式（4－6）：

$$p^*(e) = \frac{D(e)}{e} \tag{4-6}$$

显然可以看出，最优解 $p^*(e)$ 与企业污染需求函数信息无关。当 $D'(e)$ 完全无弹性时，存在 $\tilde{e}$ 满足式（4－7）：

$$p^*(e) = \begin{cases} 0 & \text{if} \quad 0 \leqslant e \leqslant \tilde{e} \\ \infty & \text{if} \quad e > \tilde{e} \end{cases} \tag{4-7}$$

假设环境规制机构掌握该函数信息，则式（4－6）即为：

$$p^*(e) = \frac{D(e)}{D'(e)e} D'(e) = \alpha^*(e) D'(e), \ \forall D'(e) > 0 \tag{4-8}$$

其中，$\alpha^*(e) = D(e)/[D'(e)e]$。很显然，对于所有的 $D'(e) > 0$ 和 $D''(e) > 0$，$0 \leqslant \alpha^*(e) \leqslant 1$。因此，除 $\alpha^*(e) = 1$ 之外，$p^*(e)$ 函数比 $D'(e)$ 更有弹性，能激发更大的数量效应，抑制因线性规制方案导致企业少报污染需求的动机。根据式（4－8）可知，被规制企业根据式（4－6）自主选择［$p^*(e^*)$，e^*］组合中的线性价格 $p^*(e^*)$，$p^*(e^*) \leqslant D'(e^*)$。只有当 $\alpha^*(e) = 1$ 时，$p^*(e^*) = D'(e^*)$。因此，企业会如实披露污染需求信息，环境规制机构根据 $D(e)$ 制订最优污染许可数量。

当 $p^*(e^*) = R'(e^*) \leqslant D'(e^*)$ 时，企业自主选择 $p^*(e^*)$ 和 e^* 组合，

如图 4－2 所示。

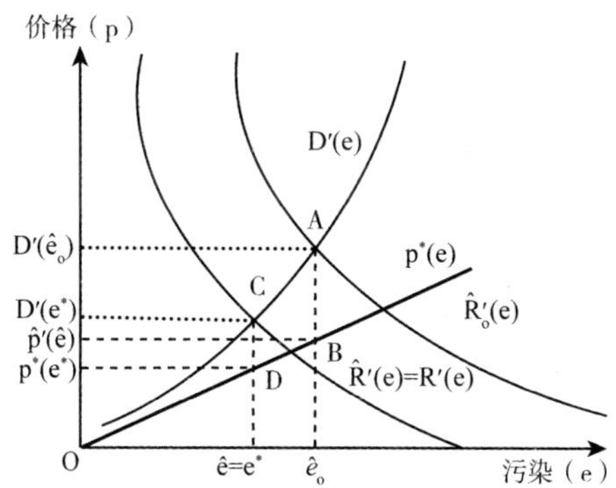

图 4－2　环境规制下企业绿色发展策略选择

若企业多报污染需求，则污染需求曲线 $\hat{R}'_0(e)$ 高于真实的需求曲线 $R'(e)$，此时环境规制机构制订的污染许可为 $\hat{e}_0$，补贴价格为 $\hat{p}(\hat{e}_0)$，且 $\hat{p}(\hat{e}_0)>p^*(e^*)$，则企业出售排污许可量（$\hat{e}_0-e^*$），导致总污染许可数量下降。同理可以分析企业少报污染需求的情形。因此，无论企业如何披露污染信息，市场均衡价格都满足式（4－9）：

$$\text{Max}[P(e),D'(e)] \tag{4-9}$$

因此，环境规制机构通过制订“数量—价格”双重约束的环境规制政策，引导企业如实披露污染需求信息，实现生态化发展，进而达成绿色高质量发展的环境规制目标。“绿水青山就是金山银山”，随着环保理念不断深入人心，各行各业对绿色发展的认识不断提高，环境规制政策体系不断完善，环境信息披露体系更加规范，环境规制的正效应更加显著，企业为了保护环境做出的产业升级与优化终会给企业和社会带来“金山银山”，实现环境与经济的协调发展。

4.2　基于生态效率的产业绿色转型发展模式

产业绿色转型发展以生态效率理论为依据，以反映生态资源满足人类需求的效率高低。生态效率是产出与投入的比值，产出是企业、部门或经济总体的产品或服务价值；投入是企业、部门或经济体的环境压力（OECD，1998）。企业绿色技术创新驱动和政府环境规制的制度约束发挥协同作用，提升生态效率。截至目前，相关研究主要集中在评估企业、产业和地区的生态效率上（Pekka and Mikulas，2004；Morioka et al.，2005；Sepp ä ä et al.，2005；Vogtländer et al.，2002；Songet al.，2012；Fernández – Viñé et al.，2013；Chen and Jia，2016；Passetti and Tenucci，2016）。Song 等（2016）指出，环境绩效应该由大数据进行评估。生态效率的影响因素研究主要聚焦在产业结构、科技投入、城市化和 FDI 等方面（Zhang et al.，2013）。环境规制是政府激励技术创新、改善经济绩效和环境绩效的重要工具（Porter，1991；Frondel et al.，2007；Wang et al.，2015）。有关环境规制对生态效率的研究还比较少，而且不同环境规制的影响机制存在差异（Stavins，1996），尤其是在用单一指标衡量环境规制时。

产业绿色转型发展目标以环境规制约束下创新驱动的生态效率理论为依据，追求生态效率最大化，实现经济发展水平提升和生态保护的“双赢”，其目标函数如下：

$$\max F[S(t), C(t)] = F[S(E_1, T, I), C(E_2, E_3, T, I)] \tag{4-10}$$

其中，F 为产业绿色高质量发展的目标效用函数，包括 S(t) 和 C(t) 两个变量，S(t) 代表经济发展能力水平，C(t) 为生态负荷能力，$\frac{\partial F}{\partial S}>0$，$\frac{\partial F}{\partial C}>0$。从产业绿色转型发展目标来看，着力于提升包括经济效益、环境效益在内的综合绩效，因此经济发展水平和生态承载力在解决相互矛盾的过程中寻求一致方向。S(t) 主要受到三个变量的影响：经济效率（经济绩效）E_1、创新驱动 T 和环境规制水平 I，由于生态产业发展可实现经济的可持续增长，绿色创新能力有助于经济发展水平的提高，环境规制可以引导产业结构优化升级，促进产业高质量发展，即$\frac{dE_1}{dt}>0$，$\frac{dT}{dt}>0$，$\frac{dI}{dt}>0$，三个影响变量作用方向相同。C(t) 受四个变量影响：资源效率（资源消耗能力）E_2、环境效率（环境绩效）E_3、创新驱动 T 和环境规制水平 I，提高资源效率导致资源损耗下降，提高环境效率减少污染排放，绿色创新能力有助于生态环境保护能力的提升，环境规制有助于监管生态环境破坏行为，因此各变量提升方向一致。实现经济发展和生态环境的和谐发展，则满足$\frac{\partial C}{\partial E_2}>0$，$\frac{\partial C}{\partial E_3}>0$，$\frac{\partial C}{\partial T}>0$，$\frac{\partial C}{\partial I}>0$，以及$\frac{dC}{dS}>0$。

产业绿色转型发展即实现以最小生态环境负荷获取最大的产品和服务价值，因此其目标函数可以表示为：

$$F=\frac{\max S(t)}{\min C(t)}=\frac{K}{H}=\frac{K}{GDP}\cdot\frac{GDP}{H} \tag{4-11}$$

其中，K——经济产出价值，即经济绩效；

H——生态环境负荷，包括资源消耗和污染排放；

K/GDP——单位 GDP 带来的经济绩效；

GDP/H——单位生态负荷对应的经济产出，即经济增长能力对生态环境资源的依赖。

4.2.1　创新驱动产业绿色转型生态效率提升

结合波特假说和前面的研究可知，环境规制有助于激发绿色技术创新动机，绿色技术创新作用于环境规制政策和强度的调整，两者相互推动进行耦合，发挥协同作用，提升综合效率。环境规制引导企业制订符合环保标准的战略，通过绿色技术创新在实现经济效率提升的同时，减少污染排放、降低耗能，而企业也会对环境规制的政策工具、规制强度等反馈相应需求。企业绿色技术创新理念的增强、技术水平的提高和创新能力的提升成为驱动绿色产业格局的关键驱动力；合理化的环境规制政策和恰当的环境规制强度成为推动绿色产业结构合理化调整的重要制度约束，两者共同作用下提升产业生态效率，最终实现产业的绿色转型。

从生态效率的角度，产业转型发展模式可以从企业效率、产业效率和区域效率三个层面进行设计。环境规制作用下创新驱动的产业绿色转型目标及效率提升框架结构如图 4-3 所示。

（1）企业生态效率。

企业倡导绿色发展的经营理念，在经营活动的各个环节降低单位产值的资源消耗和污染排放，提高资源综合利用效率，大力开展生态环境治理活

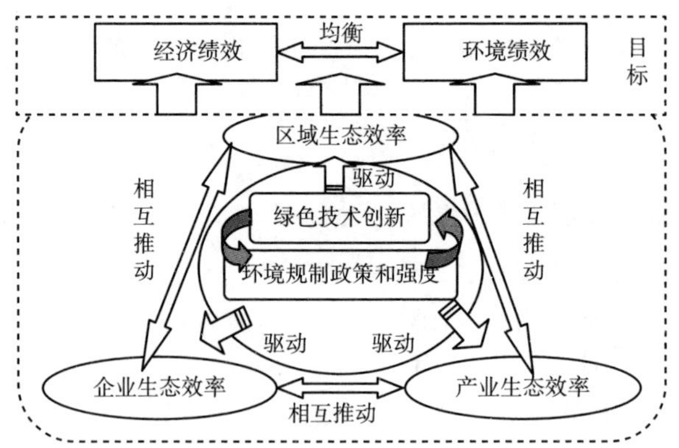

图 4-3 创新驱动产业绿色转型生态效率提升框架

动，降低污染排放，致力于企业产品或服务价值的综合提升，同时实现环境效益和经济效益的双赢。假设企业生产规模不变，不考虑环境规制时，企业产出价格为 P_1，需求曲线为 D_1，平均成本为 AC_1，边际成本曲线为 MC_1，MC_1和 D_1相交时，求得均衡产量 Q_1，如图 4-4（a）所示。此时，满足利润最大化的均衡条件，平均总成本为 F_1Q_1，企业的平均收益为 E_1Q_1，$E_1Q_1 > F_1Q_1$，企业单位利润为 E_1F_1。

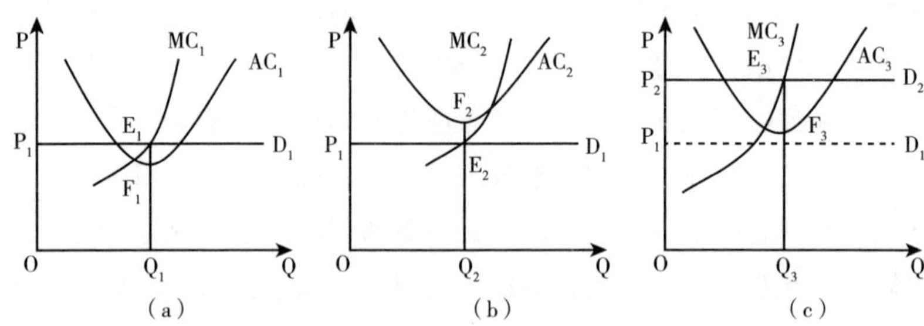

图 4-4 创新对企业生态效率的影响机理

环境规制作用于企业，企业可以选择采纳和不采纳绿色技术创新策略行为。如果企业意识不到绿色技术创新的重要性，倾向于采用传统技术，则企业的环境规制外部成本内部化导致成本增加，使平均成本从 AC_1上移至 AC_2，同时 MC_1变成 MC_2，产出质量没有改进，价格保持 P_1不变，市场需求曲线仍然为 D_1，MC_2和 D_1相交时求得企业的最优均衡产量 Q_2，如图 4-4（b）所示。达到市场均衡条件时对应的企业平均总成本支出为 F_2Q_2，企业平均收益

水平为 E_2Q_2，$E_2Q_2 < F_2Q_2$，企业的单位产出亏损 F_2E_2。

若环境规制激发企业开展绿色技术创新活动，可降低产出的平均成本，使 AC_2 向下移动至 AC_3（AC_3 仍可能大于 AC_1），产品附加值增加，市场价格提高到 P_2，需求曲线上移至 D_2，且 $P_2 > P_1$，MC_3 和 D_2 相交时求得企业的最优均衡产量为 Q_3，如图 4－4（c）所示。该均衡条件下，企业的平均总成本支出为 F_3Q_3，平均收益水平为 E_3Q_3，$E_3Q_3 > F_3Q_3$，获取的单位产品经济效益为 E_3F_3，由图可以看出 $E_3F_3 \geqslant E_1F_1$。

在政府环境规制作用下，企业从长期发展视角会积极增加研发投入，开展绿色技术创新活动，提高生产率，进而提升产出的市场价格，增加产品绿色附加值和经济绩效水平。由此实现企业的集约化发展模式，资源综合利用率提高，单位产出能耗水平下降，有效地解决了资源短缺问题；企业改进生产工艺流程减少环境污染排放，且治污能力增强，最终实现企业整体生态效率提升。

（2）产业生态效率。

产业生态效率是指产业依靠绿色技术创新，优化资源配置，降低资源消耗水平，提升节能减排能力，以创新效益补偿生态环境保护支出，推动产业结构调整和升级转型，促进新兴产业再造和产业系统的不断演化，提升产业生态化水平，促进产业绿色高质量发展。

假设只考虑传统资源型产业和新兴非资源型产业两种产业类型，涉及资本投入和劳动投入的生产可能性曲线如图 4－5 所示。

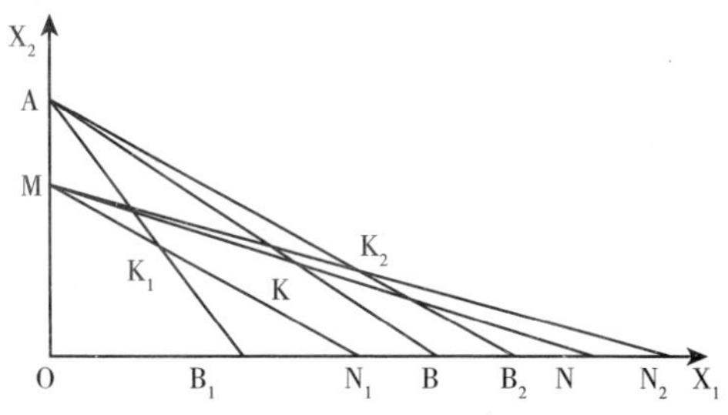

图 4－5　创新对产业生态效率的影响机理

图中 AB 是资本要素充分利用时的产业产量组合模式，MN 表示充分就业时的组合模式，AB 与 MN 相交于点 K，两种要素被完全利用，OBKM 是理想的生产可能区域，其中 BKM 为此时的生产可能曲线。随着资源储量的下降，污染日趋严重，资源型产业竞争劣势凸显，产出量逐渐下降，资本和劳动线向左发生位移，均衡点从 K 移到 K_1，生产可能集为 OB_1K_1M，其值小于 OBKM。因此，随着资源型产业的衰退，资源不能最大化使用，综合利用率较低，社会福利减少，仅仅依靠市场的调节未实现资源配置的帕累托最优。因此需要政府环境规制制度的引导，发挥制度的外在约束作用，提高企业的资源开采效率，提升资源产品的环境附加值，以实现优胜劣汰，将能耗高、污染重、效益差的企业关闭或重组，引导产业结构从资源产业向非资源型产业发展。

政府通过制订环境规制作用于企业行为时，由于资源型传统产业要素投入和技术的专用性，在市场竞争中淘汰出局的企业拥有的资本和劳动力要素会进行重新配置，被市场上其他大企业收购或兼并，进而提高产业的集中度，大型企业充分发挥规模优势，使原有资本和劳动得以优化利用，市场均衡重新回到 K 点，可以避免社会福利的损失。

随着政府环境规制强度水平的提升，大型资源企业的规模优势会逐渐丧失，这时必须依靠创新驱动产业发展，通过加大研发投入，提高绿色技术水平，改进生产工艺实现流程再造，提高生产经营效率和产品附加值，抢占绿色市场优势。虽然加大治污投入在短期内挤占经济资源，但放眼未来，有助于节约资源耗用和综合利用率的提高，进而提升综合效益。此时要素充分利用曲线右移，产生新的均衡点 K_2，生产可能集变为 OB_2K_2M，其值大于 OBKM，资源得到最优化使用，社会整体福利水平得到提升。同理可以分析得出，新兴产业通过绿色技术创新驱动导致资本和劳动充分就业线的右移。在环境规制约束下，资源型产业必须以绿色技术创新理念为指导，发挥创新驱动作用，提高产品和服务的科技含量和附加值，减少企业的生态治理支出，提高环境绩效水平的同时，增加产业经济绩效，最终实现产业生态效率的综合提升。

（3）区域生态效率。

区域生态效率主要反映某区域内经济增长和社会发展对自然资源的耗用水平，以及对生态系统的破坏情况，综合考虑区域内的经济发展和生态环境承载力。区域生态效率受区域自然资源禀赋、社会经济发展水平等因素影响。

随着环境规制政策体系的加强，激发绿色技术创新在企业和产业中的利用和不断改进，推动产业从资源依赖型向创新驱动型模式转变。绿色技术创新的驱动有利于提升资源利用效率，放缓资源的耗竭速度，促进区域可持续增长，同时降低发展过程中的负外部性影响，改善生态环境质量。创新驱动下区域生态效率的变化见图 4－6。其中 X 轴代表产值，Y 轴代表资源利用效率和环境质量。企业采纳传统技术策略时，产值由 Q_1 增加至 Q_2 时，资源综合利用水平和生态环境质量呈下降趋势，从 S_1 降低到 S_2。若企业采纳绿色创新技术，则可以大大提高资源利用率和绿色产品附加值，产值可能会从 Q_1 增加至 Q_3，绿色技术创新对资源的优化利用和对生态环境治理水平产生驱动作用，S_1 增加至 S_3，生产可能性曲线从 S_1Q_1 移动至 S_3Q_3。因此，企业依靠绿色技术创新既可以增加经济绩效，也可以减少能源耗用和对生态系统的破坏，从整个区域来看，社会福利增加，大大提升了区域生态效率。

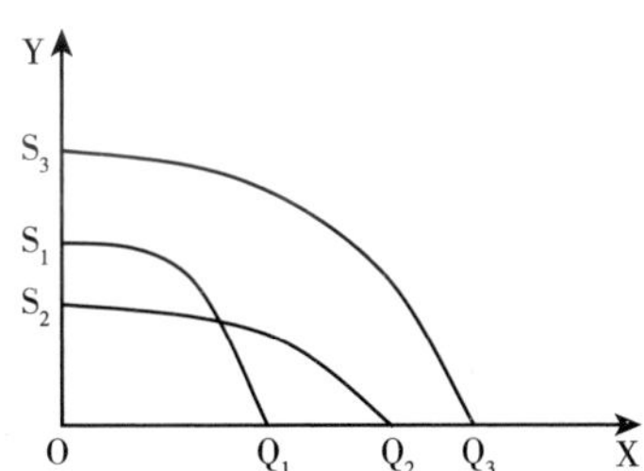

图 4－6　创新对区域生态效率的影响机理

4.2.2　产业绿色转型生态效率提升模式

本部分从企业生态效率、产业生态效率和区域生态效率三个方面探讨了产业绿色转型效率提升模式。

（1）企业生态效率提升模式。

企业是经济环境系统的组成要素，产业绿色转型要求企业转变生产经营理念和发展模式，实施清洁生产，降低整个经营周期的排污水平，提高包括经济绩效和环境绩效在内的生态效率水平。结合企业经营战略和发展策略构建如图 4－7 所示的企业生态效率提升模式。

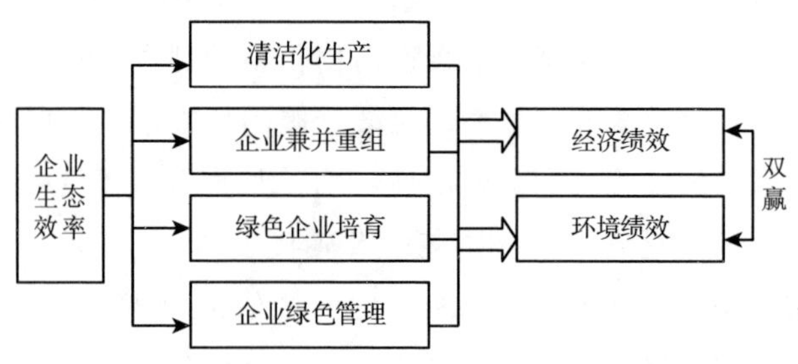

图 4－7　企业生态效率提升模式和目标

①清洁化生产模式。

清洁生产是公司在产品生产以及服务的过程中，利用绿色环保的生产技术，将生产中对环境的污染和废弃物的产生降到最低的策略。企业清洁生产策略主要涉及以下几点：生产原料上投入清洁原材料与能源资源；改进工艺和流程再造，使用绿色环保的工艺和设备；开发技术上采纳绿色技术，既提高生产效率也降低废弃物排放，采用污染预防、控制与治理相结合，减少对生态环境的破坏。清洁生产的主要技术包括资源综合利用技术、绿色生产技术、污染防治技术和地质灾害防治技术等；资源综合利用技术是指在矿产资源开采之前，利用科学的技术手段，将矿产资源的共生和伴生资源同时采出，加以利用，并且将综合开采出来的矿产资源成分分别提炼出来，产生多种价值的商品矿，最大化利用矿产资源；绿色生产技术涉及生产经营周期的清洁模式和产品的生态化增值，要求企业在产品制造环节实现“零污染”，并且其产品的使用对环境做到“零损害”，增加产品的生态附加值，以此来提高产品的价值，如绿色建材等绿色新材料、洁净煤技术以及转基因棉等生物技术等；污染防治技术是指建立防污染装置，采用绿化装置对污染物进行有效处理，控制污染物的排放，生产中利用绿色能源，采用绿色技术手段，减少大气污染、水污染、土壤污染等，如使用绿色能源、二氧化硫的治理技术、污水处理技术等；地质灾害防治技术是指利用现有的先进地质工程勘察手段，采用以预防为主，避让与治理相结合的技术手段，避免开采资源时对水资源和土地资源的破坏，减少地面塌陷、泥石流等危害，保护生态环境平衡。

在产业转型发展过程中，企业利用绿色经营模式是推动产业绿色转型的必然要求。通过微观经济主体开展绿色生产，使用清洁工艺设备，开发并向市场供给绿色产品和服务，构建一个低能耗、降减排、高效率的社会经济体系，在追求经济绩效最大化的同时，优化利用资源，最小化生态环境损失，实现生态经济的健康发展。

②企业兼并重组模式。

大型企业利用兼并、重组模式迫使高污染、低效率的中小企业退出市场，这种方式有利于提升企业生态效率和产业发展，并且对产业组织形态的创新有一定的促进作用。例如，山西省 2005 年的煤矿数量有 4278 座，5 年时间利用兼并和重组模式整合资源，2010 年将煤矿数量减少到 1053 座。资源整合和集中利用不仅可以发挥规模经济优势，提高资源开发和利用效率，还有助于利用大企业的先进绿色环保设备与创新技术，实现环境“零污染”，不仅可降低环境污染，也可提升产品价值，同时保障企业经济效益的实现和生态环境的保护。

企业通过兼并重组模式可以迅速积累资金，实现企业的转型。结合关键竞争优势，企业充分发挥在资本运营、生态风险控制和绿色技术创新等层面的核心能力，依托资源产业转型发展，大力推动新兴绿色产业成长，形成多元化的产业结构和发展模式，有助于培育新的企业增长点，进一步促进产业战略性发展和成功转型。

此外，企业兼并和重组对处于成长时期的企业快速发展起到尤为重要的作用。通过对业务内容和经营范围相似领域的企业进行兼并重组，可进一步调整资源配置，实现资源的优化利用，重组组织架构，整合技术与人才资源，发挥企业的规模效应和技术优势，实现经济、技术、人力资源的全面发展，使成长型企业得到快速发展。

③绿色企业培育模式。

绿色企业的培育已成为产业绿色高质量发展的趋势，国家要重视培育新兴绿色企业，其中包括一些新能源开发企业、绿色节能环保技术开发企业、新技术开发企业等，在融资与技术培训方面提供扶持政策，鼓励其进行绿色环保产品的研发与供给，发挥环保方面的优势，推动其他企业的绿色技术发展进程。国家通过重点关注中小型绿色企业发展进程，从生产、技术、营销、产品等全方位进行绿色改革，调整产业结构。

④企业绿色管理模式。

经济进入新常态，企业发展从单一追逐经济效益转向综合绩效提升。现代化企业应树立绿色发展理念，建立旨在提升生态效率的企业管理机制，贯彻落实绿色发展制度，实现绿色发展经营模式。企业建立绿色发展管理部门，统一协调各个机构的绿色措施，致力于开展绿色经营活动和生态环境保护工作。绿色管理部门通过改革企业的考核机制，将生态效益目标纳入企业综合绩效评价体系，绿色生产责任与经济效益一并考核。企业还需要培养精通经济学和绿色生态管理学的员工与企业家，真正做到企业实现绿色管理，提升包括经济效益与生态效益在内的综合效益。

（2）产业生态效率提升模式。

通过资源产业的绿色改造和新兴产业的绿色再造，改革发展模式，推动产业结构的高级化和产业体系多元化，如图 4－8 所示。

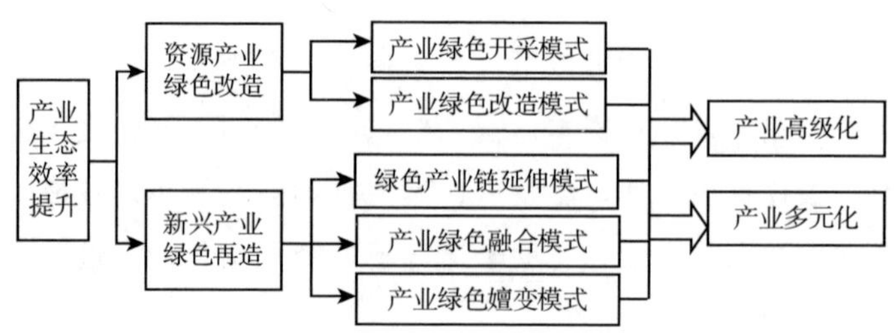

图 4－8　产业生态效率提升模式及发展目标

①产业绿色开采模式。

绿色开采就是综合考虑资源利用效率和生态环境影响，通过资源优化利用，最大化经济效益水平的同时最小化要素投入，并最大限度地保护生态环境不被破坏的开采模式，目标是大力提高资源综合利用水平，实现最大的经济效益和环境效益，促进资源优势的延续。依据绿色经济和循环经济理念，采用提高资源综合利用率和降低污染物排放的绿色开采方式，将共生资源与伴生资源一同开采并综合利用，生产提炼出多种附加产品，做到资源充分利用，实现资源“零浪费”，环境“零污染”。以资源绿色开采为例，其中技术主要有保水开采、减沉开采、煤与瓦斯共采、矸石减排、煤炭地下气化等技术。

②产业绿色改造模式。

绿色改造是采用绿色技术和工艺，以绿色标准为引领，促进节能环保设备推广应用，实现资源产业的全生命周期绿色化管理、生态化发展、集约化经营、规模化生产，加快推进循环经济发展，以结构调整为主线，提高资源产业的技术创新能力，增强市场综合竞争能力。以可持续发展为目标的绿色改造包括对传统产业的绿色改造、园区循环化改造和企业设备的绿色改造、传统技术的绿色改造；利用绿色环保技术提高产品技术含量，通过创新体制机制进一步提升产品附加值；落后管理模式改造则通过实施现代信息化管理模式，利用互联网进行产业信息化改革；清洁生产技术的改革需要通过在生产过程中利用绿色生产技术，降低资源的消耗和对环境的污染，减少生态环境损失。推动产业的绿色改造有助于摆脱高投入、高消耗、高排放的粗放模式，减少资源浪费，避免给生态系统带来功能性损坏，通过推进流程制造业智能化改造，提高企业对现有资源的综合利用，全面提升资源配置优化，促进经济效益和生态效益的“双赢”，加快推进产业和产品结构调整。

③绿色产业链延伸模式。

绿色供应链对环境绩效的影响越来越受到关注。绿色产业链延伸是指企业通过建立绿色发展经营管理机制，通过产业链上下游的延伸，解决资源型产业的结构问题突出、产业链条短、环境污染严重、绿色技术含量低、转型动力不足、产品附加值小等问题。通过积聚“绿色动力”，提高产品附加产值和生态效率，加强企业上下游产业的联动性，实现产业一体化。

政府环保政策的制订和企业环境管理战略的实施，合力为绿色产业链发展提供支持。在横向上可以进军具有区域发展优势的产业领域，实现产业间基础技术的互通互融，把握绿色发展机遇，共同开发绿色技术创新，充分发挥创新知识的正向外溢作用，实现生产要素进一步优化配置。纵向延伸是在依托原有产业优势的基础上，开拓新的发展空间，对产业链和创新链实施调整，通过有效整合将产业链向前延伸，实现补短板、挖潜力、增优势，推动产业链再造。通过加强基础研发和技术创新，引导企业开展解决行业内共性问题的创新活动，提升产业关键技术水平，推动产业链向上游拓展，有助于进入全球产业链；产业链向后延伸，拓展产品的深度加工，加大具有高附加值终端产品的生产和市场推广，补齐品牌营销短板，积极推进产业链上企业的重组和联盟，确定产业延伸的主攻方向，通过提升产业链等级来实现产业链再造和价值链提升。

④产业绿色融合模式。

产业绿色融合是通过挖掘产业融合过程中的优势，为产业绿色发展提供机遇，或在原资源产业绿色创新理念的基础上培育新兴生态产业。

产业融合是指不同产业相互渗透、相互融合，通过高新技术到传统资源型产业的渗透，改进传统产业效率，逐步形成新产业的动态发展过程。在产业融合初期，需要强化金融的支持作用，促进技术整合。随着传统产业升级和新兴产业培育壮大，技术和业务日渐成熟，技术创新的扩散效应降低传统产业进入门槛，有利于催生新的产业发展模式、管理体制和行业制度。产业融合发展要大力开展绿色高效标准化建设，以绿色高新技术为驱动，全力培育战略性新兴产业，形成绿色加工体系，实现节能环保和持续增长。产业绿色融合是实现持续提升发展内涵和提高发展质量的主要途径。

⑤产业绿色嬗变模式。

围绕资源能源利用效率和清洁生产水平提升，应该积极促进传统产业向绿色产业的嬗变。该模式是指由于产业发展面临环保高压态势，因此倒逼企业转型升级，进行产业结构绿色调整，随着产业结构的日益合理化和高级化，实现主导产业的根本性改变，新兴生态化产业日益壮大。

新兴产业应以科技创新为动力，通过追加“绿色投入”不断提升“绿色绩效”。发展低能耗、低污染、资源循环利用的绿色产业，可以提高治污减排效率，转变原有依赖资源优势的产业发展模式，形成可持续发展的新模式。以安全、绿色、高效的高质量发展为目标的产业绿色嬗变模式可应用于资源面临枯竭和资源开发成本过高的区域，依靠先进的绿色技术创新实现产品由初级加工向深加工转化，发展新兴绿色产业，推动绿色创新成果的转化。该模式有助于推进绿色发展，建成产业协同度高、产业链条完整、高质量发展后劲足的生态产业系统，将生态优势转化为产业优势。

（3）区域生态效率提升模式。

提高区域生态效率应从源头上削减资源利用，提高经济产出，降低对环境的负面影响。区域生态效率的提升主要从发展循环经济和强化生态补偿两个方面着手，如图 4－9 所示。

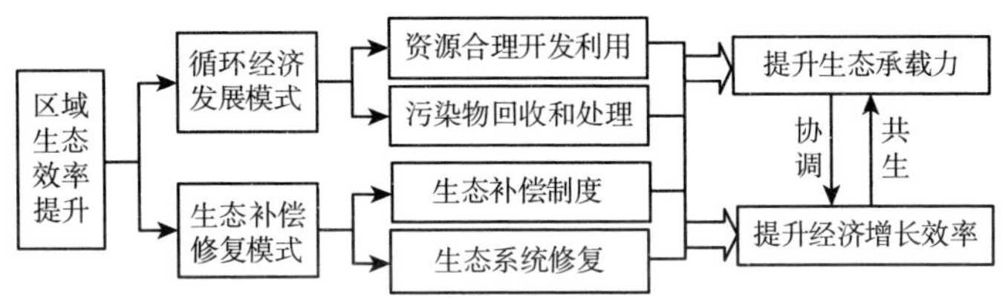

图 4-9　区域生态化效率提升模式和目标

①循环经济发展模式。

循环经济发展模式以资源高效利用和循环利用为核心，要求参与主体以可持续发展为理念，对资源进行合理的开发和利用，在污染物产生过程中实施管理控制，实现低消耗、低排放、高效率的可持续发展。资源的合理开发、利用和再利用是实现循环经济的基础。“资源—产品—再生资源”是实现经济循环发展的运营模式。

②生态补偿和修复模式。

经济系统和生态系统保持稳定均衡状态是实现绿色可持续发展的前提，均衡状态取决于资源存量和生态系统承载力。为了确保生态存量对经济社会发展的支持，应通过生态环境补偿对生态环境破坏进行修复。

经济发展过程中对资源的消耗，尤其是资源型产业的发展，必然伴随生态环境的破坏，开展生态补偿是维持生态存量的重要途径。矿产资源的开发和利用应采纳先进的绿色工艺，降低污染物的排放，难以避免的生态环境损害应注重自我更新和发展能力的恢复，即实施功能性补偿。为保证生态补偿的质量，切实保证生态环境不超负荷，通过环境破坏负外部性内部化引导经济主体积极开展生态补偿行为，发挥政府和公众对补偿实施效果的全过程监控，依据“谁污染谁买单，谁破坏谁治理”的原则，以生态功能的恢复作为治理成功的准绳。

生态修复模式是一种末端治理模式，通过生态修复项目可以为经济可持续发展提供有力支撑。资源的高强度粗放式开发利用，导致生态系统受损，需要依靠先进的修复技术提高生态存量，将生态修复最终落到实处。政府应建立监管机制保证生态修复效果，政府和社会资本合作，即 PPP 模式（Public-Private Partnership），是 2018 年以来被广泛采用的一种生态修复模式。

4.3 基于生态风险“多元共治”的产业绿色转型模式

由于产业发展和绿色技术创新是一个复杂的生态系统，产业绿色发展是以绿色技术创新为关键驱动力的发展模式，绿色技术创新具有高投入和高不确定性的特点，涉及高风险，因此在产业绿色转型过程中应构筑生态风险规避机制。党的十八大以来积极推行“社会各方全面参与，政府治理和社会自我调节、居民自治良性互动”的创新社会治理方式。《环境保护法》（2014年修订）提出了积极鼓励公众参与的综合治理理念，构建生态环境协调发展系统。2015年“十三五”规划明确提出要“形成政府、企业、公众共治的环境治理体系”。党的十九大报告提出“坚持全民共治”“建立多元化生态补偿机制”，以加大生态系统保护力度。

产业发展存在复杂性和多样性的风险。因此，要求应协调多方面的力量发挥协同作用，充分调动地方政府和企业、非政府组织机构与公众的参与热情，形成群策群力、全民参与、优势互补的动态均衡治理系统。“多元共治”是指协同各方、联合多主体协作与共同治理，形成产业发展进程中生态转型风险治理的关键因素，且有助于缓解人类生存进步和生态环境健康发展的矛盾。但是，生态风险“多元共治”理念付诸实践之路阻力较大，例如，缺乏明确的法律依据和共同认知的价值观，信息透明化制度尚未完备等。因此，探讨政府、企业与社会广泛而又有效参与的“多元共治”生态风险治理路径成为产业绿色转型高质量发展过程中的重要话题。

4.3.1 设计优化多元主体合作价值的三维框架

在产业发展过程中，“多元共治”的生态风险治理是一个基于社会技术的交叉活动过程。深入挖掘生态风险治理的多元主体价值是设计社会技术层面“多元共治”三维框架的关键因素。三维框架即发挥并提升人事技能、建立诚信和合法化、创建资源依恋感，如图4-10所示。

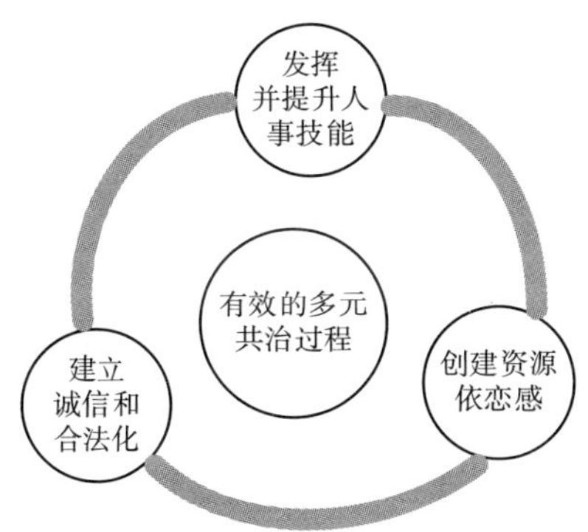

图 4－10　优化合作价值的“多元共治”三维框架

（1）发挥并提升人事技能。

随着产业发展过程中的生态风险治理难度加大，单一主体在专业素养储备、技能培训方面的能力不足以规避创新带来的各项风险，必须依赖多元参与者的力量和智慧，才能更好地达成治理目标。能否最大化地利用多元主体的协同合作优势与创新技术潜能，关键在于人事技能水平的高低。通过不同层面的有效沟通、利益相关者的参与和相互作用，有助于提升人事技能。

（2）建立诚信和合法化。

为了在多元主体之间建立信任，实现生态风险治理的合法化，需要明确相关规则、建立机构制度和收益体系、有效运行的自治系统、良好的信誉、高效开放的网络系统、联结政府和非政府组织机构的中介组织。桥接组织的公信力对提升其合法化和利益主体的可靠性发挥了重要作用。这些桥接组织有助于调和政府和其他利益主体的权责关系。

（3）创建资源依恋感。

资源依恋侧重表现在人的心理方面，是对资源产生的一种积极的依附情感。地方区域特征和资源依附有利于资源型区域生态环境治理向积极方向转变。资源型区域居民对当地自然环境和社会环境的感知，产生情感性和功能性的依恋，包括地方依赖和地方认同。资源依恋的情感因素是生态风险治理意识深入企业文化和公众意识的综合表现，将有助于生态风险监管和治理，并间接影响多元主体主动型的生态风险治理行为倾向。

4.3.2 构建“多元共治”的产业生态风险治理体系

打造共建共治共享的生态风险治理是一个系统工程。“多元共治、社会参与”的生态风险治理模式需要综合施策，形成合力，以矫正产业发展生态风险治理过程中的政府单维管制缺陷，打破政府垄断格局。构建政府、企业、社会“多元共治”的生态风险治理体系主要从以下几个方面着手。

（1）更新生态风险行政监管路径。

政府应当充分发挥在“多元共治”生态风险治理模式中的基础引导作用，占据主导地位，促进“多元共治”生态风险治理模式转型管理的贯彻落实，更新传统的政府单一主体行政监管治理机制。①建立健全生态法律制度，形成相互配套的政策体系。根据资源型产业发展附加的诸多生态风险，国家应当有针对性地完善相关法律体系、细化行政法规条文，形成生态风险治理标准，并对各地多种环境污染严重的企业进行重点观测和监控，从根本上切断环境污染源。②提高执法能力，强化地方政府生态风险治理责任。通过推行“大部制改革”，实现政府职能的升级和转变，加大力度宣传环保思想，加快执法、监督部门的功能整合速度，理顺和细化相关部门的权责关系；明确考核制度，并完善监管制度以强化监管职能，将生态风险的治理成效列为地方政绩考核的一项重要测度指标；提高中央政府和地方政府的协作能力，发挥中央政府主导作用的同时，加强区域联防联控，地方政府承担生态风险治理的具体责任，重塑政府公信力，提高环保部门的威信。③完善政府基础服务和公共保障制度。增强政府完善环境信息透明化管理制度等公共基础能力，为有效开展创新技术改革和绿色生态转化打下坚实的基础。合理使用生态风险治理的财政支出，优化相关财政支出的结构，增加政府财政支出是生态风险治理的重要保障。例如，对积极开展生态风险治理的产业给予税收优惠、技术支持及补贴等；完善政府绿色采购制度，加大政府公共财政投入比例，规避生态风险治理资金不足的风险。

（2）发挥企业在生态风险治理中的主体性作用。

确立企业在生态风险“多元共治”中的主体地位，有助于充分发挥市场机制在配置资源中的决定性作用，削减生态风险的治理成本。资源型企业应当将生态环境净化保护理念纳入企业文化的精髓，贯彻实施全面协调可持续发展观，促进企业经济效益增长，促进人与自然关系的和谐健康发展，全面统筹经济效益、社会效益、生态效益的均衡协调化；规划产业结构调整和绿色生态转型战略，淘汰高污染、高耗能、高排放的设备与工艺；转变传统生产方式为清洁生产，严格控制污染废弃物的排放，从源头上降低生态风险致害的可能性，落实“以防为主”的方针；建立健全生态环境成本核算体系，实现环境成本内部化；自觉开展矿区生态环境保护与修复工作，履行生态补偿职责，承担生态风险治理的社会责任。明确企业的主体身份定位，充分发挥企业联合体的规模经济优势，提高生态风险治理效果，扩大生态风险治理的影响力。

（3）推进产业生态风险的社会治理。

社会治理是指政府和市场之外的主体（公众、环保公益组织、行业组织、社区及专家等）开展的生态治理活动。社会治理覆盖多种途径的生态环境风险治理，具有很大的自发性和灵活性。社会多元主体参与生态风险治理是行使法定权利的行为。《环境保护法》及《环境保护公众参与办法》等法律法规与制度，具体规定了社会多元参与主体获取生态信息、行使监督的程序性权利和参与机制。

①公众。

公众是参与生态风险治理的最基本单位，其知识认知、价值观念、处事行为、个性特征与判断力标准是风险识别、评价水平和风险防范与规避的关键因素。公众根据所知悉的环境信息，监督举报环境违法行为，以具体实践支持环保监管部门、环保公益组织和企业的生态风险治理工作。但是，我国生态风险治理中的公众参与机制存在主体界定不明确、参与范围有限、参与方式单一和参与效力低下等缺陷。因此，应加强公众参与平台建设，结合生态风险的具体类型和治理阶段，重塑生态风险治理公众参与的合法性，完善座谈会、论证会、问卷调查、听证会等参与方式，发挥信息公开制度、群众举报、舆论监督等方式的作用以增强生态风险治理过程中公众参与的针对性和有效性，有效化解生态风险。

②环保公益组织。

环保公益组织在生态风险治理过程中可以发挥协助、补充、替代、引导和监督等多重功能。其一，以公益广告的广泛传播模式，推进全民生态启蒙教育，促进公众提高风险规避意识，将生态风险治理建构为广受关注的社会问题；其二，明确设立宗旨，监督政府履行生态风险治理的公共职能；其三，积极引导企业重视生态保护，促进产业结构优化升级。

③行业组织。

工业行业协会切实履行环保责任，将生态风险治理理念纳入行业规范，细化行业的生态风险治理标准，约束企业的市场行为，并引导企业加快绿色转型升级；弥补政府职能部门在生态风险治理中专业知识储备、信息获取能力不足的缺陷，以行业自律的形式促进产业和区域的生态化高效率发展。

④专家。

专家是特定领域的权威，具有丰富的专业知识经验和较高的专业素养。在生态风险识别和评价方面充分尊重其专业技术和个性特征，提高公信力和在公众及企业心目中的认可度，有助于提供科学、客观、公正的专家意见，突破生态风险治理领域的发展“瓶颈”，成为生态风险治理的重要依据。

4.3.3 提升生态风险多元共治的创新技术驱动力

（1）生态风险治理创新技术驱动的价值重构。

价值重构有助于以正确的价值观引领技术研发及成果转化，营造技术创新的和谐环境，摆脱传统技术创新的路径依赖（彭皓玥，2014）。基于生态位视角的价值重构是一个涉及绿色技术研发、设计、应用、转化、产品制造的复杂系统。技术创新的生态导向要求科技成果从涌现到扩散再到消亡的整个生命周期，都要将生态保护作为内在维度，满足生态适应性的要求。基于生态位的技术驱动过程，要把环保意识、生态风险治理责任和伦理责任作为创新主体的行为准则，以生态导向打破原有的利益分配和经济博弈格局，充分体现技术伦理价值观与技术主体伦理价值观的协调一致。

(2) 生态风险多元共治的创新技术驱动模式选择。

技术是产业生态风险治理的驱动力，应通过促进技术推陈出新，合理选择技术驱动模式。本书以生态位为视角，结合多元主体参与，借鉴技术生态位战略管理（SNM）理论架构，提出产业生态风险多元共治的技术驱动模式，如图 4-11 所示。

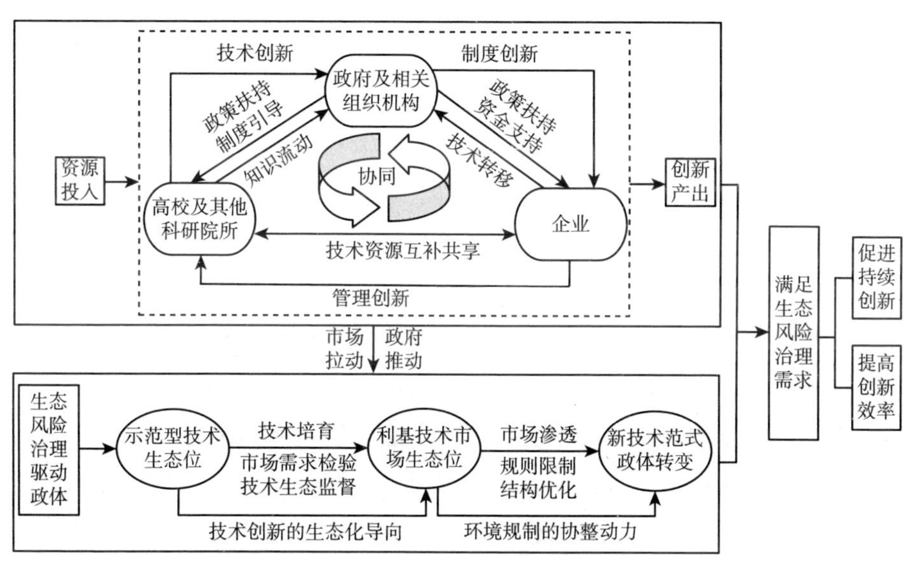

图 4-11　产业生态风险多元共治的技术驱动模式

①多主体协同创新。

在创新生态系统中，不同创新主体占据着各自的生态位，在各自的角色中充分发挥优势及相应功能。技术创新能力的影响因素诸多，系统内部资源禀赋有其局限性，创新主体的生态位不可避免地出现交叉和重叠，因此产业发展的生态风险治理需要使各个主体在生态风险治理中的优势及功能均衡发挥，形成利益共同体，减轻甚至消除为争夺有限资源而产生的过度竞争。创新生态系统内多主体协同创新，还可以解决创新投入不足的问题，增加创新产出，提高创新效率，促进持续创新，避免创新生态系统的衰退，提升生态风险治理的技术驱动力。本书构建了政府、企业和科研机构协同创新的模式，如图4－11所示。

政府及相关监管部门可以通过出台各项立法政策，从法律层面上引导科研院所和企业的生态化发展及产业绿色转型。例如，建立资源开发技术的生态化标准；实行专项财政补贴、税收优惠及绿色金融低息信贷等扶持产业核心生态化技术研发；完善生态化技术创新成果转让和推广制度建设，推动科技成果有序转化为先进生产力。

企业、高校和科研机构通过技术资源的优势互补、风险共担、利益共享，形成产学研多层次的、广泛的合作机制，推进技术开发能力的进步，促进生态风险技术转化的步伐。科研院所与企业通过知识流动、技术转移等进一步影响政策的制定和制度作用的发挥。

②生态位技术驱动演化。

在政府推动和市场拉动的共同作用下，生态风险治理技术驱动经历不同的演化阶段，如图4－11所示。第一阶段是示范型技术生态位阶段。产业生态风险治理的突破性技术得到生态风险治理驱动政体的合理保护，受到技术驱动政体的大力支持，可以有效避免不必要的激烈主流竞争，以市场需求为技术开发导向，反复试验技术的可行性，新兴产业逐渐取缔高污染、高排放的传统产业，促进“示范性生态位”的形成和推广。第二阶段是利基技术市场生态位阶段。利用规则限制、制度激励、结构优化等方式将利基技术作为衔接体，联结原始市场雏形与生态位需求导向，形成综合反映经济价值、社会价值和生态价值的市场生态位，新旧生态技术实现交替与演变，最终实现创新技术水平的螺旋上升。第三阶段是技术范式政体转变阶段。相较于传统技术手段，创新技术的优势逐渐显现，通过市场渗透使生态位技术进化升级，形成高级化发展模式，实现生态风险治理旧技术范式向新技术范式政体转变。该转变过程凸显了规则、结构、方法等对生态位技术的作用力，制度规范和约束的协整动力，政府管理的充分作为，企业创新主体作用的发挥，多方参与保证技术生命周期的完整性，以提升生态技术创新整合能力，充分发挥科学技术在产业生态风险治理过程中的强大驱动力。

综上所述，为了有效治理产业发展不断升级的复合型、多样性、系统性生态风险，需要引入强调协同机制的“多元共治”生态风险治理模式。多元共治有助于弥补单纯依靠政府行政命令机制在产业生态风险治理中内生困境的不足，矫正政府一元主体存在的角色缺失及能力不足、自我局限和利益对抗。通过明确配置政府、企业、公众等参与主体的生态风险治理权责关系、功能定位和分工协作，充分发挥多元主体参与共治的灵活性，推进多元主体资源共享、责任共担的战略协作。

此外，技术进步作为制约生态风险的主要症结所在，没有充分发挥科学技术在生态风险治理中的驱动力作用。因此，应该以法律为导航，以经济制度为底线，加快科技开发研究进程，引进清洁生产技术，大力发展区别于传统高污染产业及生产工艺的绿色生产动力，提高加工、转化和污染控制等效率的一系列新技术。从“以废治废”的角度设计开发生态环境修复技术，将治理与利用相结合，合理有效促进生态风险治理效率的提升。

4.4　基于 3E 系统可持续发展的产业绿色转型模式

经济、能源和环境之间相互依存相互作用，构成了“经济—能源—环境”系统（以下简称“3E 系统”）。环境是经济发展的物质条件，对经济的发展起到“双刃剑”的作用，在环境承载力内可以起到促进作用，但恶劣的环境也会制约经济的发展，环境污染造成的生态破坏已成为损害健康、阻碍经济发展的主要因素。经济发展对环境的影响也具有双向作用。一方面，表现为正向的积极作用，即，经济发展可以为环境的改善提供人力物力资金的支持（Bing，Yong，Müller Katrin，et al.，2014）；另一方面，表现为负向的消极作用，即，粗放的经济发展模式将导致资源和生态环境的破坏。经济发展离不开能源的支撑，能源与经济增长是相互依存的关系。能源的投入助力经济增长，是经济增长的必要条件；经济增长为能源开发奠定了基础，经济增长导致对能源需求的增加，促进能源的进一步开发（Yang and Zhao，2014）。虽然能源为经济发展提供活力，但是能源具有不可再生性，开发的高成本和带来的污染问题制约经济的发展（Smiech and Papiez，2014；Lim，Lim and Yoo，2014）。

许多学者研究了3E系统的可持续发展及其重要性。Bozoklu等(2013)通过研究产出和能源消耗之间的Granger因果关系，发现收入导致能源消耗（守恒假设），此外，他们还揭示了经济合作与发展组织(OECD) 20个国家的能源消耗产生的收入水平。Pao等（2013）基于传统的新古典单部门总生产技术研究发现，巴西1980~2010年的收入与能源消耗之间存在单向因果关系。Apergis等使用向量误差修正模型（VECM）研究了3E的因果关系，发现产量、可再生能源消耗和二氧化碳排放相互协调。现有文献对3E系统可持续发展的影响因素采用的研究方法各异，但其主要强调能源系统的重要性，对能源结构、经济发展和环境污染之间关系的研究有限，大多数研究只是对数据进行汇总或定性分析。有学者利用计量经济学方法研究了能源结构、能源消费与GDP之间的要素关系，但对经济、能源和环境未来的可持续发展趋势缺乏进一步的预测和判断(Guo and Guo, 2015；王宇奇和曲云玉，2019)。综合考虑各种重要因素，建立3E系统的可持续发展模型，以反映经济、能源、社会和环境等各因素之间复杂的逻辑关系，揭示3E系统可持续发展过程，构建3E系统的产业绿色转型模式具有重要意义。

4.4.1 因果循环图分析

3E系统的各个子系统之间有着密切的联系（Mensah, 2014)。一方面，经济子系统需要能源子系统提供能源，才会有发展动力；另一方面，能源子系统的运转需要经济子系统提供经济产品（Wang, Liu and Mao, 2017)。采用系统动力学方法，建立因果循环图以反映产业绿色转型发展模式（Zuo, Shi, Zhang, et al., 2017)，如图4-12所示。图中箭头表示各因素与影响方向的关系，正负号分别表示正相关和负相关。将能源子系统的核心要素设定为能源消耗，GDP的增长使能源投资增加，能源供应和能源需求也会增加，最终将导致能源的短缺。随着能源差距的扩大，能源政策加强，降低能源强度，从而减少能源需求，弥补能源差距。工业的发展和能源消费的增长加剧了环境污染，因此使用污染指数可检验环境子系统。

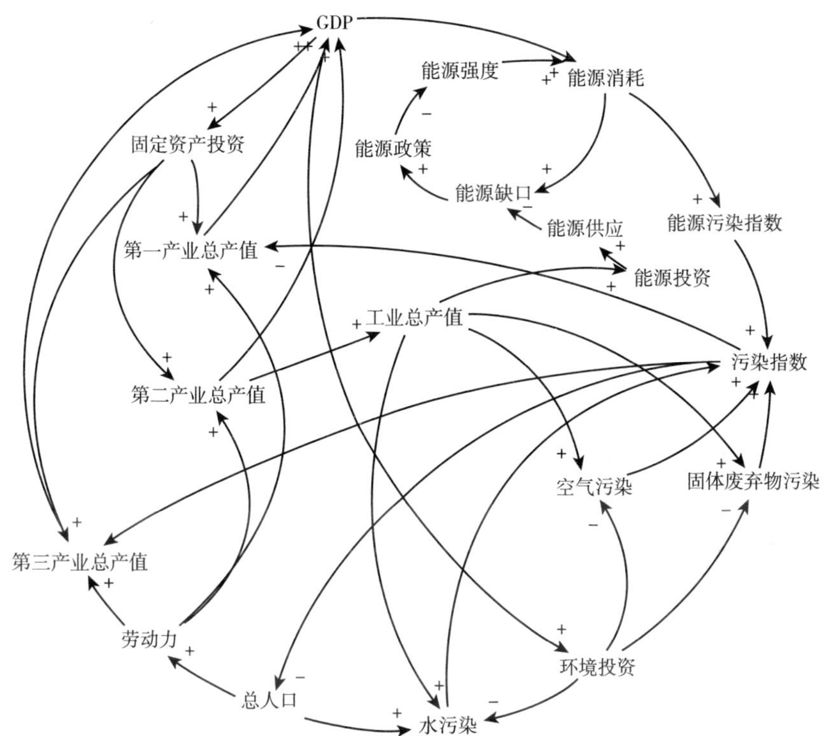

图 4 - 12　基于 3E 系统的产业绿色转型发展框架

4.4.2　基于 3E 系统可持续发展的产业绿色转型模式设计

本书认为能源、经济与环境之间存在复杂的非线性关系，为了便于理论研究和模型的建立，不考虑能源的废弃，即所有的新能源动力都可以被消耗掉；不考虑财政投入的短缺，财政部门的环保投入是充足的；政府可以有效推动政策实施，促进 3E 系统可持续发展。在上述理论框架分析的基础上，建立经济子系统模型、能源子系统模型和环境子系统模型。

（1）经济子系统。

运用 Vensim 软件建立经济子系统的存量流量图，如图 4 - 13 所示。经济子系统是 3E 系统中最大的子系统，在整个系统中处于主导地位（杨岩、韩璐、姚长青等，2018）。经济子系统选择 GDP 作为核心变量，并通过工业产出与其他子系统相联系，即工业产出与第二产业产值相联系，进而影响能源与环境子系统。在经济子系统中，经济发展由第一、第二、第三产业产值决定，并与总人口相互作用（Barlas，1989），主要公式如下：

$$FJ_{n_1,n_2,n_3} = FI \times FR_{n_1,n_2,n_3} \tag{4-12}$$

$$Y_{n_1,n_2,n_3} = A \times L_{n_1,n_2,n_3}^{\alpha_1,\alpha_2,\alpha_3} \times K_{n_1,n_2,n_3}^{\beta_1,\beta_2,\beta_3} \times C_{n_1,n_3} \tag{4-13}$$

其中，n_1、n_2、n_3——分别为第一产业、第二产业、第三产业；

FJ——固定资产增量；

FI——固定资产投资；

FR——固定资产的比例；

Y——工业产值；

A——广义的技术进步因子；

L——劳动力；

K——固定资产；

α_1、α_2、α_3——分别为第一、第二、第三产业劳动力弹性系数；

β_1、β_2、β_3——分别为第一、第二、第三产业固定资产弹性系数；

C——污染影响指数。

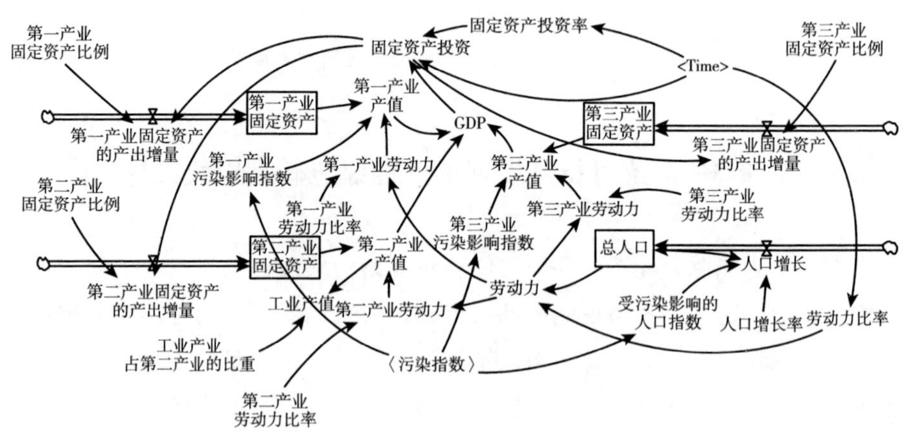

图 4-13 经济子系统的存量流量

各产业的固定产出增量如式（4-12）所示，即固定资产投资总额乘以各产业的固定资产比例。各产业的产值如式（4-13）所示，将固定资产作为内部循环因素，劳动力作为外部投入，利用柯布—道格拉斯函数来表示固定资产投资与产值的转换机制。此外，第一产业和第三产业的产值会受到工业污染的影响，故将第一产业和第三产业的产值乘以污染影响指数。

(2) 能源子系统。

能源子系统的存量流量如图 4-14 所示，能源子系统是一个包括能源开发、转化、供应、储存、调节、管理和应用的大型系统。能源是经济发展的基础，能源子系统也是总系统的物质基础。能源系统以总能耗为主要评价变量，由工业产值和 GDP 决定。因此，经济子系统和能源子系统是相互联系的，能源消耗产生的能源污染系数将该系统与环境子系统连接起来。

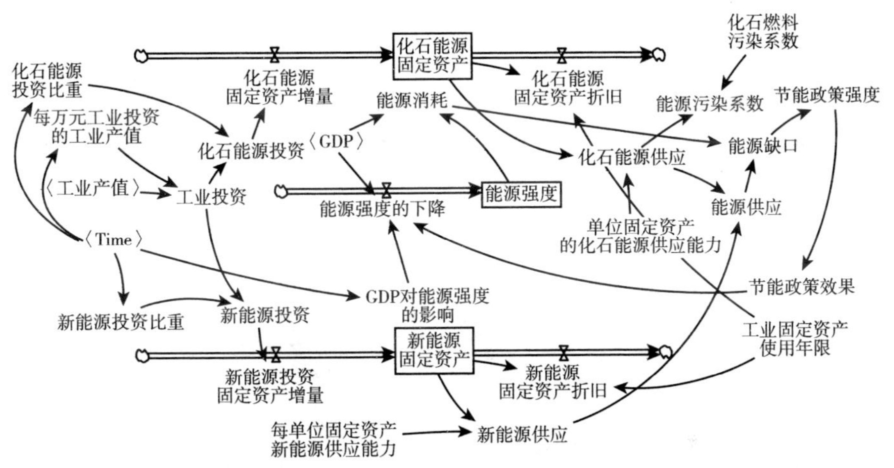

图 4-14　能源子系统的存量流量

主要公式如下：

$$NH = NQ \times GDP \tag{4-14}$$

$$ZQ = NK \times \varepsilon \tag{4-15}$$

$$ZG = ZQ \times \gamma \tag{4-16}$$

$$QJ = ZG - GDP \times GN \times \delta \tag{4-17}$$

其中，NH——能源消耗；

NQ——能源强度；

ZQ——节能政策强度；

NK——能源缺口；

ZG——节能政策效果；

QJ——能源强度的下降；

GN——GDP 对能源强度的影响；

ε、γ、δ——经济参数。

能源强度是单位 GDP 的能源消耗，如式（4－14）所示。节能政策的强度与能源缺口有关，能源缺口越大，节能政策强度越大，如式（4－15）所示。节能政策强度越大，其节能效果越明显，如式（4－16）所示。能源强度的大小与节能政策效果和 GDP 对能源强度的影响有关。如果节能政策效果大于 GDP 对能源强度的影响，能源强度会降低，反之则上升，如式（4－17）所示。式（4－17）中能源强度的下降 QJ 只是数值，不代表方向。

（3）环境子系统。

环境子系统是环境各要素及其相互关系的总和，是 3E 系统协调可持续发展的约束和评价子系统。环境子系统的存量流量如图 4－15 所示。

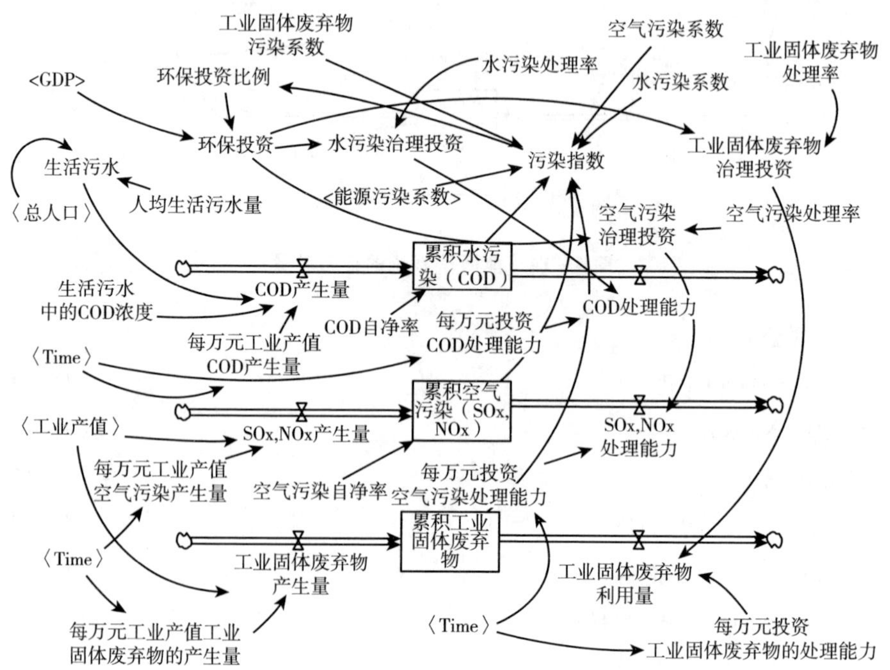

图 4－15　环境子系统的存量流量

环境子系统通过工业产值与经济子系统相连，通过能源污染系数与能源子系统相连。环境污染主要分为水污染、空气污染和工业固体废物污染。由于能源污染是环境污染的重要因素，因此运用能源污染系数来修正污染指数，且污染指数与基值有关，如公式（4-18）所示：

$$P = NS \times (AW \times I_w + AA \times I_a + AS \times I_s)/[(AW + AA + AS)/W_0] \tag{4-18}$$

其中，P——污染指数；

I——经济参数；

NS——能源污染系数；

AW——累积水污染；

AA——累积空气污染；

AS——累积工业固体废弃物；

I_w、I_a、I_s——分别为水污染、空气污染、工业固体废物的系数；

W_0——基准年的污染指数。

3E 系统由相互影响、相互制约的经济、能源、环境三个子系统构成，三个子系统的综合平衡与协调发展为宏观决策提供事实依据。我国以工业经济为核心，通过吸引投入和促进产出，从而带动整个经济的发展。随着经济建设的加快，各地经济得到较快发展，产业发展在带来经济产出的同时也伴随能源消耗和环境污染，生态环境问题逐渐显现，水资源污染、土壤污染、大气污染造成的各类问题愈发严重。各级政府越来越重视生态环境建设，“绿水青山就是金山银山”的理念越来越深入人心。基于 3E 可持续发展的产业绿色转型升级模式综合体现了国民经济的发展、能源的合理利用和环境保护。

4.5　本章小结

本章从“波特假说”框架、生态效率提升、生态风险的协同共治和 3E 系统可持续发展四个层面探讨了产业绿色转型模式。首先，基于“波特假说”理论，从对企业行为影响的视角，构建“环境规制、创新驱动和绩效提升”耦合的企业绿色转型发展框架，从微观经济主体角度提出绿色转型发展模式；其次，基于生态效率理论，从企业生态效率提升、产业生态效率提升和区域生态效率提升三个层面，提出产业绿色转型模式；再次，构建产业生态风险多主体“协同共治”绿色转型模式，通过多主体协作共同推动产业良好发展；最后，利用系统动力学建立3E系统可持续发展模型，清晰地反映各因素之间的逻辑，揭示反映“经济—能源—环境”系统关系的产业绿色转型模式。

| 第 5 章 |

环境规制下创新驱动产业绿色转型的实证检验

5.1 研究假设及模型设计

5.1.1 研究假设

波特假说提出，恰当的环境规制政策能够鼓励企业技术创新，进而提升企业竞争力。根据前面的研究，以波特假说提出的“规制—创新—绩效”的基本逻辑为基础，形成研究假设框架模型如图 5-1 所示，反映技术创新和环境规制对产业绿色转型绩效的影响关系。本章主要涉及以下几个假设。

根据第 3 章环境规制与企业绿色创新的相互作用机制研究提出本书的第一个假设。

H1：环境规制倒逼企业绿色技术创新。

由于环境规制约束企业行为导致企业的生态环境治理支出增加，减少其他经济活动的投入，存在挤出效应，通过外部成本内部化降低经济绩效水平；但是会通过绿色技术创新补偿效应，提高企业绩效水平。结合国内外学者对波特假说的检验，并借鉴马富萍和茶娜（2012）及王建明等（2010）的研究成果，提出本书的第二到第四个假设。

H2：环境规制对企业绩效的直接影响并不显著甚至为负。

H3：绿色技术创新与企业绩效存在正相关关系。

H4：绿色技术创新在环境规制对产业绿色转型绩效提升过程中发挥中介效应。

由于经济发展水平和自然资源禀赋的差异会影响环境规制作用的发挥，因此本书提出第五个研究假设。

H5：环境规制通过技术创新路径对产业绿色转型绩效水平的影响存在区域差异性。

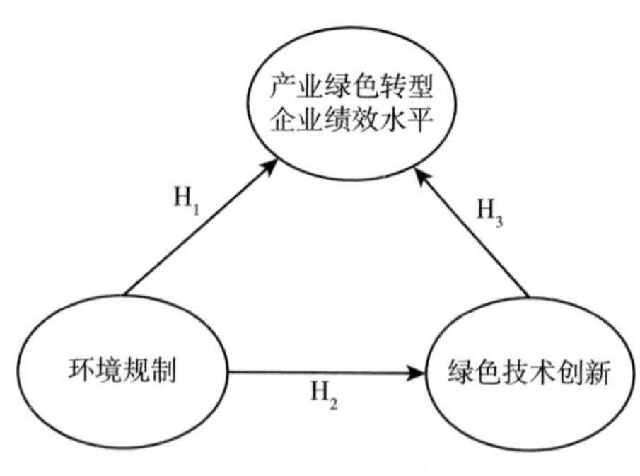

图 5-1 研究假设框架

5.1.2 研究模型设定

为了避免或者缓解变量的多重共线性，避免解释变量之间因存在相关关系影响估计结果的准确性，以及防止总体回归函数中随机误差项不满足方差齐次的条件，并不随某一个解释变量观测值变化而呈规律性变化，本书对模型中涉及的变量采用对数形式对变量的初始值进行处理。考虑到政策作用的滞后性，环境规制对技术创新的政策约束性效果在政策制定当期可能并不明显，或许表现为事后调整的延迟效应。因此，在构建模型时将环境规制及所有控制变量采取滞后一期的形式，引入动态模型滞后项以控制滞后效应①。根据前面的研究可知，环境规制会引导企业做出相应的技术决策，为衡量环境规制对企业绿色技术创新的直接作用效果，评价创新效应，构建动态面板

① 在即期情况下进行了拟合，其回归结果和滞后一期相比并无实质变化；对滞后两期和三期进行回归发现存在两期滞后效应，三期滞后效应不显著，但是基于自由度的考虑，不进行滞后二期及以上的回归分析。

数据模型：①

$$\ln TI_{i,t} = \alpha_0 + \beta_1 \ln ER_{i,t-1} + \beta_2 (\ln ER_{i,t-1})^2 + \theta_m K_{i,t-1} + V_i + \varphi_{i,t-1} \quad (5-1)$$

其中，i——中国各个省区市，i＝(1，2，…，30)；

t——考察年份，i＝(2005，2004，…，2016)，t－1 表示滞后一期；

m——模型中设定的控制变量个数；

$K_{i,t}$——除主要解释变量之外的其他控制变量；

$TI_{i,t}$——企业技术创新指标；

$ER_{i,t}$——不同环境规制政策的强度指标；

V_i——不可观测的个体效应；

$\varphi_{i,t}$——随机误差项，$E(\varphi_{i,t})=0$，$Var(\varphi_{i,t})=\sigma^2$；

α、β、θ——待估参数，以该系数衡量作用效果；

ln——取自然对数。

同理，构建环境规制对企业绩效（GP）直接影响的模型：

$$\ln GP_{i,t} = \alpha_0 + \beta_1 \ln ER_{i,t-1} + \beta_2 (\ln ER_{i,t-1})^2 + \theta_m K_{i,t-1} + V_i + \varphi_{i,t-1} \quad (5-2)$$

构建绿色技术创新对企业绩效（GP）直接影响的模型：

$$\ln GP_{i,t} = \alpha_0 + \beta_1 \ln TI + \theta_m K_{i,t-1} + V_i + \varphi_{i,t-1} \quad (5-3)$$

环境规制不仅直接影响产业绩效水平，绿色创新在环境规制倒逼产业绿色转型过程中发挥传导路径的作用。在计量经济学模型中，若其中一个解释变量对被解释变量的偏效应大小受到其他解释变量的影响时，为了准确检验各个变量的影响效果，需要在模型中加入交互项以进行实证分析，以免产生遗漏变量偏误而难以对被解释变量进行无偏估计。本书检验绿色技术创新的中介效应时，构建环境规制与绿色技术创新的交互项（$Interaction_{i,t}$）作为产业绿色绩效的影响因素。为了保证实证结果的有效性，应首先检验是否真正存在中介效应，判断以下三个条件是否满足，若三个条件成立则表明存在中介效应：(1) 如果不考虑中介变量，则核心解释变量对被解释变量具有显著影响；(2) 核心解释变量对中介变量有显著影响；(3) 在模型中加入中介变量之后，中介变量显著影响被解释变量，但核心解释变量对被解释变量的

① 在回归模型中加入环境规制的三次方进行分析，结果表明并非都存在更复杂的非线性关系，为了同时比较不同技术创新类型的异同，因此该模型只考虑了环境规制的一次方和二次方，验证环境规制对技术创新的非线性影响。

影响效果被弱化，甚至不再显著。因此，本书构建以下三个模型对上述三个模型进行检验，验证是否存在中介效应。

$$\ln GP_{i,t} = \alpha_0' + \beta_1' \ln ER_{i,t-1} + \theta_n' K_{i,t-1}' + V_i' + \varphi_{i,t-1}' \qquad (5-4)$$

其中，$K_{i,t}'$为除中介变量之外的其他控制变量。

若通过实证检验发现式（5-4）中 β_1'系数显著，即表明核心解释变量（环境规制指标）显著作用于被解释变量（绩效指标），因此，中介效应的第一个条件成立。

$$\ln TI_{i,t} = \alpha_0' + \beta_1' \ln ER_{i,t-1} + \theta_n' K_{i,t-1}' + V_i' + \varphi_{i,t-1}' \qquad (5-5)$$

若通过实证检验发现式（5-5）中的 β_1'系数显著，即表明核心解释变量（环境规制指标）对中介变量（绿色技术创新）产生显著作用，以此判断中介效应的第二个条件成立。

$$\ln GP_{i,t} = \alpha_0' + \beta_1' \ln ER_{i,t-1} + \theta_{m-n}' TI_{i,t-1} + \theta_n' K_{i,t-1}' + V_i' + \varphi_{i,t}' \qquad (5-6)$$

通过实证检验发现式（5-6）中的 β_1'系数降低或者变得不再显著，但该模型中中介变量的系数 θ_{m-n}'在进行回归计算之后通过显著性检验，即表明中介效应的第三个条件成立。

因此，引入环境规制和绿色技术创新的交互项，通过回归模型的计算结果，考察环境规制通过绿色技术创新中介效应对产业绿色转型的影响。建立以绿色技术创新为中介变量的回归模型：

$$\ln GP_{i,t} = \alpha_0 + \beta_1 \ln ER_{i,t-1} + \gamma_j Interaction_{i,t-1} + \theta_n K_{i,t-1}' + V_i + \varphi_{i,t-1} \qquad (5-7)$$

本书采用 Dietz 和 Rosa 提出的 STIRPAT 模型检验环境规制对中国不同区域的影响。STIRPAT 模型是 IPAT 等式（IPAT identity）的随机形式，评估人口、富裕程度、技术三个自变量和因变量之间的影响关系（Dietz and Rosa，1997）。IPAT 一致性（IPAT identity）是研究经济发展对生态环境影响的重要工具（Ehrenfeld，2005）。通过分析人口（p）、富裕程度（A，人均产出）和技术水平（T，或除了人口和财产之外的所有其他变量）三个关键驱动因素的乘数函数，IPAT 等式可以直观地解释人文因素对生态环境的影响，I = PAT（Fischer - Kowalski and Amann，2001）。IPAT 等式也被广泛用来分析不同环境变化（CO_2 排放和能源消耗）的驱动因素（Feng et al.，2009；York et al.，2002）。影响效果和驱动力之间存在一定的比例，限制了 IPAT 等式在非比例关系方面的发展。为了弥补该不足，Dietz 和 Rosa

(1997) 提出了 STIRPAT 模型作为可拓展的随机性环境影响评估模型，分析环境影响的驱动因素。标准 STIRPAT 模型可以表达为：

$$I_i = \alpha P_i^{\gamma} A_i^{\theta} T_i^{\vartheta} e_i \tag{5-8}$$

指数的引入使该模型可用于分析人文因素对环境的非比例影响。对公式两边取自然对数，得到方程：

$$\ln I_i = \alpha + \gamma(\ln P_i) + \theta(\ln A_i) + \vartheta(\ln T_i) + \ln e_i \tag{5-9}$$

其中，i——可观测单元；

α——常数项；

γ、θ、ϑ——各自变量指数；

e——误差。

由弹性系数的概念可知，方程的回归系数反映的是解释变量与被解释变量之间的弹性关系。

其他因素只要符合模型刻画的乘法规则就可以作为要素 T 加入公式 (York et al.，2003)。将生态效率 (EE) 作为因变量，环境规制 (ER) 为关键自变量引入函数。York 等 (2003) 将技术因素划分为产业结构、能源强度，并采用经验方法证明是影响 CO_2 排放的重要因素。因此，借鉴该研究成果将 T 分解成能源强度 (EI) 和产业结构 (IS) 加入模型，因此 STIRPAT 模型可以表达为：

$$\ln EE_{it} = \alpha + \beta \ln ER_{it} + \gamma \ln UR_{it} + \theta \ln DE_{it} + \vartheta \ln EI_{it} + \rho \ln IS_{it} + \varepsilon_{it} \tag{5-10}$$

其中，i——第 i (i = 东部、中部和西部) 个区域；

t——第 t (t = 1，2，…，12) 年；

UR——城市化率；

DE——发展程度；

β、γ、θ、ϑ、ρ——各变量系数；

ε_{it}——误差项。

在构建模型时将相关数据进行处理 (例如，求对数的方式)[①]。为了解决内生性问题并获得长期动态效应，对解释变量求滞后一期效应 (Long et

① 由于环境规制指标 (ER) 进行了标准化处理因此不适合取对数。人口结构、产业结构和技术水平以百分比表示，小于 1，因此也不适合求对数。为了避免同质性，仅仅对产出程度取对数。

al., 2015)。环境规制对区域生态效率影响效应的动态计量回归模型可以表达为:

$$EE_{it} = \alpha_0 + \alpha_1 EE_{it-1} + \beta_1 CER_{it} + \beta_2 CER_{it-1} + \beta_3 MER_{it} + \beta_4 MER_{it-1} + \beta_5 VER_{it} + \beta_6 VER_{it-1} + \gamma UR_{it} + \theta \ln DE_{it} + \vartheta EI_{it} + \rho IS_{it} + \varepsilon_{it} \quad (5-11)$$

其中,γ_i——估计参数;

ε_{it}——随机扰动项;

CER——命令控制型环境规制指标;

MER——市场激励型环境规制指标;

VER——自愿型环境规制指标;

UR(%)——城市化率,用非农业人口占总人口的比重表示;

DE(万元)——发展程度,用每个省份的人均 GDP 表示;

EI(万元)——能源强度,用单位区域 GDP 能耗表示(Wang et al., 2011; Lin et al., 2009);

IS(%)——产业结构,用第三产业经济增加值与区域 GDP 的比率表示。

5.2 指标选取与数据来源

5.2.1 变量指标选择

(1)环境规制指标选取。

前面通过梳理我国环境规制政策类型,主要包括命令控制型、市场激励型和自愿型环境规制政策三种。

①命令控制型环境规制指标(CER)。

命令控制型环境规制是指政府通过制定相关法律规定及环境标准,设定企业污染排放限额的一种政府干预,市场参与者只能在规制约束下开展经营活动而别无选择。企业在行政命令手段的约束下,通过提高污染物排放达标率、污染物综合利用率和处置率,以满足相关环境规制标准。结合主要污染物对生态环境的危害程度发现，废气、废水等污染物综合排放达标率、利用率和处置率是表征企业污染治理成效的重要量化指标，能够在一定程度上比较客观地反映企业的污染排放和治理能力，也在很大程度上反映环境规制政策的执行力度和效果。因此，为了有效评价命令控制型环境规制指标，本书结合数据资料的可获取情况，采用综合指数法构建综合测量体系评价命令控制型环境规制指标（李玲、陶峰，2012；孙学敏、王杰，2014；张倩，2015、2016），选取工业废水、废气和固体废物作为评价项目。其中，废水以废水排放达标率作为评价指标；废气以 SO_2、烟尘、粉尘排放达标率作为评价指标；固体废物以综合利用率、处置率作为评价指标。将六个单项指标纳入命令控制型环境规制综合评价指标体系，避免了单一指标的不足。在指标选取时不考虑“生活三废（粪便、垃圾、污水）”，是因为“工业三废”排放率和综合利用率更有利于反映环境规制政策的实施情况和强度水平，体现企业节能减排和污染治理的现实努力程度和效果。具体指标含义及计算公式如表 5 - 1 所示。

表 5 - 1　命令控制型环境规制（CER）综合评价体系单项指标说明

项目	指标	具体含义	单位
废水	废水排放达标率	废水实际排放达标量除以废水排放总量的比值	%
废气	SO_2 排放达标率	SO_2 实际排放达标量除以 SO_2 排放总量的比值	%
	烟尘排放达标率	烟尘实际排放达标量除以烟尘排放总量的比值	%
	粉尘排放达标率	粉尘实际排放达标量除以粉尘排放总量的比值	%
固体废物	固体废物综合利用率	固体废物综合利用量与固体废物产生量和综合利用往年贮存量之和的比重	%
	固定废物处置率	固体废物处置量与固体废物产生量的比重	%

由于各个单项指标数据涉及不同计量单位，因此需要对所有指标的原始数据进行标准化处理。通过对指标进行标准化处理，可以避免数据单位限制，将原始数据转化为单纯的数字，每个指标价值都处在［0，1］区间，避免了各个指标的不可比较性和存在冲突的情形。具体步骤如下：

首先，对涉及的六个单项指标进行标准化处理。无量纲标准化后的标准值 $R_{i,j}^{S}$ 可以通过式（5 - 12）计算得出。

$$R_{i,j}^{S} = [R_{i,j} - \min(R_j)]/[\max(R_j) - \min(R_j)] \tag{5-12}$$

其中，$R_{i,j}$——第 i 个地区第 j 类污染物单项指标原始数据值；

$min(R_j)$——第 j 类污染物单项指标的最小值；

$max(R_j)$——第 j 类污染物单项指标的最大值；

$max(R_j)-min(R_j)$——第 j 类污染物单项指标的极差。

其次，计算每个污染物单项指标的调整系数。因为第 i 个地区的第 j 类污染物在不同时期的排放程度不同，所以应该根据调整系数函数计算不同权重。通过对各个指标赋予不同的权重进行调整，表征命令控制型环境规制指标，第 i 个地区的第 j 类污染物单项指标的调整系数 $\omega_{i,j}$的计算公式如下：

$$\omega_{i,j}=\frac{E_{i,j}}{\sum E_{i,j}}\bigg/\frac{Y_i}{\sum Y_i} \tag{5-13}$$

其中，$E_{i,j}$——各个区域的污染物排放量；

$\sum E_{i,j}$——全国污染物排放总量；

Y_i——地区工业产值；

$\sum Y_i$——全国工业总产值。

该调整系数反映的是某区域污染物排放总量与全国染物排放总量的比重除以区域产出与全国总产出比重作为指标权重，这种方法可以较真实地反映各地区环境治理的差异程度。

最后，结合标准化数值和每个指标的权重，计算命令控制型环境规制强度指标：

$$CER_i=\sum_{j=1}^{6}\omega_{i,j}\cdot R_{i,j}^{S} \tag{5-14}$$

CER 值越大，说明命令控制型环境规制越严厉，规制水平越高。

②市场激励型环境规制指标（MER）。

市场激励型环境规制主要借助市场机制调节企业行为，以经济激励性手段内部化企业外部环境成本费用，解决私人成本和社会成本之间的差异，借助市场信号引导企业的排污行为，力求社会整体生态环境趋于优化。我国目前的市场激励型环境规制通过推动资源价格市场化，实现要素结构高级化。但是，赖以发挥作用的市场体系尚不健全，排污税、补贴、排污权交易和环境税等工具并未普遍实施和有效监控，难以获得相关数据资料，而相比之下体现“污染者付费”原则的排污收费制度于 1979 年在我国确立实施较早，政策相对健全，实施较为稳定和广泛（随着 2018 年开征环境税，废止了有关排污收费的规章和规范性文件）。因此，本书选取排污收费衡量市场激励型环境规制指标。为保证指标的可比性，更加准确地反映一般物价水平走向，用以 2000 年为基期的 GDP 平减指数进行调整。

③自愿型环境规制指标（VER）。

自愿型环境规制强调市场参与者控制污染排放的自发行为。本书借鉴 Ren 等（2016）的研究成果，选择三个指标进行衡量：公众自愿参与、环境标准认证和环境事件披露。公众自愿参与主要是涉及环境来信、来访和来电等；环境标准认证主要通过 ISO14001 体系认证和中国环境标志认证委员会的企业数量；环境事件披露是指媒体报道的环境污染事件。

对自愿型环境规制指标进行标准化时，公众自愿参与指标用各个区域受过高中以上教育的人口数除以全国总人口作为调整系数，原因在于，通常来说以环境来信、来访数衡量公众参与程度时，该指标与公众的受教育程度和总人口数有关。环境认证的调整系数用地区工业企业数量占全国总数的比重表示，环境认证是企业全面管理体系的组成部分；环境事件披露指标用地区公开发行的报纸占全国总数的比重作为调整系数。

由于自愿型环境规制是企业或公众旨在节约资源和保护环境的自发行为，尚缺乏完善的数据资料。自愿型环境规制以环保意识为重要形式，公众主要通过信访或谈判等方式参与环保活动。为保证实证检验结果的有效性，结合我国环境规制政策体系的实施现状，考虑到具体规制工具的代表性、执行力度、可适用性、实施范围、数据的可获得性，从全国层面对假设条件进行检验，研究环境规制、绿色技术创新和绩效水平关系，讨论产业绿色转型效果时，主要对命令控制型和市场激励型环境规制的影响进行回归分析，将自愿型环境规制的公众参与纳入回归模型作为控制变量进行考量。在分地区检验环境规制对生态效率的影响时考虑三种环境规制。

（2）绿色技术创新指标的测度。

企业技术创新是一个复杂的系统工程，企业为应对环境规制，改善或防治对生态环境的不利影响积极开展绿色创新活动。单个指标难以很好地反映企业创新能力的真实水平，应考虑综合运用多个指标进行评价。赵晓丽（2015）在研究环境规制与企业行为时综合考虑末端减排技术革新、节能设备改造、清洁生产工艺创新以及总体创新能力的提高，设定综合指标体系度量技术进步水平。刘津汝等（2019）采用新产品销售收入与能源消费总量的比值来衡量绿色产品创新。

本书将绿色技术创新划分为绿色产品创新和绿色工艺创新两种模式。向市场供给绿色创新产品满足消费者的绿色消费需求，可以提高资源综合利用率、降低能耗水平，消除或者减少污染物排放，在产品生命周期的全过程减少对生态环境的破坏，维护生态环境的承载能力，以符合环保目标要求。因此，本书衡量绿色产品创新程度时采用单位新产品产值的能源消耗强度作为评价指标，具体指标计算是将能源消耗量除以万元新产品产值。该比值越小说明单位新产品产值的能源消耗越低，企业的绿色产品创新能力越强。绿色工艺创新是对传统工艺创新的革命，是在产品生产、制造或提供服务的全过程中通过生态工艺流程更新、环保机器设备改造、循环再生技术和末端污染处理技术提升等途径，促进节能减排、资源高效利用，在增加经济产出的同时，降低对生态环境的负面影响，以实现绿色高质量可持续发展。随着工业用水和城市用水大幅上升，作为重要污染源头的污水废水排放量逐年增加，加大污水处理是当前的重要环保内容之一。本书参考毕克新等（2011）所提出的观点，在实证检验时以废水排放量与工业产值的比值衡量企业绿色工艺创新能力，具体计算指标为万元工业产值的废水排放量。该指标可以在一定程度上反映出企业的减排效果，其值越小说明绿色工艺创新能力越强；反之越弱。

（3）企业绩效指标。

本书探讨的企业绩效是产业绿色转型的绿色绩效水平评价，包括经济绩效和环境绩效两个维度。UNEP（2012）和 Kim 等（2014）的研究表明，绿色绩效可以通过三个指标进行衡量：快速经济增长、低碳排放、低能源消耗。Kim 等（2014）选择单位 GDP 的温室气体排放量和单位 GDP 的能源消耗量建立绿色增长的评估指标体系。Mundaca 等（2015）应用能源密度和碳密度指标衡量绿色能源经济绩效。也有很多学者在实证研究时选取各地区的国内生产总值或者人均国内生产总值作为衡量经济绩效的指标。由于我国人口众多，各个地区的经济发展水平存在差异，因此选取人均国内生产总值来衡量各地区的经济绩效水平，用 GDP 平减指数对人均 GDP 进行平减，以消除通货膨胀带来的影响。借鉴李冬琴（2018）、马富萍和茶娜（2012）等成果，以单位工业增加值的综合能耗作为环境绩效的衡量指标。

（4）区域生态效率指标。

生态效率可用产出与投入的比值来衡量，产出是企业、部门或经济体的产品或服务价值；投入是企业、部门或经济体的环境压力。截至目前，研究主要集中在评估企业、产业和地区的生态效率（Fernández - Viñé et al.，2013；Vogtl ä nder et al.，2002；Song et al.，2012；Sepp ä ä et al.，2005；Passetti and Tenucci，2016；Pekka and Mikulas，2004；Morioka et al.，2005）。Song 等（2016）指出环境绩效应该结合大数据进行评估。生态效率的影响因素研究主要聚焦在产业结构、科技投入、城市化和 FDI 等方面（Zhang et al.，2013）。有关环境规制对生态效率的研究还比较少，而且不同环境规制的影响机制和效果存在差异（Stavins，1996）。

因此，综合当前的研究成果，应该从社会—经济—自然的维度综合评估生态效率。考虑到数据的可获得性，从经济维度选择 GDP 作为产出指标，劳动力的消耗为投入指标；从自然资源维度，投入指标包括能源消耗、土地消耗和水资源消耗。非期望产出表征经济发展带来的环境破坏，包括工业废水、化学需氧量（COD）、SO_2、烟尘、粉尘和固体废物排放（Huang et al.，2014；Zhang et al.，2015；Long et al.，2015）。具体指标见表 5 - 2。

表 5 - 2　　　　区域生态效率评价指标

分类	变量	单位
投入	能源消耗	万吨标准煤
	土地消耗	平方米
	水消耗	万吨
	劳动力消耗	万人
废弃物产出	工业废水排放	万吨
	化学需氧量（COD）	万吨
	SO_2 排放	万吨
	烟尘排放	万吨
	工业粉尘排放	万吨
	固体废物排放	万吨
期望产出	工业生产总值	亿元

借鉴 Chung 等（1997）和 Färe 等（2006）的研究方法，本书采用方向性距离函数（DDF）综合考虑期望产出和非期望产出的效率评价评估区域生态效率。考虑一个生产过程，$x = x_1, \cdots, x_N \in R_+^N$ 表示投入要素；$y = y_1, \cdots, y_M \in R_+^M$ 表示期望产出；$b = (b_1, \cdots, b_h) \in R_+^H$ 表示非期望产出；β 为方向性距离函数值，生产可能性技术集为 $P(x)$，$P(x) = \{(y,b): x$ 能生产$(y,b)\}$，$x \in R_+^N$。方向性产出距离函数提供了具有代表性的技术函数，令 $g = (g_y, -g_b)$，$g \in R_+^M \times R_+^H$，为产出扩张水平的方向向量，且 $g \neq 0$，则方向性距离函数可以表达为：

$$\vec{D}_0(x,y,b;g_y,-g_b) = \max\{\beta:[y+\beta g_y, b-\beta g_b] \in P(x)\} \tag{5-15}$$

方向性距离函数表示在确定要素投入 x 的前提下，将设定的方向向量确定为权数，期望产出和非期望产出（y，b）在 g 方向上的最大扩张倍数为 β，方向性距离函中的 β 值与生产效率呈反比例关系。若该生产系统只考虑一种期望产出和一种非期望产出，根据方向性距离函数，可以构建如图 5-2 所示的生产可行性集。

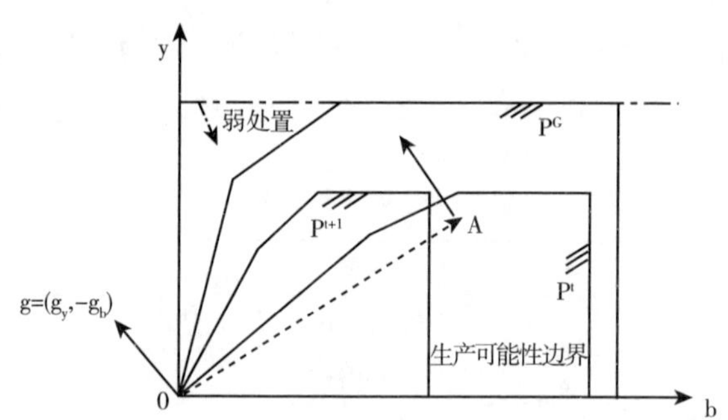

图 5-2　包含一种期望产出和非期望产出的方向性距离函数

根据式（5-15）沿方向 g_y 寻求 y 最大化以及 b 最小化，可获得最大的期望产出。图 5-3 描述了该函数关系。选择方向向量 $g = (g_b, g_y) > 0$，则期望产出增加，非期望产出减少。沿 g 的方向增加 y，减少 b，直到在 $(b-\beta g_b, y+\beta g_y)$ 达到 $P(x)$ 的边界，此时 $\beta = \vec{D}(x,y,b;g)$。

根据 Stigson（2010）提出的生态效率三目标：缩减能源耗费、降污减排、提升产品或服务价值，结合方向性距离函数，将方向性向量设定为 $g = (g_y, -g_b, -g_x)$，则可得表达式：

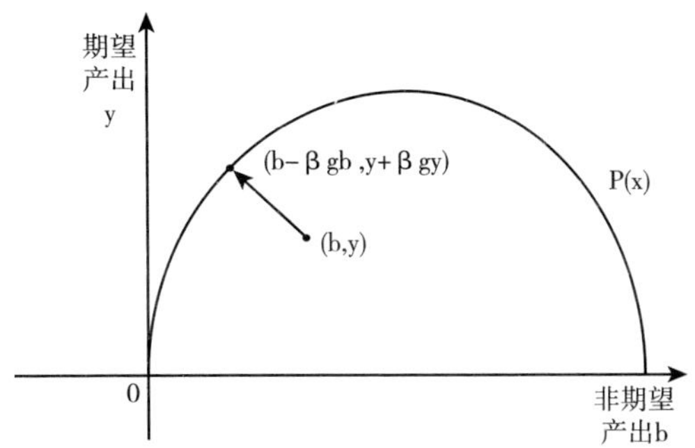

图5-3　方向性距离函数

$$\vec{D}_0(x,y,b;g_y,g_b,g_x)=\max[\beta:(y+\beta g_y,b-\beta g_b)\in P(x-\beta g_x)] \quad (5-16)$$

其中，β表示期望产出增加、非期望产出和投入减少的情况下，方向向量可以达到的最大比率。假设i区域的投入是常数，方向向量为g=(1，-1，0)，则有：

$$\vec{D}_0(x,y,b;g_y,g_b,g_x)=\max[\beta:(y+\beta,b-\beta)\in P(x)] \quad (5-17)$$

其中，i=1，…，30表示样本区域，n=1，…，4是投入变量，可以获得m=1的期望产出和h=1，…，6的非期望产出。对于区域i′，线性规划方程可以表达为：

$$\vec{D}_0^t(x^{t,i'},y^{t,i'},b^{t,i'};1,-1,0)=\mathrm{Max}\beta \quad (5-18)$$

$$\text{s.t.}\begin{cases}\sum_{i=1}^{I}\lambda_i^t y_{im}^t \geqslant y_{i'm}^t+\beta, m=1\\ \sum_{i=1}^{I}\lambda_i^t b_{ij}^t = b_{i'j}^t-\beta j, j=1,\cdots,6\\ \sum_{k=1}^{I}\lambda_i^t x_{in}^t \leqslant x_{i'n}^t, n=1,\cdots,4\\ \lambda_i^t \geqslant 0, i=1,\cdots,30\end{cases}$$

其中，λ_i^t是决策单元λ的权重向量；β是需要求解的价值变量。D值越大，区域生态效率水平越高。

（5）其他控制变量。

新技术的突破与采纳、产业的生态化发展都是复杂的系统工程，是多因素共同作用的结果，环境规制对企业绿色创新、企业绩效和生态效率的影响效果，也受到其他与企业发展密切相关的一些控制变量因素的影响，如某一企业独有的个体特性、所属的产业结构和模式特征、市场竞争环境、制度约束等因素。随着经济全球化程度越来越高、国家开放力度越来越大，生态环境破坏的外部性和技术的外溢效应等都更为明显，伴随“污染避难所（Pollution Haven Hypothesis，PHH）”假说（Taylor and Copeland）、“向底线（环境标准）赛跑（race to the bottom）”假说（Bagwell and Staiger）以及“环境效益”假说（Grossman and Krueger）的提出，国际化程度和全球范围内的贸易活动带来的影响而引发的话题热度越来越高。因此，本书在实证检验环境规制的创新效应和对绩效的影响时主要考察如表 5 - 3 所示的控制变量，表 5 - 3 列出了有关控制变量的计算指标。

表 5 - 3　　　　主要控制变量说明

指标	符号	衡量指标的计算
产业集中度	CR	大中型企业资产合计占地区总资产的比重
企业环境管理战略	EEMS	二氧化硫去除率（去除量/(去除量 + 排放量）×100%）
企业规模	CS	规模以上工业企业平均资产数额
公众参与	PP	环境信访中的来信总量
外商直接投资	FDI	2000 年为基期的 GDP 平减指数调整后的实际 FDI
人力资本投入	EDU	R&D 人员折合全时当量（人/年）
物质资本投入	CAP	研发支出占 GDP 的比重
市场化指标	PRI	从政府、经济主体、资源、市场和制度综合考虑
能源消费结构	ECS	一次能源消费中所占比重（折算为标准煤）
国有企业比重	SOE	国有资产总和除以地区资产总和

之所以选择表 5 - 3 列示的控制变量，主要原因在于：

产业集中度（CR）也称为市场集中度，可以用来刻画企业所属产业（行业）的市场垄断与竞争状况，反映少数企业对该行业的支配程度。较高的产业集中度有助于产生规模经济、范围经济，是产业内资源在不同企业间分布的有效整合，有利于最优化资源配置，发挥资源集聚优势，提高企业创新能力和绩效水平。产业集中度是用于衡量产业竞争性和垄断性的最常用指标之一。

企业环境管理战略（EEMS）决定环境行为。在政府环境规制政策约束和引导下，企业制定不同的环境管理战略，包括自愿型积极环境管理和被动型消极环境管理，实施效果表现为企业生产经营过程中的降污减排能力和综合治理绩效。鉴于 SO_2是大气的主要污染源，是酸雨的主要成因物质，是生态文明建设过程中的重点环境监控指标，《中华人民共和国大气污染防治法》（2018 修正）也将 SO_2作为主要防治的污染物。因此，本书选择 SO_2去除率作为衡量企业环境管理战略的指标。SO_2去除率越高，表明企业开展环境管理工作的积极性越高。

企业规模（CS）是影响企业技术创新的重要因素（Llach J. et al, 2012），部分学者研究发现大企业拥有能够良好地开展技术创新，更加有效地推进技术创新发展的能力（Lee，Park，Yoon et al.，2010）；但是，也有研究证明大企业比小企业的技术创新效率要低（Asikainen，2015），企业规模与技术创新存在复杂的非线性关系，具有门槛效应。为了研究环境规制对技术创新的作用是否受企业规模的影响，应将该变量纳入模型进行检验。

公众参与（PP）是影响环境治理最终效果的重要因素，公众是生态文明建设的关键利益相关方。增强公众的环保意识，完善公众参与生态环境保护的机制，清晰界定公众参与程序和渠道，对企业污染排放和治理进行有效监督，会在很大程度上影响企业的排污决策。《环境保护公众参与办法（试行)》（2015 征求意见稿）作为新环保法的配套规范性文件，有利于保障公众获取环境信息、参与和监督环境保护的权利，凸显了公众参与在环境保护工作中的重要性。但由于公众环境意识整体不强，而且参与程度不平衡，参与环保的能力和水平存在很大差异，自身对环境风险认知匮乏，而且政府规制政策和体制的可参与性受限，在公民知情权、参与权和请求权方面仍存在很多问题，公众参与环境规制的形式主要包括环境信访、个人来访、环境投诉、专家咨询等。环境起诉案件发生的随机性较强，难以统计准确的数据资料；其他参与方式的参与程度也不高，相比之下环境信访以成本低和方便性备受青睐，而且数据容易获取。因此，本书选取各个地区环境信访作为测度公众参与的衡量指标。

外商直接投资（FDI）是与国际间接投资相对应的一种国际投资基本形式，不仅有助于改善国内资本要素条件，而且有利于引入国外的先进技术、生产经营模式和管理经验，整合全球各地资源优势，形成技术、知识和信息共享，提升整体经济实力。环境规制影响 FDI 溢出的边际效应，FDI 溢出作用于技术水平和产业转移。根据外币对人民币年平均汇价，在进行实证检验时将FDI折算成人民币，并用2000年为基期的GDP平减指数对折算之后的数值进行调整。

人力资本投入（EDU）的增加可以提高人力资本自身的生产效率。内生增长理论认为，人力资本能够诱发持续增长。随着人力资本素质大幅提升，人力资本成为知识积累和科技创新的原动力，探究高效合理的方式开发人力资本的最大潜能成为提升企业绿色技术创新能力十分重要的助力途径。Kurtz等（2011）研究发现，随着人力资本的价值得到更深层次的挖掘，“资源诅咒”的窘境得以规避，这一转变对实现知识驱动型发展具有重大意义。而赵领娣（2016）等研究发现，人力资本并没有促进绿色经济绩效的提升，应不断调整人力资本与产业结构调整的适配性。理论界和学术界在量化人力资本变量时，主要从人力资本特征、人力资本的广度和深度、产出和投入等角度进行衡量。投入和产出指标较多，主要有大学生人数（含中专）占总人口的比重、高等教育的总入学率等。本书结合中国的实际情况，以R&D人员折合全时当量（人年）作为衡量指标。

物质资本投入（CAP）是在创新活动和企业转型发展过程中离不开的重要财力保障。物质资本投入为企业开展技术创新提供了物质基础和资金保障。

市场化指数（PRI）是评价市场机制是否健全的重要指标，是影响环境规制作用发挥的重要条件，尤其是对以市场调节手段为主的市场激励型环境规制政策的实施，起到关键的基础性调节作用。通过借鉴孙晓华、李明珊（2014）的研究成果，本书充分考虑政府行为规范程度（政府消费、政府规模和政府投资）、市场经济主体自主化（投资、生产规模和产出贡献）、要素资源市场化（劳动力自由流动、技术成果市场化和引进外资程度）、产品和服务的市场公平化和市场机制完善程度五个关键因素，构建表征市场化水平的综合评价指标体系，计算市场化指数以分析市场化水平对技术创新和产业绿色转型高质量发展的影响。

能源消费结构（ECS）是指各种能源占能源消费总量的比例。随着我国经济和社会各个领域的快速发展，能源消费结构在很大程度上影响能源安全、经济效益和环境安全，尤其是以煤炭为代表的一次能源占主导地位的能源结构产生了较高的碳等污染物排放。积极调整优化能源消费结构有利于减少环境污染、改善生态环境，以助推节能减排目标的实现和环境规制政策作用的发挥。本书从可持续发展战略和生态学角度将能源消费结构作为重要的影响变量。

5.2.2　数据来源

以 2005 ~2016 年我国 30 个行政区（西藏的污染排放数据存在部分缺失，因此不予考虑）的样本数据资料对相关假设进行检验。技术创新成果（新产品销售收入等）、创新要素投入（人力资本投入等）相关数据指标来源于各年的《中国科技活动统计年鉴》《工业企业科技活动统计资料》，环境污染指标来源于《中国环境年鉴》《中国环境统计公报》《中国环境统计年鉴》和《中国环境发展公报》。工业总产值、FDI、能源消耗等数据资料来源于《中国统计年鉴》《中国工业经济统计年鉴》以及各省统计年鉴和《中国能源统计年鉴》。部分变量的描述统计量如表 5 -4 所示。

表 5 -4　环境规制和绿色技术创新指标的描述统计

变量	样本数	均值	中位数	最小值	最大值	标准差
lnCER	360	2.24	2.39	-0.18	4.98	0.98
lnMER	360	10.82	10.93	6.84	13.04	1.17
lnGPD	360	2.49	2.38	-0.57	7.29	1.24
lnGPG	360	1.74	1.68	-0.99	4.48	0.98

5.3　实证检验与结果分析

首先，考察变量之间的依赖程度，检验模型是否存在多重共线性问题，即考察解释变量之间是否存在精确相关关系或高度相关关系。如果方差膨胀因子（VIF）的检验结果最大值小于 10，则可得出结论：该模型的多重共线性问题并不严重。其次，检验数据是否为平稳序列。为说明动态面板数据模型的适用性，保证模型估计结果的有效性，可以采用面板数据单位根 LLC 检验对样本数据进行平稳性检验，避免出现“伪回归”问题。检验结果表明，检验统计量均在1%的水平上显著，且不存在单位根，因此变量数据均为平稳序列。

5.3.1 环境规制对绿色技术创新的直接影响

为了避免评估偏差和因内生性带来的不一致问题，Arellano 和 Bover（1995）、Blundell 和 Bond（1998）提出采用GMM来评估动态面板数据模型。通过使用Stata 13.0软件对回归模型（5-1）进行处理，可得命令控制型和市场激励型两类环境政策工具对绿色产品创新和绿色工艺创新的作用结果，如表5-5所示。

表5-5　　环境规制对绿色创新的回归结果

变量	（1）绿色产品创新（GPD）		（2）绿色工艺创新（GPG）	
	模型1	模型2	模型1	模型2
ln（CER）	0.4472* （2.25）		0.2854*** （2.84）	
ln^2（CER）	-0.0430* （-1.16）		-0.0956*** （-4.90）	
ln（MER）		4.8623*** （3.18）		1.4298* （1.83）
ln^2（MER）		-0.3124*** （-3.76）		-0.1884** （-2.19）
lnCR	-0.3421** （-2.18）	-0.7891*** （-3.07）	-0.3272*** （-3.99）	-1.3473*** （-5.38）
lnEEMS	-0.5269*** （-6.43）	-0.4943* （-1.56）	-0.4785*** （-7.62）	-0.3968** （-5.87）
lnCS	-3.0272** （-2.17）	-0.0152 （-0.23）	-0.0662 （-0.17）	-0.1153*** （-0.13）
lnPP	-0.1631*** （-2.12）	-0.1021 （-1.07）	-0.0124* （-1.90）	-0.0165 （-0.74）
lnFDI	2.1652** （2.34）	0.0215** （1.05）	0.1087 （0.38）	0.2107 （0.56）

续表

变量	(1) 绿色产品创新 (GPD)		(2) 绿色工艺创新 (GPG)	
	模型 1	模型 2	模型 1	模型 2
lnEDU	-0.2460* (-4.26)	-0.4358 (-0.34)	-0.0370* (-1.76)	-0.0454* (-1.34)
lnCAP	-0.1245 (-0.82)	-0.3371* (-1.65)	0.0584 (0.32)	0.0437 (0.57)
lnPRI	0.4678*** (6.62)	0.4459*** (7.31)	0.0398*** (3.23)	0.2456 (1.58)
lnECS	0.4627*** (2.23)	0.3572 (0.34)	0.4897*** (2.90)	0.9936** (2.67)
_cons	-5.8412*** (-4.34)	-8.6995** (-2.21)	0.8876** (2.57)	-5.4523 (-1.34)
曲线类型	倒“U”	倒“U”	倒“U”	倒“U”
拐点	2.6525	9.1278	1.3805	9.2135
AR (1)	-2.4781	-2.5985	-1.5674	-1.4586
P-value	0.2012	0.1217	0.1726	0.1640
AR (2)	1.5273	1.6345	1.5762	1.8762
P-value	0.1566	0.5344	0.1188	0.1283
sargan	19.7768	16.8616	27.2191	26.3215
P-value	0.9684	0.9979	0.8943	0.9107
Wald	961.82	3131.64	8878.43	604.23
P-value	0.0000	0.0000	0.0000	0.0000

注：①***、**、*分别表示达到1%、5%、10%的显著性水平；②括号内为回归系数的z统计量。

采用差分残差序列的 Arellano-Bond (AR) 自相关检验判断随机扰动项的序列相关性。AR (1) 和二阶 AR (2) 结果见表 5-3，AR (2) 的所有值都在 0.1 以上，由此可以判定 Sys-GMM 估计不能拒绝模型 (5-1) 的原假设——差分后残差项不存在二阶序列相关，因此本书所设定的实证检验模型 (5-1) 被认为是合理的，Sys-GMM 估计量是一致的。采用 Sargan 检验对模型 (5-1) 进行过度识别检验——Sargan 检验 P 值均接近 1，此时表明通过检验，接受过度识别检验有效的原假设，工具变量的选取是可靠的，可以保证 Sys-GMM 估计有效。采用 Wald 检验判断模型整体是否显著，概率 P 值均为 0 时，则表明模型 (5-1) 满足整体显著性检验，下面在进行回归分析时类似，省略部分输出结果。

由表 5－5 可知，市场激励型环境规制和命令控制型环境规制的系数反映出环境规制对技术创新的作用效果。两类环境规制对绿色产品创新和绿色工艺创新指标的一次项系数为正值，二次项系数为负值，且命令控制型环境规制对绿色产品创新和绿色工艺创新的影响系数分别通过了 10% 和 1% 的显著性水平检验；市场激励型环境规制对绿色技术创新的影响系数的显著性水平则相反。两类环境规制与两类技术创新指标呈倒“U”形非线性关系，拐点分别为 2.6525、1.3805、9.1278、9.2135。在拐点左侧，随着命令控制型环境规制的强度增大，绿色产品创新和绿色工艺创新指标值呈同方向变动，即相应指标值增加，创新能力呈现下降趋势；同理可以分析得出，拐点右侧则结果相反。因此，实证检验结果表明：当低于规制临界“阈值”时，命令控制型环境规制抑制绿色技术创新，企业采取研发回避的策略；一旦超过临界值，则产生激励作用，促使企业积极开展创新活动，提升创新水平和绩效。因此，随着命令控制型环境规制水平日益增强，对绿色技术创新的影响效应也随之改变，由“抵消效应”转变为“补偿效应”。由描述性统计结果可以发现，总体命令控制型环境规制均值为 2.24，中位数为 2.39，最大值为 4.98，绿色工艺创新指标较早地突破了拐点，绿色产品创新的拐点值稍高。大部分地区的命令控制型环境规制强度值达到可以促进绿色工艺创新的临界值，但是尚未有效推动绿色产品创新。这可能是由于绿色产品创新的转化应用不足所致。同理可分析市场激励型环境规制与绿色产品创新和绿色工艺创新的关系。从表 5－5 所示的描述性统计结果来看，总体市场激励型环境规制强度均值为 10.82，中位数为 10.93，最大值为 13.04。样本数据中大部分省区市的市场激励型环境规制强度水平都已经超过临界值，环境规制强度符合“波特假说”中合理的环境规制标准区间，可以激励技术创新行为。合理提升环境规制强度，对于将环保意识深入企业价值观有重要意义，可以引导企业积极展开绿色技术创新活动，提高绿色工艺创新能力和绿色创新产品的市场化，发挥环境规制的“创新补偿”效应。

因此，从总体来看，环境规制对企业绿色技术创新产生了显著的倒逼效应，但两者存在非线性关系，规制强度必须达到一定阈值才能发挥激励作用。该实证检验分析结果与前面理论推导的预期效应相吻合。政府制定环境规制政策初期，设定较低的规制水平，较弱的环境规制强度增加了企业的私人成本，但是并没有能够充分实现环境规制成本的内部化，以调动企业加强环境管理的积极性，难以驱动企业将有限的资源投入绿色创新活动，因为开展创新活动在短期增加成本支出。企业增加的污染治理费用进而对研发支出产生“挤出效应”。因此，环境规制对绿色技术创新的总体效应为“负”。随着环境污染和生态破坏的负面影响持续扩散，环境的自净能力持续下降，更应当加大力度实施环境规制，此时企业承担的环境规制成本增加。为了提高竞争力，在追求经济效益增加的同时，达到降污减排的规制要求，企业不得不考虑追加污染防治投入，通过提升生产工艺和治污技术水平实现环境规制目标。此时，环境规制对企业绿色技术创新表现出“补偿效应”，规制强度的提升促使企业提高绿色技术水平。“挤出效应”和“补偿效应”共同作用，导致环境规制对企业绿色技术创新的倒逼效应呈现先抑制后促进的动态特征。同理可以分析得出，市场激励型环境规制政策也呈现出创新倒逼效应，但是作用效果与命令控制型环境规制存在差异。从影响系数和显著性水平来看，市场激励型环境规制的作用强度大大高于命令控制型环境规制，可以对企业绿色技术创新活动产生更为有效的正向驱动效应，两者结合能更好地满足公平效率要求，全面发挥行政手段和市场机制调节倒逼创新的效果。

（2）其他控制变量的影响结果分析。

根据表 5 – 5 的回归结果发现，大部分控制变量对技术创新的影响作用基本符合理论分析预期结果，回归系数表明也有个别控制变量对创新的作用效果与理论预期不一致，可以结合实践层面探究可能的原因。

①产业集中度（CR）：表 5 – 5 中的回归结果显示，产业集中度对两类企业绿色创新都表现出显著的激励作用。这是因为产业集中度有助于实现规模效应，实力雄厚的行业具有充实的资金保障，提高企业的专业化生产能力，创新风险承受能力更强，使部分企业可以专注于绿色技术创新，还可以通过学习效应提升行业的绿色技术创新能力水平。

②企业环境管理战略（EEMS）：通过表 5 – 5 的实证结果可以发现，环境管理战略的系数为负，且通过了一定水平的显著性检验，这表明企业增加环境保护意识，提高环境管理水平，开展自愿型环境管理有利于加大绿色创新研发投入，积极开展绿色产品创新和绿色工艺创新活动，有效地驱动技术

创新水平提升，与理论分析结果一致。

③企业规模（CS）：企业规模对绿色产品创新和绿色工艺创新变量的影响系数小于 0，且个别系数在 1% 水平上显著，说明企业规模对绿色创新具有积极作用。

④公众参与（PP）：表 5 – 5 反映出公众参与变量的回归系数为负，且个别系数在 1% 的水平上显著，但系数较小，说明对绿色技术创新具有微弱的正影响。但是，由于目前公众的整体生态环境保护意识不强，绿色消费理念仍有待提高，而且公众参与的保障机制不够健全，参与渠道较少且程序不够透明，主要依赖于环境信访等强随机性方式，将监督聚焦于恶性污染事件；缺乏有效的信息反馈机制，公众的环境信访和诉求表达存在顾虑，在很大程度上导致公众在环境治理工作中的参与度并不高，弱化了公众参与的作用。绿色高质量发展是个复杂的生态系统，理应充分发挥公众的监督作用，但是公众参与对环境保护和技术创新的推动作用，需要有完善的公众参与机制为前提。因此，为了充分发挥公众参与对生态文明建设的重要作用，需要进一步提升公众的环保意识和认知度。

⑤外商直接投资（FDI）：表 5 – 5 的回归结果显示，FDI 的系数为正，说明 FDI 抑制了企业的绿色技术创新活动，并未激发企业的技术创新行为，该回归结果支持了“污染天堂”假说。与前面的理论分析结果存在分歧，原因可能是：在市场经济的大背景下，我国现行发展阶段决定了依然重视经济效益，吸引外资投入的企业多属高污染行业，FDI 并未受到严格环境规制的约束，集中流向技术含量低的低端原始产品行业及边际产业，难以提升企业的技术创新水平；或者外商严格把控技术保密监管，尤其对于高技术含量和高产品附加值的行业，发达国家实施出口管制政策，限制了 FDI 的流动，我国企业为了生存并获得竞争优势只能加大自主研发投入，产生挤出效应削弱了技术转化和绿色技术创新的资源配置，反映出 FDI 对绿色技术创新的抑制作用。因此，未来应注重招商引资质量，引入低污染、低能耗的高技术产业项目，增强国内企业对引进技术的消化吸收能力和自主创新能力。

⑥人力资本投入（EDU）：根据表 5 – 5 中的回归结果可以发现，人力资本投入对绿色技术创新的作用系数较小，表现出一定的正向推动作用，但是并不显著。可能的原因是：随着公众环境消费偏好增强，市场上绿色产品的

需求加大，企业为了争夺市场竞争优势，实现可持续发展，重新进行资源优化配置，将高素质人力资本投入向绿色技术创新活动倾斜，在某种程度上提高了绿色工艺水平和绿色产品的供给。但由于技术开发和转化的难度较大，失败的风险系数较高，我国人均教育水平偏低，智力投入并未充分发挥对绿色创新的促进作用。因此，应加强创新人才的培养，以彰显人力资本对企业绿色创新的智力支撑作用。

⑦物质资本投入（CAP）：表 5－5 的回归结果表明，物质资本投入对绿色工艺创新呈现弱负相关关系，抑制了绿色工艺创新能力的提升，且通过了 1% 的显著性水平检验。究其原因可能是：企业内部创新资源禀赋有限，管理层难以优化资源配置，导致资本总体投入不足，难以保障绿色创新资源的投入和设备的升级改造，加之绿色创新周期相对较长且本身具有复杂性。

⑧市场化指数（PRI）：市场化指数反映在绿色产品和绿色工艺方面的作用效果为负。究其原因可能为：政府环境规制政策对市场行为的强干预，不仅没有解决市场“失灵”，反而限制了市场机制原有功能的发挥，抑制了市场化条件下对技术创新活动的引导作用。同时，鉴于当下尚不完善的既有市场机制，也限制了市场机制天然的调节功能。

⑨能源消费结构（ECS）：能源消费结构的回归系数为正，对绿色工艺创新和绿色产品创新表现出负面影响，且影响效果比较显著。该实证结果与预期分析一致。不合理的能源消费结构抑制了企业创新活动的开展。我国目前仍是以煤炭为基础的一次能源消耗为主，能源综合利用率低，高能耗高污染的粗放式经济发展模式尚未有根本性改变，在一定程度上削弱了企业技术创新能力。因此，应该大力构建多能互补的能源生产体系，使自然资源禀赋能够充分释放对绿色创新技术开发的引导作用。

5.3.2　环境规制对企业绩效的直接影响

当前国内的环境规制主要包括命令控制型和市场激励型两种工具，强制性、无条件和刚性是命令型环境规制的主要特征，但是在具体施行过程中，由于监管不到位、执行不力等因素使其作用大打折扣；市场激励型环境政策也存在一定的缺陷，包括设计的实用性缺陷、运行阻力和辐射范围小等问题，导致市场激励型环境规制工具对企业绩效提升的积极作用并未充分发挥，研究环境规制抑制还是促进企业绩效，以及如何促进绩效提升具有重要意义。通过对模型 5 - 2 进行回归可得表 5 - 6。

表 5 - 6　　　　环境规制对企业绩效的回归结果

变量	（1）经济绩效（ECP）		（2）环境绩效（ENP）	
	模型 1	模型 2	模型 1	模型 2
ln（CER）	-0.1562 (-1.33)		0.4125 (3.28)	
ln^2（CER）	0.1733 (0.79)		-0.1238* (-2.67)	
ln（MER）		-0.2595 (-0.54)		0.4014 (1.81)
ln^2（MER）		0.1523 (1.05)		-0.2123* (-1.49)
lnCR	1.2592*** -7.85	3.9622*** (5.87)	-0.5451*** (-3.04)	-0.8478*** (-2.08)
lnEEMS	0.0795*** (4.16)	0.2843* (1.67)	-0.3579*** -6.87	-0.2817*** (-3.23)
lnCS	0.1087 (1.06)	0.2185* (1.67)	-0.0797 (-1.07)	-0.1317* (-1.89)
lnPP	-0.0627*** (-3.08)	-0.0589*** (-2.76)	0.0782*** (7.54)	0.1346** (3.45)
lnFDI	-0.1791*** (-10.91)	-0.1360*** (-8.87)	0.0382*** (3.32)	0.0084 (0.29)
lnEDU	-0.2169*** (-2.54)	-0.4658*** (-4.35)	-0.7651*** (-14.25)	-0.2869*** (-3.37)
lnCAP	0.9236*** (3.23)	0.8310*** (3.10)	-0.5392*** (2.02)	-0.6281*** (3.54)
lnPRI	-0.4145*** (-3.56)	-0.2158*** (-6.83)	-0.4549*** (-10.31)	-0.4128*** (-9.52)
lnECS	-0.7807 (-1.64)	-1.6429*** (-2.87)	-0.7820 (-1.74)	-0.8659** (-2.56)
_cons	5.2342*** (4.58)	25.7254*** (3.12)	12.3422*** (4.95)	16.9162*** (13.25)

续表

变量	(1) 经济绩效 (ECP)		(2) 环境绩效 (ENP)	
	模型 1	模型 2	模型 1	模型 2
曲线类型	"U"	"U"	倒 "U"	倒 "U"
拐点	1.6578	9.5642	2.1542	9.1483
AR (1)	-2.2860	-2.5487	-2.7240	-2.5824
P - value	0.0034	0.0076	0.0058	0.0076
AR (2)	-0.6538	-0.4508	1.4232	-0.5637
P - value	0.8231	0.7212	0.4596	0.82112
sargan	23.6657	24.2325	20.4554	19.2852
P - value	0.6890	0.9531	0.9682	0.9824
Wald	8376.32	2675.94	3789.94	4606.12
P - value	0.0000	0.0000	0.0000	0.0000

注：① ***、**、* 分别表示达到 1%、5%、10% 的显著性水平；②括号内为回归系数的 z 统计量。

从表 5-6 可以看出，命令控制型和市场激励型环境规制对经济绩效的一次系数为负，二次系数为正，说明实施环境规制的初期，由于规制成本的内部化，导致经济效益下降；随着环境规制强度水平的提升，对经济绩效发挥一定的积极作用。然而，命令控制型和市场激励型环境规制对企业经济绩效的影响并不显著，即，从经济绩效来看，环境规制的收效甚微。命令控制型和市场激励型环境规制对环境绩效的一次系数为正，二次系数为负，呈现倒"U"形变化；而且二次项系数在 10% 的水平显著。这说明实施环境规制初期时，没有提升环境绩效水平，随着规制强度水平的提高对环境绩效具有一定的积极效应。

因此，从短期来看，环境规制对绩效水平提升并未发挥积极作用，从长期来看验证了"波特假说"双赢的局面，而且市场激励型环境规制的作用效果要大于命令控制型环境规制。环境规制对企业绿色绩效产生积极作用的部分原因可能是：其一，政府充分利用规制职权，制定日趋完善的环境规制体系和环境规制执行方法，采取多元化和高质量的监管模式。政府严格规制企业污染行为的同时，积极引导企业经营活动，既抓政策落地，也积极扶持绿色研发。如果执行方法恰当、执行人员的素质提高，就有助于企业管理层很好地理解环境规制，发挥环境规制对企业绩效的积极作用，从而实现企业绩效水平的持续增长。其二，生产规模或者竞争强度给企业带来不同环境规制压力水平，企业开展不同的绿色增长实践活动。如果企业管理人员意识到为了满足环境规制要求可以通过创新补偿效应弥补增加的规制成本，提升企业的社会声誉，进而增加企业利润，则企业会积极应对环境问题，制订前瞻性环境管理战略，采纳绿色增长技术、绿色供应链管理等环境管理实践，强化自主创新意识，“重金引才”，建设科研平台，改造生产工艺，提供绿色产品和服务，提升绿色竞争力和绩效水平。

5.3.3 绿色创新对企业绩效的影响

通过对模型 5 - 3 进行回归可得表 5 - 7。

表 5 - 7　　绿色创新对企业绩效的回归结果

变量	（1）经济绩效（ECP）		（2）环境绩效（ENP）	
	模型 1	模型 2	模型 1	模型 2
ln（GPD）	-0.3387*** (-9.43)		0.3547*** (8.41)	
ln（GPG）		-0.3798** (-13.62)		0.6842*** (14.34)
lnCR	-0.2172*** (-5.42)	0.3735*** (7.93)	-0.6440*** (-7.78)	-0.2508*** (-8.25)
lnEEMS	0.9736*** (9.97)	0.6992*** (15.12)	-0.1823*** (-3.51)	-0.2596*** (-8.06)
lnCS	-0.3167*** (-5.97)	0.7836*** (7.09)	-0.4657*** (-5.32)	-0.2817*** (-4.71)
lnPP	1.0227*** (6.03)	-0.4412*** (-15.38)	0.4561*** (35.64)	0.0375*** (3.59)
lnFDI	0.0619*** (-4.74)	-2.2807*** (-17.92)	1.2294*** (8.19)	1.3674*** (12.86)
lnEDU	0.7419*** (-21.40)	0.3042*** (5.51)	-0.3785*** (-4.15)	-0.0601*** (-3.08)
lnCAP	0.6268*** (-6.22)	0.6753*** (13.25)	2.890*** (-15.81)	-0.0322 (-0.52)

续表

变量	(1) 经济绩效 (ECP)		(2) 环境绩效 (ENP)	
	模型 1	模型 2	模型 1	模型 2
lnPRI	-0.4577 (-26.31)	-0.4865 *** (-15.52)	0.4561 *** (35.64)	0.0101 (0.92)
lnECS	-2.1826 (-13.87)	-1.7818 *** (-17.19)	1.2294 *** (8.19)	1.6965 *** (15.41)
_cons	5.3639 *** (-13.58)	6.0836 *** (14.16)	28.4762 *** (-31.19)	-0.344 (-1.51)
AR (1)	-2.5376	-2.5359	-3.6929	-1.0809
P - value	0.0112	0.0112	0.0002	0.2797
AR (2)	1.9515	1.1362	0.5463	-1.3161
P - value	0.7510	0.2648	0.5848	0.1881
sargan	27.8512	28.6785	29.6521	24.3671
P - value	0.8565	0.7184	0.6927	0.8922
Wald	6314.65	3894.63	1242.68	1294.21
P - value	0.0000	0.0000	0.0000	0.0000

注：① ***、** 分别表示在 1%、5% 的水平上显著；②估计系数下面括号中为 z 统计量。

根据表 5-7 可知，绿色产品创新和绿色工艺创新对企业的经济绩效和环境绩效具有显著的正向影响，这表明企业可以通过探索绿色创新产品及绿色生产工艺来谋求新的经济增长点。但应辩证地看待绿色创新与企业经济绩效之间的复杂关系，一方面，环境规制压力下的创新要求追加资本投入，进而压缩利润空间；另一方面，绿色创新能够为环境规制注入新的动力，带来新的经济增长点，是提升企业经济绩效的有效途径。通过加大绿色创新政策支持力度，合理组织绿色创新活动，强化区域绿色创新协同发展，能够提升企业绩效。

表 5-7 还表明，企业绿色工艺创新对企业绿色绩效影响显著，系数为 0.6842。这一研究结论与绿色工艺创新的特征有关。绿色工艺创新行为旨在强化环境友好理念，开展清洁生产，降低污染物的排放，提高末端治理技术水平，改善环境质量，发挥对企业环境绩效的积极作用。

5.3.4 环境规制影响企业绩效的绿色创新中介效应

通过检验，中介效应存在的三个条件均成立（具体计算结果略）。将绿色产品创新、绿色工艺创新两变量引入回归方程时，从经济绩效和环境绩效两个层面来看，命令控制型与市场激励型环境规制的影响差异较小，而绿色工艺创新和绿色产品创新对绩效水平均呈现显著正向影响。这表明，绿色创新在环境规制工具对企业绩效的影响中发挥完全中介作用，符合“强波特假说”的观点。

通过对模型 5 - 7 进行回归，其结果如表 5 - 8 所示。

表 5 - 8　　环境规制引致绿色创新影响企业绩效的回归结果

变量	（1）经济绩效（ECP）		（2）环境绩效（ENP）	
	模型 1	模型 2	模型 1	模型 2
Interaction1 (CER × GPD)	-0.3453** (-9.23)		0.4756* (12.34)	
Interaction2 (CER × GPG)		-0.3359** (-8.61)		0.6246*** (23.32)
Interaction3 (MER × GPD)	-0.4750*** (-3.62)		0.5490*** (5.24)	
Interaction4 (MER × GPG)		-0.3890*** (-8.67)		0.7142** (2.21)
lnCR	-0.2172** (-5.42)	0.3735** (7.93)	-0.6440*** (-7.78)	-0.2508*** (-8.25)
lnEEMS	0.9736** (9.97)	0.6992*** (15.12)	-0.1823** (-3.51)	-0.2596*** (-8.06)
lnCS	-0.3167** (-5.97)	0.7836** (7.09)	-0.4657** (-5.32)	-0.2817** (-4.71)
lnPP	1.0227*** (6.03)	-0.4412*** (-15.38)	0.4561*** (35.64)	0.0375*** (3.59)
lnFDI	0.0619* (-4.74)	-2.2807* (-17.92)	1.2294* (8.19)	1.3674** (12.86)
lnEDU	0.7419*** (-21.40)	0.3042*** (5.51)	-0.3785*** (-4.15)	-0.0601*** (-3.08)

续表

变量	(1) 经济绩效 (ECP)		(2) 环境绩效 (ENP)	
	模型 1	模型 2	模型 1	模型 2
lnCAP	0.6268*** (−6.22)	0.6753*** (13.25)	2.890*** (−15.81)	−0.0322 (−0.52)
lnPRI	−0.4577 (−26.31)	−0.4865*** (−15.52)	0.4561*** (35.64)	0.0101 (0.92)
lnECS	−2.1826 (−13.87)	−1.7818*** (−17.19)	1.2294*** (8.19)	1.6965*** (15.41)
_cons	5.3639*** (−13.58)	6.0836*** (14.16)	28.4762*** (−31.19)	−0.344 (−1.51)
AR (1)	−2.4014	−2.9452	−3.3285	−3.3516
P − value	0.0163	0.0032	0.0009	0.0008
AR (2)	0.9218	0.3491	0.8533	0.3244
P − value	0.3566	0.7270	0.3935	0.7456
sargan	27.1569	22.8926	22.4876	23.3805
P − value	0.9983	0.9998	0.6617	0.6113
Wald	741.31	957.39	374.02	7965.68
P − value	0.0000	0.0000	0.0000	0.0000

注：①***、**、*分别表示在 1%、5%、10% 的水平上显著；②估计系数下面括号中为 z 统计量。

由表 5−8 可知，绿色创新与环境规制政策工具的交互项对企业经济绩效的影响系数为负，对环境绩效的影响系数为正，且大多在 1% 水平上显著。这说明环境规制虽然在短期内增加企业治污成本，挤占生产性资金投入，但从长期来看可以刺激企业改变其生产流程，提高生产效率，降低能源消耗，提供满足绿色消费需求的新产品或服务，成为企业动态提升竞争力的外部动力来源，环境规制的履约成本可凭借绿色创新带来的收益进行弥补。环境规制通过绿色工艺创新和绿色产品创新间接提升企业绩效。由此可见，政府应适度调整环境规制强度水平，实行差异化的环保税率，出台科技资助政策，引导企业做出绿色创新决策，加快创新驱动绩效提升的步伐。

5.3.5 环境规制对区域生态效率的影响

区域经济的不平衡发展，会导致环境政策的执行存在一定障碍（Liang et al.，2016），环境规制对产业生态化效率的影响存在区域差异。综合不同区域的发展差异、资源禀赋特性、技术创新能力、市场化条件等，因地制宜地制订环境规制政策是推动经济绿色高质量发展的必然选择。环境规制的强度差异对区域技术创新能力的影响会存在较大差异，借助技术创新的中介作用对产业转型的影响也会产生差异。研究各地区环境规制的合理性，应当从不同区域的显著特征入手。由于我国各个区域的经济社会发展水平差异明显，环境污染特征也不尽相同，为了保证环境规制政策与区域发展水平相协调，有必要充分考虑区域经济发展的不平衡和差异（Dong et al.，2015；Meng et al.，2011）。根据以前的研究和中国官方分类标准，将 30 个省区市划分为东部、中部和西部三个区域进行实证检验，见表 5－9 所示。

表 5－9　　样本区域分组

区域	具体省区市	样本容量
东部	北京、天津、河北、辽宁、山东、上海、江苏、浙江、福建、广东、海南	11 个
中部	山西、吉林、黑龙江、安徽、江西、河南、湖北、湖南	8 个
西部	内蒙古、广西、重庆、四川、贵州、云南、陕西、甘肃、青海、宁夏、新疆	11 个

每个区域的环境规制强度公式为：

（1）东部地区。

$$ERS = \frac{1}{10}\sum_{i=1}^{10} ER_i \tag{5-19}$$

（2）中部地区。

$$ERS = \frac{1}{11}\sum_{i=11}^{21} ER_i \tag{5-20}$$

（3）西部地区。

$$ERS = \frac{1}{9}\sum_{i=22}^{30} ER_i \tag{5-21}$$

ERS 值越大，环境规制强度水平越高。

由表 5 - 10 可以看出，东部地区的生态效率高，西部平均效率最低。中部和西部地区的生态效率总水平低于全国水平。可能的原因是：其一，经济发展的不平衡所致。相较于西部地区，东部地区经济发展程度更高。其二，位于东部地区的产业逐步转向中西部地区，有利于东部地区产业结构的优化升级，而大部分转移产业都是高污染和高能耗产业。

表 5 - 10　　生态效率（EE）变量的描述统计

	均值	最大值	最小值	标准差
全国	0.8662	0.8875	0.8216	0.0212
东部	0.9574	0.9781	0.9185	0.0281
中部	0.8561	0.8742	0.8121	0.0158
西部	0.7774	0.8081	0.7204	0.0254

由表 5 - 11 可以看出，Sargan 过度识别检验结果表明工具变量是有效的，得出如下结论。

表 5 - 11　　环境规制对区域生态效率影响的动态回归结果

	东部	中部	西部
EE（-1）	0.0889* (1.72)	0.0678* (1.63)	0.0356* (1.70)
CER	0.0968*** (3.7625)	0.1264*** (4.89)	0.1898*** (4.61)
CER（-1）	0.1832** (1.98)	0.1615** (1.98)	0.2679** (2.51)
MER	0.3442*** (2.42)	0.1608** (2.35)	0.0879* (1.78)
MER（-1）	0.2336*** (-3.53)	0.1471** (-1.68)	0.0967* (-1.54)
VER	0.1869** (2.66)	0.1552* (1.82)	0.0895* (1.76)
VER（-1）	-0.1538** (-1.48)	-0.1427* (-1.47)	-0.0378 (-1.06)
P	-0.1998* (-1.63)	-0.7904** (-1.87)	-0.7874 (-1.14)

续表

	东部	中部	西部
lnA	0.0587 (1.28)	0.0876 (1.12)	0.1965** (1.84)
T	-0.2687*** (-2.78)	-0.2874** (-1.99)	-0.3789** (-2.14)
IS	0.0875* (1.71)	0.1875 (1.31)	0.1986 (0.99)
R^2	0.9769	0.9681	0.9759
$AD-R^2$	0.9686	0.8972	0.9536
F 值	23.782	22.967	24.023
Sargan 检验 P 值	0.2945	0.3107	0.2458
AR（2）P 值	0.1921	0.2327	0.2168

注：***、**、*分别表示在1%、5%、10%的水平上显著。

（1）环境规制对各个地区的差异化影响。

环境规制对产业生态效率的影响效果存在规制政策异质性和区域异质性不同。

相较于东部地区，中西部地区的命令控制型环境规制更有助于提升生态效率水平。这是因为中西部接受了大量高污染和高排放产业，边际破坏高于东部地区。此外，东部地区的规制标准和环境管理标准更加严格。假设三个地区的边际减排成本相等，则东部地区的环境规制成本高于中西部地区。因此，中西部地区的强制性环境政策比东部更有效。通过分析强制性污染排放标准的执行情况，东部的罚款相对较低，也就是说，边际减排成本高于边际处罚成本。因此，东部地区的企业宁愿选择污染排放接受罚款，也不会增加减排支出，导致东部地区的命令控制型环境规制生态效应低于中西部。此外，三个地区滞后一期的命令控制型环境规制系数显著为正，而且大于当期系数，表明存在显著的政策滞后效应，长期规制更为重要。

三个地区的市场激励型环境规制系数显著为正，但是东部地区的系数明显大于中西部，且呈现依次减少的趋势。这表明市场激励型环境规制可以改进生态效率水平，而且东部地区最为明显。排污收费政策的有效实施增加了企业竞争压力，竞争压力会促使企业控制污染排放总量以减少排污费的缴纳。市场机制有助于实现预期效应并以最低的成本实现资源的最优配置。如果不存在有效竞争市场，企业就没有动力减少污染排放。东部地区的市场化程度较高，中部次之，西部最低。11 个（江苏、浙江、天津、湖北、湖南、内蒙古、山西、重庆、陕西、河北和河南）污染排放试点除内蒙古、陕西、重庆外都在中东部地区，中部地区有 4 个试点省份（湖北、湖南、河南、山西），都在排污权交易体系的建立方面取得了较大成绩。因此，对于中部和东部地区，采用市场激励型环境规制解决环境问题更有效。西部地区因市场化程度较低，限制了市场激励型环境规制对提升生态效率的积极作用。三个地区市场激励型环境规制滞后一期的系数显著为正，但是小于当期系数，说明前一期的市场激励型环境规制有利于改进后一期生态效率，但是作用效果比当期效应要弱。这主要是因为市场开放程度和动态性调整导致当期效应大于滞后效应。

最后，通过比较三个地区的自愿型环境规制系数发现，都是显著为正，而且东部地区的系数明显大于中东部地区，表明自愿型环境规制对生态效率具有积极作用，可以促进可持续发展，尤其是在东部地区作用更为明显。东部和中部地区的环境来信来访机制更为健全，更多的企业符合环境标准，对环境事件披露的关注度较高。西部地区的法律法规相对不够健全，政府处理环境来信和来访的效率较低，居民很少通过环境信访参与环境保护。另外，西部地区对环境事件披露的关注度不高，并不会给严重污染事件和企业带来舆论压力。因此，西部地区的自愿型环境规制对生态效率的影响不够明显。东部和中部地区的自愿型环境规制滞后一期系数显著为正，西部地区则不显著。从另一角度来看，这表明西部地区的自愿型环境规制对生态效率的影响效应较弱。

因此，根据各区域发展特征，在经济较发达、有较强创新能力的地区加大环境规制的推行力度，有利于提高整个区域的创新驱动作用，促使当地产业结构实现优化升级、倒逼绿色转型高质量发展；在经济欠发达、创新能力有待提高的区域不可过度实施严格环境规制，否则会对创新能力的提升产生负面影响，阻碍产业的绿色转型升级。

（2）其他控制变量的影响。

三个地区的城镇化率对生态效率起到了很大的副作用，因为城市化率的提高会相应增加产量和消费，地区交通、住所、医疗等设施增加了能源消费和污染排放。考虑到区域的差异性，东部地区的城镇化水平较高，已经进入绿色城镇化发展阶段。但是中部地区的城镇化正在加速，基础设施建设产生了大量的污染排放，对生态效率起到了明显的抑制作用。产业结构对生态效率发挥显著的积极作用。东部地区第三产业占 GDP 的份额高于中西部地区。东部地区日益优化的产业结构提升了生态效率水平。能源强度对生态效率产生了显著的负效应，表明单位 GDP 的高能耗对应较低的绿色技术水平和生态效率。西部地区的能源强度显著增加，主要原因是：与中东部地区相比，西部地区经济发展处于扩张阶段，煤炭消费比重较高。发展程度对生态效率起到了积极作用但是不够明显。

（3）环境规制对区域生态效率的静态效率分析。

从环境规制对区域生态效率的静态效率来看，三类环境规制对生态效率的影响存在区域异质性。研究发现：对于东部地区而言，相较于命令控制型环境规制，市场激励型与自愿型环境规制在生态效率层面发挥了更大的影响作用；对于中部地区而言，命令控制型环境规制优于市场激励型和自愿型环境规制，对生态效率的作用效果更为明显；对于西部地区来说，命令控制型环境规制对生态效率的影响比市场激励型和自愿型环境规制带来的影响更为显著。

（4）环境规制对生态效率的动态影响效应。

从环境规制对生态效率的动态影响效应来看，三个地区的命令控制型环境规制滞后一期效应大于当期效应，表明命令控制型环境规制存在明显的政策时滞性，环境保护法律的执行机制不健全。市场激励型环境规制和自愿型环境规制的滞后一期系数小于当期系数，表明市场激励型环境规制和自愿型环境规制对企业能源节约和减排具有明显的即期效应。这些研究结论的贡献主要是：其一，环境规制（尤其是命令控制型环境规制）存在明显的时滞性，可以从长期发挥作用（Korhonen et al.，2015）。其二，市场激励型和自愿型环境规制能够产生明显的即期效应。因此，政策制定者需要建立弹性市场交易机制和公众参与机制加快改进区域生态效率。

总之，生态效率不仅考虑了经济绩效也考虑了环境绩效，更符合区域可持续发展的理论要求；把环境规制分成三类，且采用多指标衡量每类环境规制，在一定程度上避免了采用单一指标带来的研究偏差；讨论三类环境规制对三个地区生态效率的影响差异，为优化三个地区的环境规制政策组合提供理论基础和政策指导。东部地区的省份应该努力发展排污交易，征收排污费和环境资源税，通过市场机制实现区域经济发展的外部成本内部化。同时，在西部地区，政府应该大力优化公众的环境治理参与机制，完善企业的环境信息披露制度，申请环境认证，提高企业和公众的环境管理积极性，减小环境保护阻力。在中部地区，命令控制型环境规制和市场激励型环境规制对改进生态效率具有显著影响，而自愿型环境规制的作用不明显。因此，中部地区的各省份应该加快制订污染排放和处理标准，适当提高环境规制强度。同时，针对山西、河南、湖南和湖北的排污交易试点，中部地区应该完善环境保护的市场交易机制，鼓励并指导公众和企业自愿参与环境保护。在西部地区，命令型环境规制对生态效率的作用效果明显优于市场激励型与自愿型环境规制。因此，西部地区应该提升环境保护和污染排放标准，防止高污染企业的高度集中。借鉴东部和中部地区的经验，西部地区应该建立排污交易市场机制，改进环境税收体系和公众自愿参与体系。

5.4　实证检验结论

运用动态回归模型对环境规制、绿色创新和绩效水平的关系进行实证检验，实证研究的主要结论如下。

假设 H1 认为环境规制可以倒逼企业绿色技术创新，假设 H3 认为技术创新与绿色绩效存在正相关关系，假设 H4 认为技术创新是环境规制和产业绿色转型的关键中介因素，充当了桥梁作用。实证结果支持了波特假说，即设计恰当的环境规制通过激励技术创新，提升绩效水平。尤其是假设 H1 揭示了环境规制的制定对提升中国技术进步水平具有推动作用，与 Yang（2015）的研究结果一致，认为一系列环境政策的实施加快了中国的生态创新进程。技术创新不但有助于提升生产率和能源利用效率，也可以降低 CO_2等污染物的排放。因此，对于地方政府和企业来说，技术创新是提升绿色竞争力的关键驱动因素。为了满足清洁生产要求，企业必须积极开展绿色技术创新，或者引进先进的清洁生产工艺，提高生产效率和竞争力。

假设 H2 的检验结果表明，在短期来看，环境规制对企业经济绩效有直接的负效应，但绿色科技创新在环境规制对提升企业绩效的过程中发挥重要的中介效应，环境规制对企业绩效的影响是长期的，存在滞后效应，研究结论支持了生态现代化理论。因此，环境规制工具的设计应注意适度性和灵活性，考虑如何引导企业自愿进行环境保护和绿色创新，侧重于长期对企业创新决策的影响和创新行为的推进。此外，将命令控制工具与市场手段协调配合使用，促使对企业创新激励效用最大化，充分发挥环境税、科技创新项目补贴制度、碳交易市场的作用。研究结论为我国环境政策的设计和实施设立了新框架，提出了新要求，明确了主要方向。借助多种环境政策工具优势、充分释放工具组合效力，完善我国环境政策体系，有助于逐步建立起可持续发展的经营理念，进而提升企业绩效。

假设 H5 认为环境规制通过技术创新中介作用对产业绿色转型绩效水平的影响存在区域差异性。总体来看，环境规制有助于企业明确技术改进方向和经营目标，将环保意识深入企业整个经营过程，引导企业节约资源、提高创新能力、改变企业竞争环境、推动质量竞争，进而激发创新动机，提升生态效率，推动产业高质量发展。但是，技术创新在发挥中介效应的同时还应该注意“掩蔽效应”。掩蔽效应是中介效应的另一种形式，当中介变量系数和自变量相反时可以发挥掩蔽效应。例如，2010 年末，中国的能源强度下降了 19.1%，基本实现了“十一五”制定的将能源利用率提高 20% 的计划，但是低于政府制定的目标值 20%（Guo et al.，2015）。原因可能在于，不同地区的环境监管执行存在巨大差距，中国东部地区的环境规制比中西部严格，这导致高污染产业向中西部地区转移，结果导致较高的环境规制强度增加污染排放量。另一个原因就是，更为严格的环境规制可能对促进经济绿色发展并不具有更大的指导作用。Zhou 等（2016）指出，引入不能促进技术创新的严格环境规制会大大破坏经济增长。因此，对于政策制定者来说，在制定环境规制政策时要把脉区域协调发展，将区域差异纳入环境规制的具体执行中进行考虑，将环境规制如何驱动技术创新作为一项重要课题进行研究，以充分发挥技术创新的桥梁作用。

5.5　本章小结

为加快推进生态文明建设，深入探讨环境规制对产业绿色转型的作用机制以及不同绿色技术创新的具体传导机制，本章结合已有文献和前文的理论研究提出五个研究假设，构建五个回归模型，选取恰当的指标对关键变量进行测度，以我国 2005～2016 年 30 省区市的面板数据为样本，对创新驱动下环境规制对产业绿色转型的影响进行了实证检验。实证结果表明：（1）设计合理的环境规制具有创新补偿效应，但命令控制型和市场激励型环境规制对绿色工艺创新和绿色产品创新的影响效果存在差异；（2）环境规制对企业绩效的直接效应不明显，且短期为负，长期来看具有正效应；（3）绿色技术创新具有完全中介效应，环境规制通过激励企业开展绿色创新活动，提高创新水平，进而对经济绩效和环境绩效产生积极影响；（4）省域生态效率都有了不同程度的上升，而且其主要动力来自技术进步的贡献，创新是关键驱动力，环境规制下创新驱动的产业生态效率提升具有明显的区域差异。因此，要实现产业的绿色转型和高质量可持续发展，应从政府环境规制政策的设计和实施、企业环境管理战略的制定和技术创新策略的调整等方面着手，积极转变经济发展方式。

第6章

环境规制下创新驱动产业绿色转型的路径探讨

资源的高强度消耗和日趋严重的环境污染，迫使传统的经济发展模式亟待转变，实现创新驱动的产业绿色高质量发展在世界范围内达成共识。21世纪初期，绿色增长模式应运而生，在明确经济增长和发展的同时，保证持续供给人类赖以生存的资源和环境服务。绿色转型满足了经济增长方式转变的目标和要求，是实现经济与环境“双赢”的有效路径。当前，越来越多的国家和国际组织将生态发展付诸实践，全球绿色新政（Global Green New Deal）在全世界兴起。很多国际组织成功发起绿色增长的声明和倡议。韩国率先制定了《绿色增长基本法》，促进国家绿色增长战略，将绿色增长战略作为国家的首要问题（Mathews，2012）。英国也宣布了《加强绿色经济转型》（HM Government，2011）和《能源法案2013》（The Stationery Office，2013）等国家政策。德国提出实施绿色增长优先发展“生态现代化”（Jänicke，2012）。2010年，日本提出的《新增长战略》强调实现“低碳社会”（Jones and Yoo，2011）。此外，丹麦（Jamet，2012）、澳大利亚（Climate Works Australia，2010）、加拿大（Webb and Esakin，2011）和其他发达国家也制定了绿色增长的发展目标、策略和政策。

中国作为发展中国家的典型代表，实施了一系列旨在实施绿色发展的国家策略，如生态工业园、循环经济试点、低碳城市试点、资源节约型和环境友好型社会。2012年，党的十八大报告强调中国未来发展之路要践行循环发展、低碳发展和绿色发展。并通过制订环境规制政策积极引导开展绿色增长规划战略，促进先进技术的开发应用等。党的十九大报告指出，实现经济与生态效率协调提升是实现经济高质量发展的重要任务。然而，中国的绿色增长战略能否顺利实施，是亟待解决的发展难题。因此，探讨如何解决当前经济增长与环境污染之间久拖未解的发展矛盾，研究影响产业绿色转型的因素就成为研究热点。

产业绿色转型应协调经济绩效与环境绩效的均衡发展，向可持续发展目标迈进，突破传统产业模式、转型为绿色发展模式是促进可持续发展的必要条件，是经济新常态下建设美丽中国的迫切需要。在加快生态文明建设的今天，要以科学发展观为指引，努力开创经济发展的新局面，积极开展生态保护和修复补偿，推动资源高效集约利用，实现产业绿色高质量发展。产业结构的优化调整和转型升级的本质是创新，既需要创新制度，以完备的法律规章、细化的规范标准，充分发挥制度的约束和引导作用；也需要创新技术，通过变革企业组织方式等，提高创新水平，促进创新理论和产业发展实践的充分结合。促进“绿色转型效应”充分实现其价值，使绿色发展落到实处，需要在以下方面进行推进。

6.1　完善环境规制政策体系

经济发展导致生态环境问题日益凸显，由于市场“失灵”的存在，产业绿色转型发展过程中的利益冲突难以依靠单一的市场机制解决，政府政策干预能够弥补市场机制的缺陷。政府宏观调控应当与市场机制的目标相统一，处理好市场机制与宏观调控的关系，建立市场化资源配置与有效宏观调控相结合的均衡发展机制是市场经济健康发展的必要条件，有助于促进经济持续增长和生态环境保护协调发展。因此，既要大力发挥市场机制的调节作用，完善反映市场供求、资源稀缺程度、环境损害成本的生产要素和资源价格形成机制，协调资源供求关系实现动态均衡；也要完善环境规制法律体系和实施细则，建立完备的监管机制，从源头上预防和治理环境问题，倒逼企业重视绿色发展理念和绿色创新，内部化环境规制成本，提升绿色全要素生产率，推动产业绿色转型发展。

6.1.1 协调优化各类环境规制政策

环境规制的出发点是通过维护市场机制实现经济的良好运行。建立健全各种引导性、规范性和约束性政策工具，是解决市场“失灵”问题，鼓励、激发和保障企业绿色技术创新活动开展，推动产业绿色高质量发展的要求。未来很长的一段时间内，应该配套实施不同的环境规制政策和强度水平，优化环境规制组合，灵活使用环境规制工具。首先，继续完善命令控制型环境规制政策体系。注重环境立法、重视环境执法、强化环境监督。其次，积极向柔性的市场化环境规制手段转变。贯彻落实《中华人民共和国环境保护税法》等政策，完善政府绿色发展绩效考核体系，确保环境税、排污权交易、碳交易、绿色消费、绿色补贴等市场化政策的有效实施，更好地驱动企业绿色技术创新，提升生态效率。再次，进一步丰富环境信息公开等自愿型环境规制，鼓励企业、非政府组织、社会公众主导的环境规制行为。协调优化各类环境规制政策迫切需要提高环境管理意识、提高技术管理手段、完善公众参与机制、健全市场平台建设，选择典型区域积极进行排污税（环境税）、排污权交易、碳交易的试点探索，以建立完善的征收或者交易机制，有条件的地区先行先试，吸收试点地区的成功经验之后在全国范围进行推广，充分发挥政策对市场主体的引导和激励作用。建立约束型和激励型机制相结合的多元化的环境规制政策体系是解决环境污染和经济增长矛盾的重要途径。

6.1.2 因地制宜地制定差异化环境规制政策

环境规制政策的作用效果受到多种因素的综合影响，制定出与本国制度情景相适应的规制工具是实现环境规制目标的重要因素之一。我国环境规制政策要与经济增长相匹配，破除制约协同发展的行政壁垒和机制障碍，根据经济发展水平制订促进协同发展和高质量发展的最优规制政策。虽然环境规制政策法规具有统一的规范性，我国的实际情况是各地区发展特征显著、资源禀赋差异明显，“一刀切”的环境规制治理原则在我国不能适用。各地区要根据经济发展水平、市场化程度等，考虑政策的实施条件，因地制宜地建立健全环境规制政策体系，明确环境规制标准及条文规范，以充分发挥环境规制的外在制度约束和激励作用，加强区域间环境规制的协调推进。环境污染严重的地区应加强对污染废弃物排放标准的制定和严格执行；污染相对较轻的地区应选择相对灵活度较大的市场激励型环境规制规范企业行为，引导企业走绿色转型之路。对于经济相对发达的东部地区，市场化程度较高，随着生态文明建设和可持续发展意识深入人心，产业结构在逐步调整，具体表现为污染密集型行业得到转型，绿色产业逐渐占据主导地位，政府可适当放松对东部地区的行政命令型环境规制强度，避免企业由于受到严厉规制手段的约束而超负荷运转，同时要强化政府监管和公众监督，通过综合治理以防止机会主义发生；与东部地区相比，中西部地区经济社会发展相对落后，这既有宏观经济政策和经济结构本身的影响，也有自然条件的影响，因此经济发展为第一要务，生态环境保护意识不强，环境规制的弹性系数相对较小。为了在促进经济发展的同时，避免走“先污染后治理”的老路，实现“又快又好”目标，更宜采取稳步加强的环境规制政策进行约束，而且行政命令型环境规制依然发挥较大作用。各个地区间的政策也需要统筹兼顾，以保证各个地区的协调发展，否则由于环境标准和政策执行力度的不一致，有可能导致不同区域间的“污染转移”，高污染行业从发达地区向不发达地区转移。此外，环境规制具有滞后效应，在制订和实施各项政策的同时应兼顾稳定性和灵活性。

6.1.3　确定恰当的环境规制强度

波特假说认为恰当的环境规制水平可以产生创新补偿效应，提升产业的竞争优势。政府应动态调整环境规制强度水平，以充分发挥对绿色技术的激励作用，推动产业绿色转型。通过理论分析和实证检验发现，环境规制目标的实现需要将环境规制强度与特定的条件匹配，以创造促进绿色技术创新与扩散的条件，推动双型社会的构建，否则不利于企业开展绿色技术创新活动和提升综合绩效。例如，对于高污染行业应该适当提高环境规制强度水平。目前，我国的环境规制强度尚未与经济发展水平、市场化程度、行业特征和技术创新类型等充分结合，依然存在“一刀切”的现象。低强度的环境规制难以刺激污染型企业进行技术创新，对于过低的规制强度应适当提高，以“利当前”并“惠长远”，突破抑制企业技术创新的“阈值”，充分发挥环境规制的技术创新效应、结构调整效应和竞争效应。虽然高强度环境规制通过增加污染排放的边际成本约束了企业的污染排放行为，但切忌盲目提高规制水平，高强度环境规制带来高规制成本，若突破企业的承载能力则会对经济增长产生负面影响。合理的环境规制能对持消极环保态度甚至不遵守相应法规的污染企业施加必要的经济制裁，产生短期损失；与此同时，激励积极开展环境管理的企业进行绿色创新，环保先行的企业能够获得相应的成本优势和差异化优势，通过“创新补偿”效应提升长期收益。从长期来看，应注重外延式环境规制对内涵式经济增长的作用，适度提高环境规制水平，吸引更多企业采取积极的自愿环境管理战略，加大创新投入，依靠技术进步提高生产率，推进产业绿色转型高质量发展。

6.2 提升技术创新主体能力

技术创新体系是以政府为技术创新主导，以企业为技术创新核心，以高校和科研机构为人才与知识支撑，以中介服务机构为纽带构成的创新网络系统，各技术创新主体在自身创新能力提升的同时，通过协同合作助推其他主体创新能力，彼此构成利益共同体，是实现产业绿色转型的主要驱动力量。

6.2.1 提升政府主体的保障能力

政府是推动技术创新的主导力量，在技术创新能力提升初期，政府是推进技术创新的决定性主体，随着技术创新体系的不断完善，政府的参与形式发生变化，通过稳定市场机制，引导和鼓励企业成为技术创新的核心主体。

政府在技术创新中的行为主要表现为：制订促进技术创新能力提升的导向制度，整合科技资源解决技术创新体系形成中的问题，为技术创新体系中的各参与主体明确技术创新方向；进行自身政策体系创新，转变经济发展过程中对传统产业发展方式的依赖，实现产业发展方式的创新；提升政府的公共服务能力，将高新技术和前沿技术引入的规划和组织，激励战略性核心技术的研发，推动企业技术创新能力的提升。

政府主体的技术支持效率提升模式主要包括：技术投入导向模式、知识产权保障模式、产学研合作协调模式。

（1）技术投入导向模式。

政府发起的技术投入是创新主体进行创新行为的重要激励手段，技术创新能力的提升是一项系统工程，需要政府提供友好的资金渠道和融资环境。产业的绿色转型要通过相应的制度来保障顺利进行，政府可以采用资金扶持、税收优惠和金融扶持的方式，并鼓励各类投资行为，引导创建完善的投资网络，通过技术资金投入的多元化，规避投资风险，提升政府的技术支持效率。

政府的资金扶持政策方面，通过财政支持对技术创新主体的创新行为进行引导和资助。加大对新兴产业、高新技术产业，以及传统大中型支柱产业的资金投入，支持基础研究和应用研究，增加重大科技项目的投入，支持重点实验平台和工程中心平台的建设，同时注重对中小型科技类企业的资金激励，引导社会资金进入和企业资金的科技利用，形成技术创新资金的多元化，政府还可以采用政府采购等方式，优先采购具有核心技术的科技创新成果，刺激企业技术创新活力。政府的税收优惠政策方面，制订税收优惠政策，降低企业技术研发成本，激励企业技术创新行为。对于传统支柱企业，可对研发设备和仪器进行加速折旧，在应纳税中以当年发生的科研费用进行高比例抵扣等方式，对于高新技术企业和新兴企业可进行期初免征所得税、建立技术研发准备金和科技成果转化降低税收等方式，激励企业主体的创新行为，引导企业从技术引用向技术自主的转变。政府的金融扶持政策方面，进行有效的金融体制改革，为技术创新活动提供良好的融资环境，助推金融资本向技术创新的流入。政策性金融机构积极向传统产业的重点科技专项，以及高新技术产业发展专项等提供贷款和融资支持，政府通过担保或贴息等行为鼓励商业银行对科技类项目发放贷款和降息，鼓励各类金融机构进行产权质押的业务试点，激励中小企业的创新活动。通过促进征信体系的完善，推动银行与企业间建立稳定的合作关系，采用放宽市场准入等方式吸引社会资金参与到企业技术创新中，构建多元化的融资渠道。

（2）知识产权保障模式。

知识产权保护制度是维护技术创新体系中各参与主体权益，实现有序公平竞争的长效机制，是维护技术创新所有权利益，激励创新活动的法律保障。技术创新活动成本高、风险大，而模仿成本极低，应制订有利的知识产权保护制度，设置模仿壁垒，保障创新者的积极性。

知识产权保护制度的实施，首先，构建健全的法律体系，明确行使权力的责任主体和监督主体，保障法规的有效执行；其次，努力营造良好的知识产权保护环境，严厉惩治侵害产权行为，杜绝违法行为的发生，提高社会对知识产权保护的责任意识，也要防止法律的过度解读和滥用，避免对技术创新活动和技术成果的推广产生抑制作用；最后，提供完善的知识产权保护服务体系，鼓励专利的申请，完善知识产权的交易规则，鼓励技术创新成果的转化，加快知识产权信息化平台的建设，提高对中小型企业知识产权的服务能力。知识产权保护制度是对技术创新活动的必要保障，作用于技术创新活动的整个生命周期，要通过相关制度的制订保障企业成为技术创新研发、应用和扩散的主体。

（3）产学研合作协调模式。

城市内传统产业的长期垄断发展，易对其他产业的人力资本和创新活动产生“挤出”效应，导致产业转型发展的动力不足，此时政府的引导和协调对创新行为具有重要作用。产学研合作协调模式是为实现企业、高校和科研机构的协同合作，由政府进行引导和组织的协调方式。

当陷入产业转型发展困境期时，企业还未真正成为技术创新主体，技术创新体系中各参与主体均处于活力不足的状态，此时为摆脱发展现状，政府可通过一系列支持政策提升主体参与意愿。产学研合作是最有效的创新合作形式，通过政府牵头，采用财政支持、金融筹款和招商引资等方式，为产学研稳定合作提供创新研发资金，实现科研项目的稳步推进，为产业绿色转型提供创新支持。政府主导的产学研合作模式，以满足区域发展的社会需求和经济需求为目的，通过拓宽融资渠道提供项目资金，并制订执行和监督制度对合作的参与主体和合作的主要方式进行规范，鼓励产学研各主体间的资源要素重新组合，在产学研合作过程中对技术信息和知识信息提供必要的咨询服务，辅助解决科技发展中的主要问题。政府协调的产学研合作过程中，高校和科研机构积极整合自身科研优势，企业积极参与实现成果转化，政府进行合作的协调和结果评估，通过政府的力量可以提高产学研合作关注度，营造良好的科技合作氛围。由于政府具有较强公信力且掌握更多的社会资源，在提供政策支持的同时，能高效推进产学研合作进程。

6.2.2　提升企业主体的创新能力

企业是技术创新体系的核心主体，是创新活动的直接参与者和受益者，对利益的追求迫使企业参与创新活动，创新成果的收益作用于企业后助推新的创新需求，企业的技术创新活动贯穿于从技术研发到技术应用的全过程。

企业主体的研发能力，是指企业通过合理利用和调配内部及环境资源，将创新资源要素转化为创新成果，并进行市场推广的综合能力。产业主要可区分为传统支柱产业和新兴主导产业，企业的技术创新能力提升路径可以从传统支柱产业着手，优化优势产业的同时拉动其他产业创新能力的整体提升，并合理规划新兴主导产业的培育和创新活动，企业是产业的基本单元，是产业创新转型的基础，企业研发能力的提升，要实现产业内企业间与企业内技术创新的内部协同，以及不同产业的企业间技术创新的协同共生。

（1）产业内企业全面协同模式。

企业技术创新活动需要企业内部资源要素的全面协同，否则将无法达到预期。企业内涉及多个参与主体，包括决策主体、研发主体和生产主体等，因各自利益需求，会出现矛盾和冲突，需要从整体效益最大化角度出发，避免因要素间整合矛盾引发的技术创新效率低下。部分学者研究发现，技术创新要素虽然是创新的核心要素，但若忽略与其他非技术要素，如战略、文化和市场等与之相互协同关系，会存在技术创新效率不佳的情况，因此技术创新效率的提升要实现企业内创新要素间的全面协同。

企业资源要素全面协同模式主要适用于具备一定技术创新基础的大中型企业，其中以传统支柱型企业居多，创新活动强调全员参与，创新过程主要表现为：首先，对技术创新活动达成统一的目标，建立内部间的沟通渠道，及时进行技术创新项目的部署和交流；其次，进行跨部门团队合作，将优势资源充分整合，进行高效分工协作，在整合的基础上形成整体最优，实现协同效应，提升技术创新绩效。企业内的全面协同也促进人力资本的积累，提升创新活力和企业发展格局，延伸企业优势，提高竞争实力，进而诱发更多的技术创新活动，同时，企业技术创新能力的不断提升也加强企业的关联性，对其他中小型企业的技术创新发展有一定的带动作用。

（2）企业间协同共生模式。

传统支柱行业企业和新兴高技术企业都是产业技术创新发展的核心主体，两者间的协同共生是产业技术创新能力提升的重要保证。企业间协同共生模式，是传统支柱行业企业内部创新的拓展和深化，新兴高新技术企业创新的培育和发展，以及各企业间的协同和渗透。

传统支柱行业企业通常具有发展惯性依赖，创新要素的引入是实现企业从资源驱动向创新驱动转变的主要途径，通过创新能力的培养，可有效增加产品附加值，强化和延伸企业资源优势，实现可持续发展，并通过与其他主体间的互动，带动知识成果的转化，加快人力资本的积累、创新投入的增加和创新平台的搭建，进而不断强化企业的资源优势。新兴高新技术企业是创新活动的活跃主体，由于没有传统支柱产业的资金积累优势，企业的发展主要依赖于产品或服务的市场竞争实力，对创新活动的意愿较强，愿意寻求与其他创新活动主体间的协同合作，积极吸纳其他企业的外溢成果，提升自身技术创新能力，同时，此类企业具有较强的协同关联能力以及创新带动能力，能有效推动产业的技术更替和创新发展，并衍生和壮大新的替代主导产业。不同类型企业间的协同共生，可通过企业融合和多元化来实现，企业关联度不高的企业间，可进行一些共性技术和发展问题的融合助推新业态的产生，形成新的产业链，实现传统产业体系的创新，大中型企业可以通过产业多元化，寻求新的需求增长点，与其他企业进行技术合作和渗透，提高创新积极性，提升创新能力，实现转型升级。新兴高新技术企业也可以主动向传统支柱产业渗透，通过创新协同，寻求新的利益增长点。企业间的协同共生是实现产业转型发展的战略要求，是全面提升企业创新能力的重要途径。

（3）企业主导的产学研合作模式。

企业是技术创新活动的核心主体，在产业发展的技术创新体系中要明确企业的核心位置，产学研合作过程中的企业主导是合作的主要形式。企业主导的产学研合作模式，是以产业转型和创新能力提升为目的，以市场需求为引导，企业为主、高校和科研机构为辅，通过政府的制度保障，进行各主体分工合作，共同完成技术创新活动的组合方式。

企业对市场需求的适应程度决定了企业的收益和发展，随着竞争的愈发激烈，对创新需求也不断增强，但依靠自身的创新活动存在一定的局限，依托政府的政策导向，与高校和科研机构合作是企业的主要选择之一，企业通常采取联合或委托的方式选择合作对象参与技术创新活动，企业投入适当的研发资金，共享技术创新成果，转化为符合市场需求的产品，企业的优势表现在对市场的高度把握，使技术创新成果更具备市场价值，避免研发成果与市场需求的脱节。企业主导的产学研合作模式既适用于具有一定财富积累的大中型企业，也适用于创新活动活跃的新兴高新技术企业，企业在确定创新项目的研发计划后，积极进行项目的组织、协调和监督，发挥自身主体作用，同时也是创新项目风险的主要承担方，负责对项目的质量进行评估，同时政府和中介机构提供辅助，保障产学研合作的顺利推进，有利于形成产学研合作的良性循环，提高企业的技术创新效率，强化企业在合作过程中的主体地位。

6.2.3　提升高校和科研机构主体的培养能力

高校和科研机构作为拥有高等教育资源和前沿技术设备的创新主体，主要的社会属性是培养高知识储备和高技术能力的人才，从事科学问题研究和创新技术研发，参与技术成果转化，并持续进行教育和研究活动。在技术创新体系中，高校和科研机构的作用是配合政府和企业开展创新活动，参与创新研究，进而提升自身的教育教学水平和科技研究水平，共建产学研合作机制，培养能力的提升主要包括创新型人才培养模式、创新型团队培养模式，以及基于产学研合作的创新能力培养模式。

（1）创新型人才培养模式。

传统支柱型产业的企业发展积淀较深，但更易出现发展束缚，企业创新能力的提升可通过校企协同培养等方式，提升人力资本质量，同时也推进高校人才培养模式改革，新兴高新技术企业对人才质量要求高，需求变更速度快，也加快了高校创新型人才培养方式的演进。

创新型人才培养模式强调学生的主体地位，以需求为导向，完善创新协同的教育体系，实现多元化的人才培养模式。部分行业特色高校的人才培养针对性强，更易发挥人才培养优势，面向特色行业培养创新人才。此类高校要坚持学科特色，并结合市场需求突破原有学科设置，及时调整课程体系，主动适应社会需求的变化和经济发展目标，提升特色型人才培养能力，培养满足特定行业需求的创新型特色人才。其他类型高校也要紧随社会的快速发展，依据人才需求转变，准确定位培养目标，及时调整培养方案。高校的人才培养过程是不断调整、持续提升培养质量的动态过程。

（2）创新型团队培养模式。

创新型团队培养是高校和科研机构进行自身科研水平提升的主要途径，是提升科研成果产出，激发科研人员热情的主要方式。一方面，学术带头人是创新团队的核心，采用自身培养和公开招聘相结合的方式，培养学术领军人物，建成和带动创新能力强且具有学科优势的专业团队，建立健全科学的创新考核机制、学术带头人能力评估机制和奖励机制，提高团队的构建积极性；另一方面，完善团队组建机制和内部管理机制，实现跨专业跨学科的团队构建，满足团队内知识互补和优势互补，促进团队内知识融合和共享，可探索市场化的团队管理模式，不断更新团队建设机制，提升团队的科研创新能力。此外，团队也要积极探寻与企业以及其他团队之间的合作交流，及时更新研究前沿和市场需求，保持团队的创新能力。创新型团队的培养可有效提升高质量人才的合作创新，为高校和科研机构的发展提供强大的人力支持。

（3）基于产学研合作的创新能力培养模式。

高校和科研机构是产学研合作的主要参与主体和利益主体，基于产学研合作的高校和科研机构创新能力培养行为包括：引领创新和以企业需求为目标的供需合作。其一，引领创新为目标的供需合作方式。这种方式中高校和科研机构是创新的引领者，既通过创新研发成果为企业和经济发展提供技术支撑，又优化了人才培养过程，并将创新思维渗透到企业，辅助企业进行文化创建和科技积累。综合实力较强的高校和科研机构以科研为导向，进行相应的基础研究以及应用研究，并寻求企业投资，以高水平科研成果助推产学研合作，将已完成的成果以知识和技术转让的方式通过交易移交给企业，由企业完成成果的市场化和产业化，并将问题反馈给提供方进行过程支持，反馈的过程也是高校和科研机构完善成果提升创新能力的过程。其二，服务经济发展和市场需求为目标的供需合作方式。这种方式以政府和企业的科研资金投入为主，可降低研发风险，并让创新活动更具针对性和社会适用性，也是高校和科研机构提升创新能力的主要模式。依据具体需求，进行定制型成果研发，可以使成果快速转化并获取收益，市场适用性更强，同时也高效吸收了企业的先进成果，加快自身创新能力的培养和提升。

6.2.4　提升中介机构主体的服务能力

技术创新体系中中介机构的参与形式主要是提供以知识和技术为基础的服务，并通过资本市场、技术市场以及人才市场来实现，表现为各创新主体通过中介机构对新技术、研发资金、高质量人才的获取。中介机构可提供主体间进行沟通的平台，加速创新要素在主体间的流通，其服务能力的提升包括政府主导的中介服务模式和中介机构服务创新模式。

（1）政府主导的中介服务模式。

发挥政府在中介机构建设过程中的导向作用，基于制定的相应法规和运行规范，培养具备较高专业性的中介服务组织，形成满足经济社会发展需求和技术创新体系构建、能高效运行并能协同合作的技术创新中介服务体系，为激发中介机构的服务热情，提升服务能力，要进行相应的制度倾斜，并向各创新主体宣传中介机构的技术创新服务优势，认可中介机构在技术创新成果转化过程中的重要作用，引导社会资金向中介机构的投入，通过政府的政策引导，完善其创新服务功能，推进其规模化和专业化发展，提高服务效率，实现对中介机构技术创新服务能力的培养。

（2）中介机构服务创新模式。

技术创新体系中的中介服务机构主要服务于各创新主体的技术创新活动，在满足服务主体需求的同时也要不断提升自身的服务能力。要强化企业孵化器、信息服务中心和各类技术培训机构等服务技术创新活动的中介机构的建设，实现组织的网络化、功能的综合化和服务的社会化等服务目标，要积极完善资本市场、技术市场和人才市场的良好氛围，为创新主体间的知识与技术交流、合作以及转化提供适宜的沟通渠道和服务平台，促进技术创新要素在各主体间的流通、整合和扩散，要提升技术成果的评价功能，对技术成果进行客观和公正的评价，提升中介服务的社会公信度，中介机构服务创新的不断提升，将为创新活动提供良好的交流环境，是技术创新体系的重要组成部分。

6.3 健全创新驱动的运行机制

坚持科技创新和体制机制创新“双轮驱动”，以环境规制改革激发企业技术创新，绿色技术创新是产业绿色转型发展的根本支撑。创新运行机制构建包括构造创新动力机制、市场调节机制、创新供给机制和协同管理机制等。为充分发挥创新在产业绿色转型发展过程中的驱动作用，应该完善创新的驱动力协同机制，建立以市场为导向的创新体系，并确保创新体系高效健康运转。

6.3.1 搭建创新动力机制

在产业绿色转型过程中，重新塑造产业创新环境，构建创新动力机制，明确创新的动力来源和作用方式，鼓励企业增加研发投入，着力加强科技人才队伍建设，畅通技术溢出路径，推动创新实现优质、高效运行。创新动力机制主要涉及技术推动、市场拉动和制度驱动。获得技术独占性优势是企业绿色技术创新的重要考量因素，企业绿色技术创新意愿是影响绿色创新效果的重要决定因素。市场机制可以减少技术创新的不确定性，有效激励新能源企业创新，发展以能源为基础的相关产业，通过竞争压力来引致创新，加大现代技术攻关。制度创新是建立创新机制的前提条件，政府通过制订相关规章制度直接或间接地激发创新意识，并提供研发补贴和支持，推动企业实施技术创新战略、开展研发活动、加快科研成果商业化运作、完善技术创新信息的传播途径、促使技术扩散和健康发展，以增强企业创新效益。通过激发技术创新活力，提升企业生产工艺水平，加快技术改造，引领产业清洁化和集约化的高质量发展。

此外，由于创新是个复杂的系统工程，合理引导外资流向和科技人才流动，有助于发挥先进技术的溢出效应。结合扩展的“三螺旋”理论，提高政府、高校、科研机构与产业间的关联度，有助于创新系统的高效运转，以专业技术链支撑创新链和产业链，通过延伸产业链提高产品附加值，推动产业结构调整优化，实现由传统产业转向绿色新型产业转型。

6.3.2　完善市场调节机制

构建市场导向的激励机制，为创新主体的合作提供交流选择平台，激励更多的企业进入创新行列，凭借公平竞争逐步提升创新水平。市场工具选择、创新资源要素配置等方面在创新过程中起到根本性作用，因此需要积极完善市场调节机制，引导企业技术创新以问题为导向，依据市场需求制订创新规划，寻求创新资源。在良好的市场氛围下，为了增强竞争能力，提高创新效率，创新主体会积极寻求合作伙伴，形成“产学研”协同创新机制。伴随着创新网络和创新环境的相互调节，以公平竞争方式最终实现创新资源的有效配置，实现规模协同效益。

同时，需要完善市场交易机制，通过建立高效的交易平台，向市场提供创新产品和创新服务，实现创新成果转化以提高创新效益。通过市场机制的运行接受检验，直到再进入下一个创新循环阶段。以价格形式对创新主体进行激励和补偿，规范市场的驱动引导作用，推进绿色技术创新走向高端平台和多层次领域。

此外，需要形成市场有效的准入机制。打造清洁生产技术、末端治理技术，严格遵守环境规制标准。通过建立高效监管的机制，规范绿色技术创新秩序，营造有利于开展绿色创新和成果转化的市场环境。

6.3.3　建立创新供给机制

创新系统的运行离不开资源的供给，资源是绿色创新活动有序推进的必要条件，包括人力资本、资金资本和技术资本。在绿色技术创新过程中，人力资本是基本资源要素，其来源主要为高校和各类科研机构，通过人才培养和团队培养，为技术创新提供丰富的人力资源；资金资本需要构建具有创新性的融资模式，通过政策性支持，向绿色技术创新活动进行资金倾斜，激励大中型创新企业以重点项目为依托开展创新研究，设立科技型中小企业银行，保障中小企业贷款的发放，同时健全企业的诚信档案，拓宽技术创新项目的融资渠道，与金融机构和社会资本合作，引入战略性投资伙伴，助推资金资源的供给；技术资本是创新保持活力的核心，技术上的优势是企业保持核心竞争力的必要条件，绿色技术创新系统中技术资本的供给源于企业自身的技术积累、高校和科研机构的技术支持以及科技类中介机构提供的技术服务，要大力培养企业的自主创新能力以及与其他创新主体间的技术合作，保障技术资源的提供。

除以上创新供给资源外，社会资本的有效利用也可视为促进创新行为的供给资源，产业绿色转型发展处于社会关系网络中，可从中获取外部信息资源，这些资源可以源于竞争对手、产业链上下游伙伴以及其他机构等，获取的信息、知识和组织等都可成为创新活动的有利资源。

6.3.4 健全协同管理机制

产业绿色创新系统可以被看作协同共生网络，共生演化理论目前被广泛应用于协同创新的研究，创新系统中各主体是一种共生演化关系。在产业创新驱动发展过程中，各创新要素和创新主体在围绕绿色技术研发、市场化以及产业化的过程中，通过相互协同互动，使网络结构不断优化，能力不断提升，进而推动产业创新体系向更高水平演进。

共生演化是实现创新网络主体间信息、思想和理念等要素的有效共享，若创新网络构建无效，各主体间相对独立，则无法共享创新资源，无法调整创新方向，不能进行创新成果的快速转化，都会影响创新系统的长效发展，健全协同管理机制是构建高效创新网络的有效途径。政策制度层面要重视社会技术体制的演化规律，在产业规划和经济发展政策制订时，考虑社会技术体制结构对技术创新体系的影响，并保持政策的延续性，协同创新网络涉及多要素、多层次的协同运行，实施协同管理需要引入政策制定者、产业联盟、企业、高校和科研机构以及中介机构等多元化治理主体，对创新活动的组织、创新活动的开展和创新收益的分配等事项进行沟通、协调和管理，实现创新活动的协同管理。

6.4　推动产业绿色高质量发展

从高速发展转变为高质量发展，产业转型升级是核心和关键。围绕“量的合理增长”和“质的稳步提升”，应该积极探索产业高质量发展的转型路径。产业绿色转型要以技术创新为驱动，明确战略发展目标，构建完备的发展体系，发挥政府机构、企业单位、高校及科研院所等多个主体的协同作用，以企业为主体积极推进整个产业生态系统的升级。

6.4.1　变革产业形态

生态和谐与经济社会发展的统一需要转变不合理的经济发展方式来实现。发展方式的转变需要依托产业形态的根本变革。随着全球产业的智能化创新日渐凸显，针对当前中国生态文明建设问题，企业要借助于高新技术和先进的科研力量，跳出原有的优势，催生新的产业模式，创新产业形态，认清中国绿色智造的科学性，提高资源利用率和生产效率，推进相关产业的优化配置和结构升级，实现高质量发展。扩大仓储、集中生产、缩减环节、简化工艺等途径，推进资源型产业从开采至运营流程的优化再造，推进资源型企业进入生产现代化时代的步伐。全力加快落实资源生产自动化生产技术并促进实现高效集约化的生产条件，提高装备制造整机生产水平；推广职业安全管理体系（OSHAS18000）和质量监督管理系统（ISO9000）等安全生产标准监管机制；推进高效工艺技术、废气污染物循环利用技术等，大力推进循环发展策略；通过管理创新助力产业形态创新，积极完善企业信息管理建设，注意兼顾信息输送的速率和质量，为企业决策提供准确信息和参考依据；促进电子商务行业的大力发展，为营销、交通运输和服务质量的变革创造条件，削减采购成本和销售费用，从成本型向资源效益成熟型发展。

6.4.2 优化产业链

位于产业链上游的传统资源型产业由于产出多为原始产品，附加值相对较低，因此一直以来形成价值由产业链向下游转移的惯性。处于可持续发展的时代，创新才是硬道理，应延长产业链条，拓宽产业面，培育新的经济增长点，推进循环经济发展，打造绿色产业链。在纵向产业链上做精做深，延长产业链应立足于纵向，促进内涵式产业链延展；拓宽横向产业面，以横向为切入点，扩展产业链发展途径，解决产业面窄的问题，从而实现外延式的产业链拓展。

（1）内涵式的产业链延伸。

界定内涵式产业链延伸的含义，应深入挖掘产业链中的增值环节，即实现价值链的升级。资源型企业凭借革新技术推进生产流程优化，提升原始产品的生产技术质量水平，增加产品附加值，加深资源型企业的纵向产业链，有利于资源型企业的效益增值。当下，国内资源型产业链的延伸升级集中体现在资源的转化中。以煤炭行业为例，经测算，原煤通过洗选步骤后价值增长 1.73 倍；通过洗选、焦化流程后价值增加 4.21 倍；经过洗选、焦化处理、焦油加工后价值增长 5.21 倍；通过洗选、焦化流程、焦油加工、矸石处理后增值达到 6.5 倍左右。产品利润增值数额分别为 1.3 倍、9.73 倍、10.57 倍和 12 倍多。由此看来，我国资源型企业的发展应该对原有产品深度挖掘进行技术革新，促进深加工，实现升级发展。

（2）外延式的产业链拓展。

界定外延式产业链拓展的含义，主要从产业链和价值链双重优化升级考虑。一方面，联合资源产业的相关产业共同发展，加强与其他产业的关联程度，有助于资源产业与其他产业的相互联系和配合中，扩大生产规模，促进规模效应的发挥；另一方面，资源型企业踏入新的行业和领域，实现转型发展，处于成长期的企业为经济增长和效益提升提供新的增值点，有利于在行业内做大做强，处于生产衰退期的资源型企业恰好有一个新的突破口实现主导产业转型发展，达到稳妥过渡的目的且符合可持续发展战略规划。根据我国的发展实践情况可以看出，拓展外延式产业链多通过资本运作的手段来实现，即传导资源型产业根据战略指导作出兼并、收购、参股、入股等运营活动参与到新产业的发展运作当中。借助资本市场的积累不仅解决了资本欠缺的困窘，而且有利于以低成本的方式实现高效率的扩张，推进我国传统资源型产业的多元化进程。

6.4.3　推动产业集聚

推动产业集聚，有助于高效整合产业资源，比较典型的有生态工业园区建设和城市群建设。

（1）建立生态工业园区。

生态工业园区是指将工业生态学与循环发展理论相糅合，使经济发展依托资源充分利用和环境保护相结合的一种良性循环的工业园区状态，其存在的最重要意义是实现资源的充分合理利用和最低限度的废弃物排放量。截至目前，世界范围内建立最早且最成功的典范是位于丹麦的卡伦堡生态工业区，主要是围绕发电厂、制药厂、炼油厂和石膏制板为主要业务开展生产的企业。该生态工业园区的最大特色是：一家企业排放的废弃物或者副产品完全可以作为另一家企业的原材料参与生产，建立企业间的共生关系，从根本上解决了原材料投入的成本费用，同时节省了处理和解决副产品及废弃物的费用，使生态工业园在最大程度上实现效益的增加。我国产业发展可借鉴国外成功案例的经验，构建生态园区，配套成为互为共生及互为代谢关系的企业群。我国可围绕资源型企业为主体，积极吸引并建设与现有企业能够实现互补或者协同的企业或者项目，尽力贯彻实施企业之间绿色循环经济下废弃物合理有效利用，并依托企业间的配套互补要素将废物排放链转化为可循环的价值链，力求优化配置工业群落，促使资源利用效率提高，最大限度地促进经济平稳运行、生态环境保护和社会文化健康发展的有机统一。具体而言，在生态园区内部形成一条协调规划、均衡发展的产业链。例如，煤、电、化工产业链，煤、电、养殖、种植产业链，煤矸石、建筑原始材料的产业链等，促进产业间的原料、废料充分实现其价值，促进其回收利用，寓环保于生产中，提升整体环境容量。

值得关注的是，生态工业园区的关键因素是需要依托先进的技术为保障。因此，应以循环经济理论为基础，结合工业园区的具体状况和自身特点，调动强大的研发力量，进行科研攻关，攻克资源高效回收技术、生态无害化技术、稳定性能机制技术、循环闭路技术等。同时提倡生态工业科技革新，逐渐实现生态技术整体水平的提升，以强有力的技术改革背景为支撑建设生态工业园区。

（2）加强资源基础型城市群规划和建设。

以资源基础型城市群的地位为支撑，根据城市群内部产业间的比较优势，高效率地优化配置产业资源，从而促进经济效益的提升，增强产业竞争力。维系资源基础型城市间的相互联结点，主要包括产业链和产业集群，即城市之间依托相互联结的产业链，促进相关配套企业的联动发展，产业在原有优势的基础上支配上下游产业间的经济和技术方面的联动效能，提高产品的附加值，增加经济效益；同处于一个集群中的产业，凭借集聚效应，细化专业分工协作，削减集群内产业成本，最大化外部经济效益，集群内的合作和竞争关系有利于催生新产业的分支，集群的整体形势相对一般经济主体更具市场竞争力。如辽中城市群，以沈阳为城市群的核心，辐射鞍山、本溪和抚顺三座资源型城市，城市群中凭借装备制造业的优势，三座资源型城市均受其影响，选择装备制造业的副业为主营产业，结合相关的分工体系，提升整体的城市内产业优势，以此实现产业的创新发展。

6.4.4 打造产业创新系统

产业绿色高质量发展是一个复杂的、隐含规律的演化过程，产业创新系统是推动产业转型升级和绿色高质量发展的加速器。产业创新生态系统中各群体共同参与，构成一个竞合的动态生态系统，各群体的策略演化推动产业可持续发展。站在“十四五”规划的历史节点，产业创新生态系统中各创新主体如何进行融通创新，建立以企业为主体、政府为主导、产学研深度融合的产业创新生态系统具有重大意义。

（1）强化企业的主体地位。

从根本上来看，企业在行业中的竞争力由其技术创新能力决定。企业是技术创新的主体，释放企业的主力作用有助于推动科技创新。企业在制订发展战略时应将科技创新摆在发展全局的核心位置。激发企业创新积极性，引导企业加大创新投入，构建能动性的新型创新模式，有助于加强企业技术创新能力建设，加快技术创新人才的培养，有效提升企业技术创新的能力。企业同时是创新的利益主体和风险的承担者。外部环境的不确定性、技术本身的复杂性等都有可能会带来创新失败的可能性。因此，企业应强化风险意识，建立监控机制，促进形成与市场竞争要求相符、与企业进一步发展所需的配套机制，从人力优势、资源优势等方面保障技术创新活动。大型企业通常情况下会设立科研中心，攻关重大项目，促进企业核心竞争力的提升。同时在国家层面上需要设立研发中心，强化技术辐射作用。抓住机会，借助国家的科技创新扶持政策，强化企业创新主体地位，厚植创新发展新优势，才能有效推动科技创新，实现高质量发展。

（2）建立产学研联结机制。

在高等院校和研究所的高水平人才、技术优势的支持下，针对企业的需求，配套成立产学研网络战略联盟。以开发关键科研技术为目标，联合研究与开发，实现产、学、研在创新产业各个环节中的协调发展作用，促进产业资源共享及各类资源整合。建立一个具有专业素养的科研人员参与研究、以企业为主体的专业的、规范的、高效的创新联盟组织。科研机构可制订相应的激励机制，鼓励研究高新科技、开发高质量的产品/服务，缩短科研成果转化为生产力的周期。同时，通过政府机构因势利导，推进科研机构驻入企业，促使联合体的成立。研究所属于具有科研优势的研发中心，是具有双重功效的单位。企业通过产学研之间的网络联系，实现资源的优化配置，充分运用研究所具备的专业素养和设备优势，增强合作主体间的信任和无障碍沟通，有助于大大提高技术创新能力。

（3）明确政府的主导地位。

在中国的产业创新体系中，以政府主导的创新系统，与以企业主导的创新系统，可以形成互补效应。政府可以通过出台相关政策引导和激励企业提升绿色创新能力，增强科技进步对经济增长的贡献度，推动产业绿色转型高质量发展。首先，政府要设置恰当的角色定位，转变政府履行创新职能的方式方法和体制机制，强调经济发展注重质量，重点关注产业发展的本土特征，对产业的长期发展作出战略规划，避免盲目支持引起产业或者行业出现断层的现象，坚持开展经常性、群众性和社会性的创新活动，依托设计绿色创新体系来实现战略规划的目标。其次，完备法律法规细则，从供需双方制订相关鼓励和支持政策。从供给角度来看，政府通过提供项目支持、优化财政支出结构，开辟绿色通道实施优惠税收、鼓励政策性金融机构加大对创新项目优惠贷款支持等措施鼓励和引导企业的自主绿色创新发展与产业化；从需求角度来看，根据产业发展周期的规律因势利导，例如，采取价格补贴优惠、环境标准等倡导健康消费和适度消费，引导大众的绿色消费需求，推动产业绿色转型。最后，对处于不同产业生命周期的企业施行不同的政策。从短期的生产方式入手，推动绿色生产方式落地生根；逐渐过渡到中期的组织形式，以柔性动态的内部组织形式持续适应外部环境的变化；然后推动长期的产业结构绿色转型。当企业处于成熟期时，转型的侧重点应放在生产方式上，转变传统的生产方式，提倡绿色生产方式，增强企业群体建设，促进上下游的一体化合作，在整个产业链条上加快技术的传播，扩大技术的散播面，延长和拓宽产业链的双重转型协调机制，逐步实现纵向一体化，进而向企业间网络的演变。通过吞并弱势落后的企业，以优胜劣汰促进传统企业改造升级，构建高效节能的产业发展系统，最终形成完整的产业链，即高效的绿色产业。针对处于成长期和成熟期的产业，应当从产业组织方式为切入点促进绿色转型高质量发展，以资源要素为核心，延长产业链条，从传统能源资源产业转入新能源、清洁型、高科技和先进的产业发展方向，避免退出市场。衰退期的产业应开拓新的赢利增长点，培育或支持新兴朝阳产业，推动结构多元化。

在我国产业转型和技术创新系统中，政府的角色定位并非创新行为的直接干预者，而是鼓励与引导技术创新系统中各个参与主体的一个中间调停者，维护参与者之间相互联系的推动者。充分实现政府的协调作用，首先，表现在其引导作用，政府及相关部门要引导企业开展具有前沿水平的产业创新活动，促进科研产品商业化和市场化；其次，国家对创新行为应当给予足够的支持和鼓励，可凭借立法、完善规章制度和基础设施等手段，如建立现代化的图书馆、信息管理系统等，或者在财政、税收方面给予一定的支持等；最后，制订符合行业发展规律的市场准入或退出机制。

（4）完善产业绿色转型与绿色技术创新的支持体系。

配置设施的建立和完善有助于促进产业形成绿色生产模式和绿色技术创新的协调发展，因此需要完善相关的支持体系，包括政府财政支出方面的补贴、税收优惠的支持、人才培养计划支出、科研成果商业化、信贷政策优惠支持等。对于绿色产业转型和技术革新绿色化的支持，应规范政府财政支出的结构，使其高效率地发挥作用、科学地支配应用，避免由于结构失调引发的资源浪费和规划“失灵”或人才结构扭曲；引导金融中介机构为产业绿色转型提供高质量的服务、开辟绿色融资通道；强化信用机制，降低由于信息不对称引起的风险；完善基础设施建设，减小绿色转型发展升级的阻力；设计对应的激励制度和考核方式。

6.5　本章小结

从完善环境规制政策体系、提升创新主体能力、健全创新驱动的运行机制和推动产业生态系统升级四个层面提出了产业绿色转型路径。首先，需要协调优化各类环境规制政策，充分发挥行政命令型、市场激励型和自愿型环境规制的协同优势作用，因地制宜地制订差异化环境规制政策以适应不同区域和产业类型，并确定恰当的强度水平，充分发挥环境规制对创新和绿色转型的激励作用；其次，从提升政府主体的保障能力、企业主体的创新能力、高校和科研机构主体的培养能力和中介机构主体的服务能力等方面提升创新主体能力；再次，应该完善创新动力机制，发挥多主体协同合作和市场机制的调节作用，健全创新驱动的运行机制；最后，要变革产业发展形态，结合内涵式的产业链延伸路径和外延式的产业链拓展路径优化产业链，从建立生态工业园区和加强城市群建设推动产业集聚，从强化企业的主体地位、建立产学研联结机制、明确政府的主导地位、完善配套支持体系等方面打造产业创新系统，最终实现绿色高质量发展。

结　　论

经济快速发展的同时也付出了沉重的资源和环境代价，引发了一系列社会问题。纵观整个发展过程发现，技术创新能力不强、产业结构不合理、生态环境承载力下降成为制约经济绿色可持续发展的重要内容。加强对环境污染的规制、发挥创新驱动作用、有效平衡环境保护和产业发展的关系、实现产业绿色转型升级是政府必然的政策选择。目前关于环境规制、技术创新和产业转型关系的理论和实证研究并未获得统一结论。本书的核心宗旨在于以"波特假说"为理论基础，在梳理相关文献的基础上构建研究框架，通过研究环境规制的绿色创新效应，探讨创新驱动作用下的产业绿色转型模式，结合实证检验结果，提出推动产业绿色转型和升级发展的路径。

研究的主要结论和特色包括以下几点：

（1）环境规制在特定条件下发挥创新补偿效应，且存在协同作用。通过分析环境规制下企业绿色创新动机和"绿色创新补偿"效应的生成过程，构建演化博弈模型，探究政府和企业的行为特征及其影响因素，根据复制动态方程分析博弈双方的演化规律和不同情形下的演化均衡状态。研究结果表明，系统稳定均衡策略取决于企业积极开展绿色创新活动和政府严格环境规制的净收益大小，关键指标包括政府环境规制强度、规制成本、经济处罚力度、企业绿色创新支出和收益、综合绩效考核中的生态指标和经济指标权重等。此外，不同的环境规制政策对企业的技术决策具有差异化影响。通过建立数理模型推导完全信息和不对称信息下，承诺性政策体系和动态一致性体系下不同环境规制政策工具对企业技术决策的影响，以探讨不同环境规制的创新影响。研究发现，不同环境规制政策的作用机理和效果存在政策异质性，产生不同的技术创新效果。反过来，企业的技术决策和科技水平影响环境规制政策的制定和调整，两者存在协同作用，弥补了单向作用机制研究的不足。

（2）环境规制是调节企业行为和实现转型发展的重要制度约束，但作用机理和效果同时受多因素影响。从微观主体行为、生态效率提升和生态风险治理综合提出产业生态化发展模式，避免了单一产业发展模式研究的不足。企业在合理的环境规制政策体系和恰当的规制强度作用下，转变发展理念，制订环境管理战略，披露环境污染信息，以综合绩效提升为目标，积极实现绿色转型发展，验证了“波特假说”在企业行为层面的研究结论。基于生态效率理论，提出了包括企业生态效率提升、产业生态效率提升和区域生态效率提升三个层面在内的产业生态化发展模式。鉴于产业生态化发展受多利益相关者的协同作用，构建了产业生态风险“协同共治”模式，以推动产业高质量发展。

（3）环境规制可以通过促进绿色创新提升企业绩效和产业生态效率，推动产业绿色转型。创新驱动是经济可持续发展的力量源泉，绿色技术创新是产业绿色转型发展的关键动力和根本因素。通过建立动态回归模型进行实证检验，既考虑直接影响，也通过将交叉效应纳入模型考虑中介效应。在指标设计时，结合当前不同的环境规制政策类型采用综合指标等不同方法衡量环境规制指标；选用不同指标度量了绿色产品创新和绿色工艺创新两种创新类型；绩效水平同时评价了经济绩效和环境绩效在内的综合绩效；生态效率用DDF同时考虑期望产出和非期望产出进行计量。通过构建动态回归模型，实证检验进一步证实适度的环境规制能够倒逼企业绿色技术创新，提升生产效率，实现节能减排，进而促进产业结构绿色转型升级。绿色技术创新在环境规制对产业发展的影响过程中发挥明显的中介作用。

在经济转型的关键时期，应努力实现产业结构升级和环境保护的双赢。本书尽可能考虑了多因素协同作用，从理论和实证角度对产业绿色转型问题进行研究，取得了一定的成果。但是，由于产业发展系统的复杂性，有关作用机理的研究尚不够深入，且可能存在更为复杂的“W”形等非线性关系；行业类型对产业的发展轨迹产生很大影响，但研究没有将产业类型纳入考虑，存在一定的片面性；在实证检验时受到数据收集等方面的限制，指标设计还存在不足。这些问题具有较强的理论价值和现实意义，在未来的研究中还需要进一步完善。

参考文献

[1] 白雪洁，宋莹．环境规制、技术创新与中国火电行业的效率提升［J］．中国工业经济，2009（8）：68－77.

[2] 毕克新，杨朝均，黄平．FDI对我国制造业绿色工艺创新的影响研究——基于行业面板数据的实证分析［J］．中国软科学，2011（9）：172－180.

[3] 常凯．环境信息披露对财务绩效的影响——基于中国重污染行业截面数据的实证分析［J］．财经论丛，2015（1）：71－77.

[4] 陈敦贤．知识与技术创新：产业结构变迁的动力（上）［J］．武汉金融高等专科学校学报，2000（1）：3－8.

[5] 陈劲，阳银娟．协同创新的理论基础与内涵［J］．科学学研究，2012，30（2）：161－164.

[6] 陈诗一．节能减排与中国工业的双赢发展：2009－2049［J］．经济研究，2010（3）：129－143.

[7] 陈诗一．中国的绿工业革命：基于环境全要素生产率视角的解释（1980－2008）［J］．经济研究，2010，45（11）：21－34，58.

[8] 陈晓峰．产业生态化视角下传统产业集群的转型升级研究——以江苏苏中地区为例［J］．企业经济，2010（4）：46－50.

[9] 戴悦，史梦鸽．企业环境信息披露对财务绩效的影响效应——基于重污染行业上市公司的经验证据［J］．生态经济，2019，35（6）：162－169.

[10] 丹尼尔·F. 史普博．管制与市场［M］．余晖，等，译．上海：上海三联书店，上海人民出版社，1999：28.

[11] 单洁含，刘志迎．企校协同创新绩效影响因素研究——基于知识

转移的视角［J］. 中国高校科技，2013（7）：52－53.

［12］狄为，郭梦婕. 市场化水平、环境信息披露与企业绩效［J］. 财会通讯，2019（6）：96－99.

［13］董利红，严太华，邹庆. 制度质量、技术创新的挤出效应与资源诅咒——基于我国省际面板数据的实证分析［J］. 科研管理，2015，36（2）：88－95.

［14］董敏杰. 环境规制对中国产业国际竞争力的影响［D］. 北京：中国社会科学院研究生院，2011：7.

［15］董颖，石磊. "波特假说"——绿色创新与环境管制的关系研究述评［J］. 生态学报，2013，33（3）：809－824.

［16］范庆泉，周县华，张同斌. 动态环境税外部性、污染累积路径与长期经济增长——兼论环境税的开征时点选择问题［J］. 经济研究，2016，51（8）：116－128.

［17］傅家骥. 技术创新学［M］. 北京：清华大学出版社，1998：74.

［18］傅家骥等. 技术创新——中国企业发展之路［M］. 北京：企业管理出版社，1992：15.

［19］傅京燕，李丽莎. 环境规制、要素禀赋与产业国际竞争力的实证研究——基于中国制造业的面板数据［J］. 管理世界，2010（10）：87－98.

［20］傅京燕，司秀梅，曹翔. 排污权交易机制对绿色发展的影响［J］. 中国人口·资源与环境，2018，28（8）：12－21.

［21］傅京燕. 环境规制与产业国际竞争力［M］. 北京：经济科学出版社，2006：52.

［22］高俊光，于渤，杨武. 产业技术创新对深圳产业结构升级的影响［J］. 哈尔滨工业大学学报（社会科学版），2007（4）：125－128.

［23］葛晓梅，王京芳，薛斌. 促进中小企业绿色技术创新的对策研究［J］. 科学学与科学技术管理，2005（12）：87－91.

［24］辜胜阻，吴永斌，刘伟. "十三五"时期煤炭产业转型升级的思考［J］. 学习与探索，2015（7）：78－82.

［25］郭训成. 黄河三角洲高效生态产业发展研究［J］. 山东社会科学，2012（9）：117－122.

[26] 韩晶，陈超凡，冯科．环境规制促进产业升级了吗？——基于产业技术复杂度的视角［J］．北京师范大学学报（社会科学版），2014（1）：148－160.

[27] 何德旭，姚战琪．中国产业结构调整的效应、优化升级目标和政策措施［J］．中国工业经济，2008（5）：46－56.

[28] 贺娜，李香菊．企业异质性、环保税与技术创新：基于税制绿化视角的研究［J］．税务研究，2018（3）：74－80.

[29] 洪银兴．产业结构转型升级的方向和动力［J］．求是学刊，2014，41（1）：57－62，173.

[30] 黄付生，魏凤春．日本经济结构转型与产业升级路径研究［J］．现代日本经济，2010（2）：9－14.

[31] 黄平，胡日东．环境规制与企业技术创新相互促进的机理与实证研究［J］．财经理论与实践，2010（1）：99－103.

[32] 黄群慧，余菁，贺俊．新时期国有经济管理新体制初探［J］．天津社会科学，2015（1）：114－121.

[33] 黄少安．制度经济学中六个基本理论问题新解［J］．学术月刊，2007，39（1）：79－83.

[34] 黄永生，李丹．创新基金推动广东产业转型升级和创新型经济发展［J］．中国科技产业，2013（3）：74－75.

[35] 贾军，张伟．绿色技术创新中路径依赖及环境规制影响分析［J］．科学学与科学技术管理，2014（5）：44－52.

[36] 贾瑞跃，魏玖长，赵定涛．环境规制和生产技术进步：基于规制工具视角的实证分析［J］．中国科学技术大学学报，2013，43（3）：217－222.

[37] 江珂，卢现祥．环境规制与技术创新——基于中国 1997－2007 年省际面板数据分析［J］．科研管理，2011，32（7）：60－65.

[38] 蒋伏心，王竹君，白俊红．环境规制对技术创新影响的双重效应——基于江苏制造业动态面板数据的实证研究［J］．中国工业经济，2013（7）：44－55.

[39] 金培．10kt/a 铜合金线材工程的生产工艺和主要设备［J］．有色冶金设计与研究，2009，30（4）：12－14，18.

[40] 雷家骕，洪军．技术创新管理 [M]. 北京：机械工业出版社，2012.

[41] 李春米．经济增长、环境规制与产业结构——基于陕西省环境库兹涅茨曲线的分析 [J]. 兰州大学学报（社会科学版），2010，38（5）：96－102.

[42] 李冬琴．环境政策工具组合、环境技术创新与绩效 [J]. 科学学研究，2018，36（12）：2270－2279.

[43] 李国平，杨佩刚，宋文飞，等．环境规制、FDI与“污染避难所”效应——中国工业行业异质性视角的经验分析 [J]. 科学学与科学技术管理，2013，34（10）：122－129.

[44] 李海萍，向刚，高忠仕，等．中国制造业绿色创新的环境效益向企业经济效益转换的制度条件初探 [J]. 科研管理，2005（2）：46－49.

[45] 李婧．环境规制与企业技术创新效率研究 [J]. 中国经济问题，2013（4）：38－44.

[46] 李康．环境政策学 [M]. 北京：清华大学出版社，2000.

[47] 李玲，陶峰．中国制造业最优环境规制强度的选择——基于绿色全要素生产率的视角 [J]. 中国工业经济，2012（5）：70－82.

[48] 李猛，张米尔．资源型城市产业转型的国际比较 [J]. 大连理工大学学报（社会科学版），2002（1）：16－20.

[49] 李强，聂锐．环境规制与区域技术创新——基于中国省际面板数据的实证分析 [J]. 中南财经政法大学学报，2009（4）：18－23.

[50] 李强．环境规制与产业结构调整——基于Baumol模型的理论分析与实证研究 [J]. 经济评论，2013（5）：100－146.

[51] 李胜文，李新春，杨学儒．中国的环境效率与环境管制：基于1986－2007年省际水平的测算 [J]. 财经研究，2010（2）：59－68.

[52] 李眺．环境规制、服务业发展与我国的产业结构调整 [J]. 经济管理，2013，35（8）：1－10.

[53] 李婉红，毕克新，孙冰．环境规制强度对污染密集行业绿色技术创新的影响研究——基于2003－2010年面板数据的实证检验 [J]. 研究与发展管理，2013，25（6）：72－81.

[54] 李秀玉，史亚雅．绿色发展、碳信息披露质量与财务绩效 [J]. 经

济管理，2016，38（7）：119－132.

［55］李旭颖．企业创新与环境规制互动影响分析［J］．科学学与科学技术管理，2008（6）：61－65.

［56］李阳，党兴华，韩先锋，等．环境规制对技术创新长短期影响的异质性效应——基于价值链视角的两阶段分析［J］．科学学研究，2014，32（6）：937－948.

［57］李英，王兴宇．黑龙江省大兴安岭林产工业发展现状及生态产业链之构建［J］．学术交流，2013（2）：89－92.

［58］梁劲锐，史耀疆，席小瑾．清洁生产技术创新、治污技术创新与环境规制［J］．中国经济问题，2018（6）：76－85.

［59］廖明球．基于“节能减排”的投入产出模型研究［J］．中国工业经济，2011（7）：26－34.

［60］刘传江，王婧．生态文明的产业发展［M］．北京：中国财政经济出版社，2011：274－276.

［61］刘传江，吴晗晗，胡威．中国产业生态化转型的IOOE模型分析——基于工业部门2003－2012年数据的实证［J］．中国人口·资源与环境，2016，26（2）：119－128.

［62］刘丹，鲁永恒．资源型城市技术、制度与产业演化研究综述［J］．资源开发与市场，2013（2）：192－195.

［63］刘丹，鲁永恒．煤炭城市产业转型的三维体系研究—基于技术创新与制度创新协同驱动视角［J］．科技进步与对策，2011（23）：87－90.

［64］刘丹，姚平．资源型城市产业转型中的创新协同驱动路径分析［J］．管理现代化，2011（6）：10－12.

［65］刘丹．基于创新协同的资源型城市竞争力提升模式研究［D］．哈尔滨：哈尔滨理工大学，2016.6.

［66］刘丹．基于耗散结构的资源型城市竞争力提升路径研究［J］．煤炭经济研究，2018，38（10）：47－52.

［67］刘丹．协同驱动视角下的资源型城市产业转型研究［J］．软科学，2012（3）：39－42.

［68］刘凤朝，孙玉涛．技术创新、产业结构调整对能源消费影响的实

证分析［J］. 中国人口·源与环境，2008（3）：108－113.

［69］刘慧，陈光. 企业绿色技术创新：一种科学发展观［J］. 科学学与科学技术管理，2004（08）：82－85.

［70］刘家顺. 资源型城市工业结构高度化的目标模式［J］. 中国工业经济研究，1992（6）：64－68.

［71］刘金林，冉茂盛. 环境规制对行业生产技术进步的影响研究［J］. 科研管理，2015，36（2）：107－114.

［72］刘津汝，曾先峰，曾倩. 环境规制与政府创新补贴对企业绿色产品创新的影响［J］. 经济与管理研究，2019：1－13

［73］刘客. 熊彼特创新理论对中国煤炭产业转型的启示——本质、动力和方向［J］. 经济问题，2014（12）：9－14.

［74］刘伟明. 中国的环境规制与地区经济增长［M］. 北京：社会科学文献出版社，2013：6.

［75］卢洪友，刘啟明，徐欣欣，等. 环境保护税能实现“减污”和“增长”么？——基于中国排污费征收标准变迁视角［J］. 中国人口·资源与环境，2019，29（6）：130－137.

［76］吕备，李亚男. 从系统管理视角看环境信息披露与企业价值的关系［J］. 系统科学学报，2020（2）：123－128.

［77］吕峻，焦淑艳. 环境披露、环境绩效和财务绩效关系的实证研究［J］. 山西财经大学学报，2011，33（1）：109－116.

［78］吕明元，安媛媛. 环境规制与产业结构生态化转型——基于山东省十七地市的实证分析［J］. 经济与管理评论，2014（6）：5－10.

［79］罗建强，赵艳萍，程发新. 我国制造业转型方向及其实现模式研究——延迟策略实施的视角［J］. 科学学与科学技术管理，2013，34（9）：55－62.

［80］马富萍，茶娜. 环境规制对技术创新绩效的影响研究——制度环境的调节作用［J］. 研究与发展管理，2012，24（1）：60－66，77.

［81］马立强. 基于产业发展视角的我国矿区及其资源基础探微［J］. 矿业研究与开发，2011，31（4）：126－129.

［82］马歇尔. 经济学原理（上）［M］. 朱志秦译. 北京：商务印书

馆，2010.

[83] 毛蕴诗，熊炼．企业低碳运作与引入成本降低的对偶微笑曲线模型——基于广州互太和台湾纺织业的研究［J］．中山大学学报：社会科学版，2011，51（4）：202－209.

[84] 梅国平，龚海林．环境规制对产业结构变迁的影响机制研究［J］．经济经纬，2013（2）：72－76.

[85] 潘家华．持续发展途径的经济学分析［M］．北京：中国人民大学出版社，1993：151.

[86] 彭皓玥．煤炭资源型区域生态风险规避的技术驱动研究［J］．科学管理研究，2014，32（4）：56－59.

[87] 彭星，李斌．不同类型环境规制下中国工业生态化转型问题研究［J］．财经研究，2016，42（7）：134－144.

[88] 戚文海．制度变迁、技术创新、结构调整与经济增长［J］．国外社会科学，2010（1）：44－50.

[89] 钱争鸣，刘晓晨．环境管制、产业结构调整与地区经济发展［J］．经济学家，2014（7）：73－81.

[90] 任一鑫，李跃，刘丽莹，等．产业蜕变视角下产业转型模式选择方法研究——以制造业为例［J］．山东财经大学学报，2018，30（1）：17－26.

[91] 沈芳．环境规制的工具选择：成本与收益的不确定性及诱发性技术革新的影响［J］．当代财经，2004（6）：10－12.

[92] 沈能，刘凤朝．高强度的环境规制真能促进技术创新吗？——基于“波特假说”的再检验［J］．中国软科学，2012（4）：49－59.

[93] 施蒂格勒．产业组织与政府管制（中译本）［M］．上海：上海人民出版社，1996.

[94] 施振荣．微笑曲线［J］．竞争力·三联财经，2010（4）：50－52.

[95] 眭纪刚．技术与制度的协同演化：理论与案例研究［J］．科学学研究，2013，31（7）：991－997.

[96] 隋芳芳．上市公司环境信息披露与经济绩效关系［J］．财会通讯，2012（15）：53－55.

[97] 隋映辉，赵琨，于喜展．实现资源型城市产业转型的系统创新战略及政策［J］．山东经济，2010（2）：60－66.

[98] 孙军．需求因素、技术创新与产业结构演变［J］．南开经济研究，2008（5）：58－71.

[99] 孙顺利，周科平，胡小龙．矿区生态产业链延伸风险及其控制分析［J］．中国矿业，2007（11）：30－32.

[100] 孙晓华，李明珊．我国市场化进程的地区差异：2001～2011年［J］．改革，2014（6）：59－66.

[101] 孙学敏，王杰．环境规制对中国企业规模分布的影响［J］．中国工业经济，2014（12）：44－56.

[102] 孙毅．资源型区域生态化转型的理论与实践研究［D］．长春：东北师范大学，2012：33－40.

[103] 覃伟芳，廖瑞斌．环境规制、产业效率与产业集聚［J］．现代财经（天津财经大学学报），2015，35（3）：14－26.

[104] 谭娟，陈晓春．基于产业结构视角的政府环境规制对低碳经济影响分析［J］．经济学家，2011（10）：91－97.

[105] 汤亚莉，陈自力，刘星，等．我国上市公司环境信息披露状况及影响因素的实证研究［J］．管理世界，2006（1）：158－159.

[106] 唐孝文，刘敦虎，肖进．企业战略转型过程、要素及作用机制研究［J］．科技管理研究，2015，35（10）：120－126.

[107] 特日昆，宋波，徐飞．技术与制度协同创新的战略性新兴产业演化机理研究［J］．科学管理研究，2015，33（4）：50－53.

[108] 童伟伟，张建民．环境规制能促进技术创新吗［J］．财经科学，2012（11）：66－74.

[109] 万建香．环境政策规制对江西重点调查产业的双赢绩效分析［J］．江西社会科学，2011，31（10）：69－75.

[110] 王必达，王春晖．“资源诅咒”：制度视域的解析［J］．复旦学报（社会科学版），2009（5）：100－108.

[111] 王海，尹俊雅，李卓．开征环保税会影响企业TFP吗—基于排污费征收力度的实证检验［J］．财贸研究，2019（6）：87－98.

[112] 王海刚，衡希，王永强，等．西部地区传统产业生态化发展研究综述 [J]．生态经济，2016，32（5）：121－126.

[113] 王建明，陈红喜，袁瑜．企业绿色创新活动的中介效应实证 [J]．中国人口·资源与环境，2010，20（6）：111－117.

[114] 王杰，刘斌．环境规制与企业全要素生产率——基于中国工业企业数据的经验分析 [J]．中国工业经济，2014（3）：44－56.

[115] 王胜君，丁云龙．行政服务中心的缺陷、扩张及其演化——一个行政流程再造视角的经验研究 [J]．公共管理学报，2010，7（4）：24－30，123.

[116] 王小宁，周晓唯．西部地区环境规制与技术创新——基于环境规制工具视角的分析 [J]．技术经济与管理研究，2014（5）：114－118.

[117] 王询，张为杰．环境规制、产业结构与中国工业污染的区域差异 [J]．财经问题研究，2011（11）：23－30.

[118] 王宇奇，曲云玉．环境扰动下进口原油供应链网络柔性的 SD 仿真 [J]．系统管理学报，2019，28（4）：762.

[119] 王元月，纪建悦，杨恩斌．网络金融的兴起及其在我国的发展 [J]．金融理论与教学，2003（4）：42－44.

[120] 王云．安徽省产业转型升级内在机理及影响因素研究 [J]．安庆师范大学学报（社会科版），2017，36（4）：103－106.

[121] 吴贵生．技术创新管理 [M]．北京：清华大学出版社，2000.

[122] 吴茵茵，徐冲，陈建东．不完全竞争市场中差异化环保税影响效应研究 [J]．中国工业经济，2019（5）：43－60.

[123] 席旭东，宋晓倩．矿区生态产业链集成及其优化分析 [J]．煤炭学报，2011（7）：36－41.

[124] 夏春婉，杨美沂．我国环境规制与产业结构关系的实证研究 [J]．苏州科技学院学报（自然科学版），2012，29（3）：76－80.

[125] 夏艳清．环境规制及其对产业变迁的影响分析 [J]．内蒙古科技与经济，2008（13）：90－91，93.

[126] 夏友富．外商投资中国污染密集产业现状、后果及其对策研究 [J]．管理世界，1999（3）：109－123.

［127］项保华，许庆瑞．试论制订技术创新政策的理论基础［J］．数量经济技术经济研究，1989（7）：52－55.

［128］肖黎明，景睿．生态文明视域下资源型区域产业转型与技术创新的协同发展［J］．理论探讨，2016（4）：99－103.

［129］肖璐．FDI与发展中东道国环境规制的关系研究［D］．南昌：江西财经大学，2010：33.

［130］肖兴志，李少林．环境规制对产业升级路径的动态影响研究［J］．经济理论与经济管理，2013（6）：102－112.

［131］熊鹰，徐翔．政府环境监管与企业污染治理的博弈分析及对策研究［J］．云南社会科学，2007（4）：60－63.

［132］徐充，张志元．东北地区制造业发展模式转型及路径研究［J］．吉林大学社会科学学报，2011，51（3）：117－123.

［133］徐开军，原毅军．环境规制与产业结构调整的实证研究——基于不同污染物治理视角下的系统GMM估计［J］．工业技术经济，2014，33（12）：101－109.

［134］徐文成，毛彦军．环境税的产业结构调整效应研究［J］．管理学刊，2019，32（2）：36－44.

［135］许庆瑞，谢章澍，杨志蓉．企业技术与制度创新协同的动态分析［J］．科研管理，2006（4）：116－120，129.

［136］许士春，何正霞，龙如银．环境规制对企业绿色技术创新的影响［J］．科研管理，2012（6）：67－74.

［137］薛有志，周杰，初旭．企业战略转型的概念框架：内涵、路径与模式［J］．经济管理，2012，34（7）：39－48.

［138］杨东，柴慧敏．企业绿色技术创新的驱动因素及其绩效影响研究综述［J］．中国人口·资源与环境，2015，25（S2）：132－136.

［139］杨庆义．绿色创新是西部区域创新的战略选择［J］．重庆大学学报：社会科学版，2003（9）：35－37.

［140］杨岩，韩璐，姚长青，等．基于SD模型的城市水环境污染负荷模拟——以德州市为例［J］．生态经济，2018，34（4）：180－184.

［141］姚平，姜曰木．技术创新、制度创新与资源型城市产业转型——

基于生命周期的视角［J］. 科学管理研究，2012，30（6）：1－4.

［142］姚昕，刘希颖. 基于增长视角的中国最优碳税研究［J］. 经济研究，2010，45（11）：48－58.

［143］姚予龙，周洪，谷树忠. 中国资源诅咒的区域差异及其驱动力剖析［J］. 资源科学，2011，33（1）：18－24.

［144］尹琦，肖正扬. 生态产业链的概念与应用［J］. 环境科学，2002（6）：114－118.

［145］于华江，储志蕊. 重点监控企业自行监测及信息公开制度的完善［J］. 经济与管理研究，2014（4）：113－118.

［146］于立宏，贺媛. 能源替代弹性与中国经济结构调整［J］. 中国工业经济，2013（4）：30－42.

［147］于连超，张卫国，毕茜. 环境税对企业生态化转型的倒逼效应研究［J］. 中国人口·资源与环境，2019，29（7）：112－120.

［148］于文超. 官员政绩诉求、环境规制与企业生产效率——理论分析和中国经验证据［D］. 成都：西南财经大学，2013.

［149］余伟，陈强，陈华. 环境规制、技术创新与经营绩效——基于37个工业行业的实证分析［J］. 科研管理，2017（2）：18－25.

［150］袁增伟，毕军. 产业生态学最新研究进展及趋势展望［J］. 生态学报，2006，26（8）：2709－2715.

［151］原毅军，谢荣辉. 环境规制的产业结构调整效应研究——基于中国省际面板数据的实证检验［J］. 中国工业经济，2014（8）：57－69.

［152］张成，陆旸，郭路，等. 环境规制强度和生产技术进步［J］. 经济研究，2011（2）：113－124.

［153］张恩典. 环境风险规制下的公众参与制度研究［J］. 河南财经政法大学学报，2018，33（1）：140－149.

［154］张贵，吕长青. 基于生态位适宜度的区域创新生态系统与创新效率研究［J］. 工业技术经济，2017，36（10）：12－21.

［155］张红凤，张细松. 环境规制理论研究［M］. 北京：北京大学出版社，2012：13.

［156］张华，魏晓平. 绿色悖论抑或倒逼减排——环境规制对碳排放影

响的双重效应［J］. 中国人口·资源与环境，2014，24（9）：21－29.

［157］张江雪，蔡宁，毛建素，等. 自主创新、技术引进与中国工业绿色增长——基于行业异质性的实证研究［J］. 科学学研究，2015，33（2）：185－194，271.

［158］张江雪，蔡宁，杨陈. 环境规制对中国工业绿色增长指数的影响［J］. 中国人口·资源与环境，2015，25（1）：24－31.

［159］张景华. 经济增长中的自然资源效应——自然资源是“福音”还是“诅咒”［J］. 山西财经大学学报，2009，31（5）：15－23.

［160］张平，张鹏鹏，蔡国庆. 不同类型环境规制对企业创新影响比较研究［J］. 中国人口·资源与环境，2016（4）：8－13.

［161］张倩，彭亦廷. 以环境规制推进煤炭企业高质量绿色发展——兼论改革开放40年来的环境规制发展历程［J］. 煤炭经济研究，2018，38（11）：23－28.

［162］张倩，曲世友. 环境规制对企业绿色技术创新的影响研究及政策启示［J］. 中国科技论坛，2013（7）：11－17.

［163］张倩，曲世友. 环境规制强度与企业绿色技术采纳程度关系的研究［J］. 科技管理研究，2014，34（5）：30－34.

［164］张倩，曲世友. 环境规制下政府与企业环境行为的动态博弈与最优策略研究［J］. 预测，2013，32（4）：35－40.

［165］张倩，谭旭红，薛艳. 基于生态补偿效应的我国环境税改革方向［J］. 北京邮电大学学报（社会科学版），2014，16（2）：76－82.

［166］张倩，邬丽群. 煤炭资源型区域生态风险的“多元共治”［J］. 煤炭经济研究，2018，38（5）：13－19.

［167］张倩，吴梦瑒. 煤炭产业生态化转型与绿色技术创新协同发展研究［J］. 煤炭经济研究，2016，36（12）：28－32.

［168］张倩，姚平. 波特假说框架下环境规制对企业技术创新路径及动态演化的影响［J］. 工业技术经济，2018，37（8）：52－59.

［169］张倩. 波特假说框架下环境规制、技术创新与企业绩效关系的再审视［J］. 财会通讯，2018（33）：58－61，129.

［170］张倩. 环境规制、外商直接投资与企业技术创新关系的再审视

[J]. 统计与决策, 2018, 34 (8): 177 - 181.

[171] 张倩. 环境规制对技术创新的非线性影响研究 [J]. 北京交通大学学报, 2016, 15 (1): 65 - 73.

[172] 张倩. 环境规制对绿色技术创新影响的实证研究 [J]. 工业技术经济, 2015 (2): 10 - 18.

[173] 张倩. 环境规制对企业技术创新的影响机理及实证研究 [D]. 哈尔滨: 哈尔滨工业大学, 2016.

[174] 张倩. 基于动态演化博弈的企业技术创新均衡策略 [J]. 科技管理研究, 2016, 36 (21): 19 - 24, 33.

[175] 张倩. 企业绿色创新动机和创新效应的再审视 [J]. 统计与决策, 2019, 35 (14): 178 - 182.

[176] 张倩. 生态补偿视角下的我国独立环境税探讨 [J]. 合肥工业大学学报 (社会科学版), 2014, 28 (5): 32 - 35.

[177] 张涛. 环境规制、产业集聚与工业行业转型升级 [D]. 徐州: 中国矿业大学, 2017: 8.

[178] 赵红. 环境规制对产业技术创新的影响——基于中国面板数据的实证分析 [J]. 产业经济研究, 2008 (3): 35 - 40.

[179] 赵红. 环境规制对中国产业绩效影响的实证研究 [M]. 北京: 经济科学出版社, 2011: 35.

[180] 赵领娣, 张磊, 徐乐, 等. 人力资本、产业结构调整与绿色发展效率的作用机制 [J]. 中国人口·资源与环境, 2016, 26 (11): 106 - 114.

[181] 赵敏. 环境规制的经济学理论根源探究 [J]. 经济问题探索, 2013 (4): 152 - 155.

[182] 赵晓丽, 赵越, 姚进. 环境管制政策与企业行为——来自高耗能企业的证据 [J]. 科研管理, 2015, 36 (10): 130 - 138.

[183] 赵萱, 张列柯, 郑开放. 企业环境责任信息披露制度绩效及其影响因素实证研究 [J]. 西南大学学报 (社会科学版), 2015, 41 (3): 64 - 74, 190.

[184] 赵玉民, 朱方明, 贺立龙. 环境规制的界定、分类与演进研究 [J]. 中国人口·资源与环境, 2009, 19 (6): 85 - 90.

[185] 郑健壮，徐寅杰．产业转型升级及其路径研究［J］．浙江树人大学学报（人文社会科学版），2012，12（4）：50－53.

[186] 植草益．微观规制经济学（中译本）［M］．朱绍文，等，译校．北京：中国发展出版社，1992：1.

[187] 钟茂初，李梦洁，杜威剑．环境规制能否倒逼产业结构调整——基于中国省际面板数据的实证检验［J］．中国人口·资源与环境，2015，25（8）：107－115.

[188] 周浩，郑越．环境规制对产业转移的影响——来自新建制造业企业选址的证据［J］．南方经济，2015（4）：12－26.

[189] Amacher, G. S., Malik, A. S.. Pollution taxes when firms choose technologies [J]. Southern Economic Journal. 2002 (68): 891－906.

[190] Ambec, S., Barla, P.. Can environmental regulations be good for business? An assessment of the Porter hypothesis [J]. Energy Studies Review, 2006, 14 (2): 42－62.

[191] Ambec, S., Coria, Prices vs quantities with multiple pollutants [J]. Journal of Environmental Economics and Management , 2013 (66): 123－140.

[192] AMITY A, DOOLITTLE. Stories and Maps, Images and Archives: Multi－method Approach to the Political Ecology of Native Property Rights and Natural Resource Management in Sabah, Malaysia [J]. Environmental Management, 2010, 45 (1): 67－81.

[193] Anabel Z. M. and V. G. Jaime. Environmental Tax and Productivity in A Decentralized Context: New Findings on the Porter Hypothesis [J]. European Journal of Law and Economics, 2015, 40 (2): 1－27.

[194] Apergis N, Payne J E. Renewable energy, output, CO_2 emissions, and fossil fuel prices in Central America: Evidence from a nonlinear panel smooth transition vector error correction model [J]. Energy Economics, 2014, 42 (3): 226－232.

[195] Aragon－Correa, J. A., Sharma, S. A contingent resource－based view of proactive corporate environmental strategy [J]. Academy of Management Review, 2003, 28 (1): 71－88.

[196] Arellano, M. , Bover, O. . Another look at the instrumental variable estimation of error – components models [J]. Journal of Econometrics, 1995, 68 (1): 29 –51.

[197] Armando S. V. , M. S. Ricardo and A. I. Alonso. An Empirical Analysis of the Nonlinear Relationship between Environmental Regulation and Manufacturing Productivity [J]. Journal of Applied Economics, 2013, 16 (2): 357 –372.

[198] Ashford N A. Ayers C. Stone R F. Using regulation to change the market for innovation. [J]. Harvard Environmental Law Review, 1985, 9 (2): 419 – 466.

[199] ASIKAINEN A L. Innovation modes and strategics in knowledge intensive business services [J]. Service Business, 2015, 9 (1): 77 –95.

[200] Barlas Y. Multiple tests for validation of system dynamics type of simulation models [J]. European journal of operational research, 1989, 42 (1): 59 –87.

[201] Becker, R. , Henderson, J. V. . Effects of air quality regulations on polluting industries [J]. Journal of Political Economy, 2013, 108 (2): 379 –421.

[202] BERTINELL. L, STROBLE, E. Urbanization, Urban Concentration and Economic development [J]. Urban Studies, 2007, 44 (13): 2499 –2510.

[203] Bing X, Yong G, Müller Katrin, et al. Understanding the Causality between Carbon Dioxide Emission, Fossil Energy Consumption and Economic Growth in Developed Countries: An Empirical Study [J]. Sustainability, 2014, 6 (2): 1037 –1045.

[204] Blundell, R. , Bond, S. . Initial conditions and moment restrictions in dynamic panel data models [J]. Journal of Econometrics, 1998, 87 (1): 115 – 143.

[205] Bozoklu S, Yilanci V. Energy consumption and economic growth for selected OECD countries: Further evidence from the Granger causality test in the frequency domain [J]. Energy Policy, 2013, 63 (12): 877 –881.

[206] BRAWN E, WIELD D. Regulation as a means for the social control of

technology [J]. Technology analysis & strategic management. , 1994 (3): 78 - 99.

[207] Brito, M. P. D. , Carbone, V. , Blanquart, C. M. . Towards a sustainable fashion retail supply chain in Europe: organization and performance [J]. International Journal of Production Economics, 2008, 114 (2): 534 - 553.

[208] Brouwer, A. E. , Mariotti, N. , van Ommeren, J. N. , The firm relocation decision: an empirical investigation [J]. Annals of Regional Science, 2004, 38 (2): 335 - 347.

[209] Brännlund R. and T. Lundgren, Environmental Policy and Profitability: Evidence from Swedish Industry [J]. Environmental Economics and Policy Studies, 2010, 12 (1): 59 - 78.

[210] B. A. Caldwell, C. Hagedorn, W. C. Denison. Bacterial ecology of an old - growth douglas fir canopy [J]. Microbial Ecology, 1979, 5 (2): 91 - 103.

[211] Castellacci, F. , Lie, C. M. . A taxonomy of green innovators: empirical evidence from South Korea [J]. Journal of Cleaner Production, 2017 (143): 1036 - 1047.

[212] CHAKRABORTY P, CHATTERJEE C, BELL M, et al. Does environmental regulation indirectly induce upstream innovation? New evidence from India [J]. Research policy, 2017, 46 (5): 939 - 955.

[213] Chen, L. , Jia, G. Z. , Environmental efficiency analysis of China's regional industry: a data envelopment analysis (DEA) based approach [J]. Journal of Cleaner Production, 2017 (142): 846 - 853.

[214] Chen, Y. C. , Hung, M. , Wang, Y. The effect of mandatory CSR disclosure on firm profitability and social externalities: evidence from China [J]. Journal of Accounting & Economics, 2018 (65): 169 - 190.

[215] Christmann, P. Effects of 'best practices' of environmental management on cost advantage: the role of complementary assets [J]. Academy of Management Journal, 2000, 43 (4): 663 - 680.

[216] Chung, S. , Environmental regulation and foreign direct investment: evidence from South Korea [J]. Developing Economics, 2014 (108): 222 - 236.

[217] Chung, Y. H. , R. , Grosskopf, S. . Productivity and undesirable outputs: a directional distance function approach [J]. Journal of Environmental Management, 1997, 51 (3): 229 -240.

[218] Chung, S. , Environmental regulation and foreign direct investment: evidence from South Korea [J]. Developing Economics, 2014 (108): 222 -236.

[219] Cleff T, Rennings K. Determinants of environmental product and process innovation: evidence from the Mannheim innovation panel and a follow - up telephone survey [J]. European Environment, 1999, 10 (5): 331 -347.

[220] Cole, M. A. , Elliott, R. J. R. FDI and the capital intensity of 'dirty' sectors: a missing piece of the pollution haven puzzle [J]. Review of Development Economics, 2005 (4): 530 -548.

[221] Copeland, B. R, Taylor, M. S. Trade, growth and the environment [J]. Journal of Economic Literature, 2004, 42 (1): 7 -71.

[222] CORDEN W M, NEARY J R. Booming sector and de - industrialization in a small economy [J]. The Economic Journal, 1982, 92 (8): 825 -848.

[223] Costa, I. , Massard, G. , Agarwal, A. Waste management policies for industrial symbiosis development: case studies in European countries [J]. Journal of Cleaner Production, 2010, 18 (8): 815 -822.

[224] Dean T J , Brown R L. Pollution regulation as a barrier to new firm entry: Initial evidence and implications for future research [J]. Academy of Management Journal, 1995, 38 (1): 288 -303.

[225] Dean, J. M. , Lovely, M. E. , Wang, H. Are foreign investors attracted to weak environmental regulations? Evaluating the evidence from China [J]. Developing Economics, 2009, 90 (1): 1 -13.

[226] Di, W. H. Pollution abatement cost savings and FDI inflows to polluting sectors in China [J]. Environment and Development Economics, 2007, 12 (6): 775 -789.

[227] Dong, L. , Dong, H. J. , Fujita, T. , et al. Cost - effectiveness analysis of China's Sulfur dioxide control strategy at the regional level: regional disparity, inequity and future challenges [J]. Journal of Cleaner Production ,

2015 (90): 345 -359.

[228] Downing, P. B. , White, L. Innovation in pollution control [J]. Journal of Environmental Economics and Management, 1986 (13): 18 -29.

[229] Ederington, J. , Levinson, A. , Minier, J. Foot loose and pollution - free [J]. Review of Economics and Statistics, 2005, 87 (1): 92 -99.

[230] Ehrenfeld, J. R. . Eco - efficiency: philosophy, theory, and tools [J]. Journal of Industrial Ecology, 2005 (9): 6 -8.

[231] ERIN CLOVER KELLY, JOHN C. BLISS. Healthy Forests, Healthy Communities: An Emerging Paradigm for Natural Resource - Dependent Communities? [J]. Society & Natural Resources, 2009, 22 (6): 519 -537.

[232] Erkman S. Industrial ecology: An historical view [J]. Journal of Cleaner Production, 1997, 5 (1): 1 -10.

[233] Eva Horváthová. The impact of environmental performance on firm performance: short - term costs and long - term benefits ? [J]. Ecological Economics, 2012, 84 (12): 91 -97.

[234] Feng, K. S. , Hubacek, K. , Guan, D. B. . Lifestyles, technology and CO2 emissions in China: a regional comparative analysis [J]. Ecological Economics, 2009 (69): 145 -154.

[235] Fernández - Viñé, M. B. , Gómez - Navarro, T. , et al. Assessment of the public administration tools for the improvement of the eco - efficiency of Small and Medium Sized Enterprises [J]. Journal of Cleaner Production, 2013 (47): 265 -273.

[236] Filbeck G, Gorman R F. The relationship between the environmental and financial performance of public utilities [J]. Environmental & Resource Economics, 2004, 29 (2): 137 -157.

[237] Fischer C, Parry I W H, Pizer W A. Instrument choice for environmental protection when technological innovation is endogenous [J]. Journal of Environmental Economics and Management, 2003, 45 (3): 523 -545.

[238] Fischer - Kowalski, M. , Amann, C. . Beyond IPAT and Kuznets curves: globalization as a vital factor in analysing the environmental impact of soci-

oeconomic metabolism [J]. Population and Environment, 2001 (23): 7 -47.

[239] Freedman M, Jaggi B. An analysis of the association between pollution disclosure and economic performance [J]. Accounting, 1988, 1 (2): 43 -58.

[240] Friedman D. Evolutionary Games in Economics [J]. Econometrica, 2010, 59 (3): 637 -666.

[241] Frondel M, Horbach J, Rennings K. End - of - pipe or cleaner production: an empirical comparison of environmental innovation decisions across OECD countries [J]. Business Strategy and the Environment, 2007, 16 (8): 571 -584.

[242] Frosch R A, Gallopoulos N E. Strategies for manufacturing [J]. Scientific American, 1989, 261 (1): 144 -152.

[243] Fussler C, James P. Driving eco - innovation: A breakthrough discipline for innovation and sustainability [M]. London: Pitman, 1996.

[244] Färe, R., Grosskopf, S., Weber, W. L.. Shadow prices and pollution costs in US agriculture [J]. Ecological Economics, 2006, 56 (1): 89 -103.

[245] Gangadharan, L. Environmental compliance by firms in the manufacturing sector in Mexico [J]. Ecological Economics, 2006 (59): 477 -486.

[246] Graedel T E, Allenby B R. Industrial ecology [M]. Toronto: Prentice Hall Press. 1995.

[247] Gray W B. The cost of regulation: OSHA, EPA and the productivity slowdown [J]. American Economic Review, 2001, 77 (77): 998 -1006.

[248] Greenstone M., A. L. John C. Syverson. The effects of environmental regulation on the competitiveness of U. S. manufacturing [J]. MIT Department of Economics Working Paper, 2010: 12 -24.

[249] Greenstone, M. The impacts of environmental regulations on industrial activity: evidence from the 1970 and 1977 Clean Air Act amendments and Census of Manufactures [J]. Journal of Political Economy, 2002, 110 (6): 1175 -1219.

[250] Grossman, G. M., Krueger, A. B. "Environmental impacts of a North American free trade agreement" In The Mexico - U. S. Free Trade Agreement [M]. Cambridge, Massachusetts andLondon: The MIT Press, 1993: 13 -56.

[251] Guo X D, Guo X P. China's photo voltaic power development under policy incentives: A system dynamics analysis [J]. Energy, 2015 (93): 589 - 598.

[252] Guo, L. L., Wu, C. Y., Qu, Y., et al. Evaluation of the energy - saving and emission - reduction potential for Chinese provinces based on regional difference coefficients [J]. Journal of Renewable and Sustainable Energy, 2015 (7): 1 - 21.

[253] Hanna, R. US environmental regulation and FDI: evidence from a panel of US - based multinational firms [J]. American Economic Journal: Applied Economics, American Economic Association, 2010, 2 (3): 158 - 189.

[254] He, J. Pollution haven hypothesis and environmental impacts of foreign direct investment: the case of industrial emission of sulfur dioxide (SO_2) in Chinese provinces [J]. Ecological Economics, 2006, 60 (1): 228 - 245.

[255] HM Government. Enabling the transition to a green economy: Government and business working together, 2011.

[256] Horbach J. Determinants of environmental innovation: New evidence from German panel data sources [J]. Research Policy, 2008, 37 (1): 163 - 173.

[257] Huang, J. H., Yang, X. G., Cheng, G., et al. A comprehensive eco - efficiency model and dynamics of regional eco - efficiency in China [J]. Journal of Cleaner Production, 2014 (67): 228 - 238.

[258] Jaffe A B, Palmer K. Environmental regulation and innovation: A panel data study [J]. Review of Economic and Statistic, 1997, 79 (4): 610 - 619.

[259] Jaffe AB, Newell RG, Stavins R N. A tale of two market failures: Technology and environmental policy [J]. Ecological Economics, 2005, 54 (2 - 3): 164 - 174.

[260] Jaffe, A. B., Peterson, S. R., Portney, P. R., et al. Environmental regulation and international competitiveness: what does the evidence tell us? [J]. Journal of Economic Literature, 1995 (93): 132 - 163.

[261] Jaffe, A. B. , Palmer, K. Environmental regulation and innovation: a panel data study [J]. Review of Economics and Statistics, 1997 (79): 610 - 619.

[262] Jamet, S. . Towards Green Growth in Denmark: Improving Energy and Climate Change Policies [J]. OECD Economics Department Working Papers, Paris, 2012.

[263] Jeppesen, T. , List, J. A. , Folmer, H. Environmental regulations and new plant location decisions: evidence from a metra - analysis [J]. Regional Sci, 2002, 42 (1): 19 - 49.

[264] Johnstone N, Hascic I, Kalamova M. Environmental policy characteristics and technological innovation [J]. Economia Politica, 2010, 27 (2): 277 - 301.

[265] Johnstone N, Hascic I, Popp D. Renewable energy policies and technological innovation: Evidence based on patent counts [J]. Environmental and Resource Economics, 2010, 45 (1): 133 - 155.

[266] Jones, R. S. , Yoo, B. . Japan's new growth strategy to create demand and jobs [J]. OECD Economic Department Working Papers, 2011: 61 - 90.

[267] Jung C H, Krutilla K, Boyd R. Incentives for advanced pollution abatement technology at the industry level: An evaluation of policy alternatives [J]. Journal of Environmental Economics & Management, 1996 (30): 95 - 111.

[268] Jänicke, M. . "Green growth": from a growing eco - industry to economic sustainability [J]. Energy Policy, 2012 (48): 13 - 21.

[269] Jiang Z Y. , Wang Z J. , Li Z B. The effect of mandatory environmental regulation on innovation performance: Evidence from China [J]. Journal of Cleaner Production, 2018 (203): 482 - 491.

[270] Keller, W. , Levinson, A. Pollution abatement costs and foreign direct investment inflows to U. S. states [J]. Review of Economics and Statistics, 2002, 84 (4): 691 - 703.

[271] Kemp R, Pearson P. Final report MEI project about measuring eco - innovation [J]. Measuring Eco - innovation Project (MEI), 2007.

[272] Kemp R, Arundel A. Survey indicators for environmental innovation

[J]. IDEA report, STEP Group, Oslo, 1998.

[273] Kheder, S. B., Zugravu, N. Environmental regulation and French firms location abroad: an economicgeography model in an international comparative study [J]. Ecological Economics, 2012, 77 (5): 48-61.

[274] Khlif H, Guidara A, Souissi M. Corporate social and environmental disclosure and corporate performance [J]. Journal of Accounting in Emerging Economies, 2015, 5 (1): 51-69.

[275] Kim, S. E., Kim, H., Chae, Y.. A new approach to measuring green growth: application to the OECD and Korea [J]. Futures, 2014 (63): 37-48.

[276] Kirkpatrick, C., Shimamoto, K. The effect of environmental regulation on the location choice of Japanese foreign direct investment [J]. Applied Economics, 2008, 40 (11): 1399-1409.

[277] Klassen R D, Mclaughlin C P. The impact of environmental management on firm performance [J]. Management Science, 1996, 42 (8): 1199-1214.

[278] Kneller, R., Manderson, E.. Environmental regulations and innovation activity in UK manufacturing industries [J]. Resource and Energy Economics, 2012, 34 (2): 211-235.

[279] Korhonen, J., Pätäri, S., Toppinen, A., et al. The role of environmental regulation in the future competitiveness of the pulp and paper industry: the case of the sulfur emissions directive in Northern Europe [J]. Journal of Cleaner Production, 2015 (108): 864-872.

[280] Krysiak, F., Oberauner, I. M. Environmental policy ὰ la carte: letting firms choose their regulation [J]. Journal of Environmental Economics and Management, 2010 (60): 221-232.

[281] Krysiak, F. Prices vs. quantities: the effects on technology choice [J]. Journal of Public Economics, 2008 (92): 1275-1287.

[282] KURTZ, BROOKS. Conditioning the "resource curse": globalization, human capital, and growth in oil rich nations [J]. Comparative Political Studies, 2011, 44 (6): 747.

[283] Lanoie P, Patry M, Lajeunesse R. Environmental regulation and productivity: New findings on the Porter Hypothesis [J]. Journal of productivity analysis, 2008, 30 (2): 121 – 128.

[284] LEE C W. The effect of environmental regulation on green technology innovation through supply chain integration [J]. International Journal of Sustainable Economy, 2010, 2 (1): 92 – 112.

[285] LEE S, PARK G, YOON B, et al. Open innovation in SMEs – an intermediated network model [J]. Research Policy, 2010. 39 (2): 290 – 300.

[286] Liang, H., Dong, L., Luo, X., Ren, J. Z., et al. Balancing regional industrial development: analysis on regional disparity of China's industrial emissions and policy implications [J]. Journal of Cleaner Production, 2016 (126): 223 – 235.

[287] Lim K M, Lim S Y, Yoo S H. Oil Consumption, CO_2 Emission, and Economic Growth: Evidence from the Philippines [J]. Sustainability, 2014 (6): 967 – 979.

[288] Lin H, Zeng S X, Ma H Y, et al. Can political capital drive corporate green innovation? Lessons from China [J]. Journal of Cleaner Production, 2014, 64 (2): 63 – 72.

[289] Lin, M., Yang, Y. Environmental regulation and technology innovation: evidence from China [J]. Energy Procedia, 2011 (5): 572 – 576.

[290] Lin, S. F., Zhao, D. T., Marinova, D.. Analysis of the environmental impact of China based on STIRPAT model [J]. Environmental Impact Assessment Review, 2009, 29 (6): 341 – 347.

[291] List, J. Ati., Milliment, D. L., Fredriksson, P. G., et al. Effects of environmental regulations on manufacturing plant births: evidence from a propensity score matching estimator [J]. Review of Economics and Statistics, 2003, 85 (4): 944 – 952.

[292] List, J. A., Mchone, W. W., Milliment, D. L. Effects of environmental regulation on foreign and domestic plant births: is there a home field advantage? [J]. Journal of Urban Economics, 2004, 56 (2): 303 – 326.

[293] Liu Dan, Yao Ping. Resources city sustainable development indicator evaluation based on improved BP neural network model [J]. International Journal of Earth Sciences and Engineering, 2016, 9 (3): 1077 – 1082.

[294] Liu Dan. Research on innovation – synergy driven Model of improving ecological competitiveness in resource – based city [J]. Nature Environment and Pollution Technology, 2016, 15 (2): 515 –520.

[295] Liu, L. Geographic approaches to resolving environmental problems in search of the path to sustainability: the case of polluting plant relocation in China [J]. Applied Geography, 2013 (45): 138 – 146.

[296] Llach J, Castro R D. Bikfalvi A, et al. The relationship between environmental management systems and organizational innovations [J]. Human Factors and Ergonomics in Manufacturing & Service Industries, 2012, 22 (4): 307 –316.

[297] Long, X. L. , Zhao, X. C. , Cheng, F. X. . The comparison analysis of total productivity and eco – efficiency in China's cement manufactures [J]. Energy Policy, 2015 (81): 61 –66.

[298] Mandell, S. Optimal mix of emissions taxes and cap – and – trade [J]. Journal of Environmental Economics and Management , 2008 (56): 131 –140.

[299] Manderson, E. , Kneller, R. Environmental regulations, outward FDI and heterogeneous firms: are countries used as pollution havens? [J]. Environmental and Resource Economics, 2012, 51 (3): 317 –352.

[300] Margolis J. , Walsh J. Misery loves companies: Rethinking social initiatives by business [J]. Administrative Science Quarterly, 2003, 48 (2): 268 –305.

[301] Mathews, J. A. . Green growth strategies – Korean initiatives [J]. Futures, 2012, 44 (8): 761 –769.

[302] Mendelsohn, R. Endogenous technical change and environmental regulation [J]. Journal of Environmental Economics and Management, 1984 (11): 202 –207.

[303] Meng, L. , Guo, J. E. , Chai, J. , et al. China's regional CO2 emissions: characteristics, inter – regional transfer and emission reduction policies

[J]. Energy Policy, 2011 (39): 6136 -6144.

[304] Mensah J T. Carbon emissions, energy consumption and output: A threshold analysis on the causal dynamics in emerging African economies [J]. Energy Policy, 2014 (70): 172 -182.

[305] Mi Zefeng, Zeng Gang, Xin Xiaorui, Shang Yongmin, et al. The extension of the Porter hypothesis: Can the role of environmental regulation on economic development be affected by other dimensional regulations? [J]. Journal of Cleaner Production, 2018 (203): 933 -942.

[306] Milliman, S. R. Prince, R. Firm incentives to promote technological change inpollution control [J]. Journal of Environmental Economics and Management, 1989, 17 (3): 247 -265.

[307] Morioka, T. , Tsunemi, K. , Yamamoto, Y. , Yabar, H. , et al. Eco - efficiency of advanced loop - closing systems for vehicles and household appliances in Hyogoeco - town [J]. Journal Of Industrial Ecology, 2005, 9 (4): 205 -221.

[308] Mulatu, A. , Gerlagh, R. , Rigby, D. , et al. Environmental regulation and industry location in Europe [J]. Environmental & Resource Economics, 2010, 45 (4): 459 -479.

[309] Mundaca, L. , Roman, R. , Cansino, J. M. . Towards a green energy economy? A macroeconomic - climate evaluation of Sweden's CO2 emissions [J]. Apply Energy, 2015 (148): 196 -209.

[310] Nagel, M. H. . Managing the Environmental Performance of Production Facilities in the electronics industry: more than application of the concept of cleaner production [J]. Journal of Cleaner Production, 2003, 11 (2): 11 -26.

[311] Nakano M. Can environmental regulation improve technology and efficiency? An empirical analysis using the Malmquist Productivity Index [R]. Spain: Eaere, 2003 (6): 28 -30.

[312] Nentjes, A. , de Vries, F. P. , Wiersma, D. . Technology - forcing through environmental regulation [J]. European Journal of Political Economy, 2007 (23): 903 -916.

[313] Oltra V. Environmental innovation and industrial dynamics: the contri-

butions of evolutionary economics [J]. DIME working paper, 2008 (12) .

[314] Orlitzky M. , Schmidt F. Rynes S. Corporate social and financial performance: a meta - analysis [J]. Organization Studies, 2003, 24 (3): 403 - 441.

[315] Padilla - Perez, R. , Gaudin, Y.. Science, technology and innovation policies in small and developing economies: the case of Central America [J]. Resource Policy, 2014 (43): 749 - 759.

[316] Palmer, K. , Oates, W. E. , Portney, P. R.. Tightening environmental standards: the benefit - cost or the no - cost paradigm? [J]. Journal of Economic Perspectives, 1995, 9 (4): 119 - 132.

[317] Passetti, E. , Tenucci, A. Eco - efficiency measurement and the influence of organizational factors: evidence from large Italian companies [J]. Journal of Cleaner, 2016 (122): 228 - 239.

[318] Pekka, J. K. , Mikulas, L.. Eco - efficiency analysis of power plants: an extension of data envelopment analysis [J]. The European Journal of Operational Research, 2004, 154 (2): 437 - 446.

[319] Peuckert. What shapes the impact of environmental regulation on competitiveness? Evidence from Executive Opinion Surveys [J]. Environmental Innovation and Societal Transitions, 2014 (10): 77 - 94.

[320] Popp D. Pollution control innovations and the clean air act of 1990 [J]. Journal of Policy Analysis and Management, 2003, 22 (4): 641 - 660.

[321] Porter, M. E. , Linde, C. V. D.. Toward a new conception of the environment competitiveness relationship [J]. Journal of Economic Perspectives, 1995, 9 (4): 97 - 118.

[322] Porter, M. E. America's Strategy [J]. Scientific American, 1991 (4): 1 - 5.

[323] Porter. America's green strategy [J]. Scientific American, 1991, 264 (4): 168.

[324] Ramanathan R, Black A, Nath P, et al. Impact of environmental regulations on innovation and performance in the UK industrial sector [J]. Management Decision, 2010, 48 (10): 1493 - 1513.

[325] Ramanathan, R., He, Q., Black, A., et al.. Environmental regulations, innovation and firm performance: a revisit of the Porter hypothesis [J]. Journal of Cleaner Production, 2017 (155): 79 – 92.

[326] Ren S, Li X, Yuan B, et al. The effects of three types of environmental regulation on eco – efficiency: a cross – region analysis in China [J]. Journal of Cleaner Production, 2016 (113): 1 – 11.

[327] Rennings, K.. Redefining innovation——eco – innovation research and the contribution from ecological economics [J]. Ecological Economics 2000, 32 (2): 319 – 332.

[328] Requate, T., Unold, W. Environmental policy incentives to adopt advanced abatement technologies: will the true ranking please stand up? [J]. European Economic Review, 2003 (47): 125 – 146.

[329] Requate, T., Unold, W. On the incentives of policy instruments to adopt advanced abatement technology if firms are asymmetric [J]. Journal of Institutional and Theoretical Economics, 2001 (157): 536 – 554.

[330] Rezza, A. A. A meta – analysis of FDI and environmental regulations [J]. Environment and Development Economics, 2014, 20 (2): 185 – 208.

[331] Ribeiro, F. M., Kruglianskas, I. Principles of environmental regulatory quality: a synthesis from literature review [J]. Journal of Cleaner Production 2015 (96): 58 – 76.

[332] Russo M V, Fouts P A. A resource – based perspective on corporate environmental performance and profitability [J]. The Academy of Management Journal, 1997, 40 (3): 534 – 559.

[333] Schot, J., Geels, W. Strategic niche management and sustainable innovation journeys: theory, findings, research agenda and policy [J]. Technology Analysis & Strategic Management, 2008 (20): 537 – 554.

[334] Sepp ä ä, J., Melanen, M., M ä enp ä ä, I., Koskela, S., et al. How can the eco – efficiency of a region be measured and monitored [J]. Journal Of Industrial Ecology, 2005, 9 (4): 117 – 130.

[335] Sleuwaegen, L., Pennings, E. International relocation of production:

where do firms go? [J]. Scottish Journal of Political Economy, 2002, 53 (4): 430 -446.

[336] Smarzynska, B. K. , Wei, S. J. Pollution havens and foreign direct investment: dirty secret or popular myth? Contributions Econ [J]. Analysis policy, 2004, 3 (2): 1 -32.

[337] Smiech S, Papiez M. Energy consumption and economic growth in the light of meeting the targets of energy policy in the EU: The bootstrap panel Granger causality approach [J]. Energy Policy, 2014, 71 (8): 118 -129.

[338] Song, M. , An, Q. , Zhang, W. , et al. Environmental efficiency evaluation based on data envelopment analysis: a review [J]. Renewable & Sustainable Energy Reviews, 2012, 16 (7): 4465 -4469.

[339] Song, M. L. , Fisher, R. , Wang, J. L. , et al. Environmental performance evaluation with big data: theories and methods [J]. Annals of Operations Research, 2016 (3): 1 -14.

[340] Sonnenschein, J. , Mundaca, L. . Decarbonization under green growth strategies? The case of South Korea [J]. Journal of Cleaner Production. 2016, 123 (4): 180 -193.

[341] Stavins, R. N. Correlated uncertainty and policy instrument choice [J]. Journal of Environmental Economics and Management , 1996, 30 (2): 218 -232.

[342] Stigson, B. . Sustainable development for industry and society [J]. Building Research and Information, 2010, 27 (6): 424 -430.

[343] Storrøsten, H. B. Prices versus quantities: technology choice, uncertainty and welfare [J]. Environmental and Resource Economics, 2014 (59): 275 -293.

[344] Stranlund, K. A note on correlated uncertainty and hybrid environmental policies [J]. Environmental and Resource Economics, 2014, 61 (4): 463 -476.

[345] Tellis, G. J. , Eisingerich, A. B. , Chandy, R. K. , et al. Competing for the Future: Patterns in the Global Location of R&D Centers by the World' s

Largest Firms. Institute for the Study of Business Markets, Pennsylvania State University, USA. 2008.

[346] Tole, L., Koop, G. Do environmental regulations affect the location decisions of multinational gold mining firms? [J]. Economic Geology, 2010, 11 (1): 151 – 177.

[347] UNEP. Measuring Progress towards an Inclusive Green Economy [J]. UNEP, Nairobi, 2012.

[348] VICTORIA HURTH. Creating Sustainable Identities: The Significance of the Financially Affluent Self [J]. Sustainable Development, 2010, 18 (3): 123 – 134.

[349] Vogtl ä nder, J. G., Bijma, A., et al. Communicating the eco – efficiency of products and services by means of the eco – costs/value model [J]. Journal of Cleaner Production, 2002, 10 (1): 57 – 67.

[350] Wagner M. On the relationship between environmental management, environmental innovation and patenting: evidence from German manufacturing firms [J]. Research Policy, 2007 (10): 1587 – 1602.

[351] Wagner M. Empirical influence of environmental management on innovation: evidence from Europe [J]. Ecological Economics, 2008, 66 (2): 392 – 402.

[352] Wagner, U. J., Timmins, C. D. Agglomeration effects in foreign direct investment and the pollution haven hypothesis [J]. Environmental & Resource Economics, 2009, 43 (2): 231 – 256.

[353] Wang SY, et al. Does environmental information disclosure contribute to improve firm financial performance? An examination of the underlying mechanism. [J]. The Science of the total environment, 2020 (714): 136855.

[354] Wang Y, Liu H, Mao G, et al. Inter – regional and sectoral linkage analysis of air pollution in Beijing – Tianjin – Hebei (Jing – Jin – Ji) urban agglomeration of China [J]. Journal of Cleaner Production, 2017 (165): 1436 – 1444.

[355] Wang Z, Zhang B, Zeng H. The effect of environmental regulation on external trade: empirical evidences from Chinese economy [J]. Journal of Cleaner

Production, 2015, 147 (2): 649 -660.

[356] Wang, M. W. , Che, Y. , Yang, K. , et al. A local - scale low - carbon plan based on the STIRPAT model and the scenario method: the case of Minhang District, Shanghai, China [J]. Energy Policy, 2011 (39): 6981 -6990.

[357] Wang, Z. H. , Zhang, B. , Zeng, H. L. The effect of environmental regulation onexternal trade: empirical evidences from Chinese economy [J]. Journal of Cleaner Production, 2015, 147 (2): 649 -660.

[358] Webb, C. , Esakin, T. C. A green economy for Canada: consulting with and regional economy using structural equation modeling [J]. Journal of Transport Economics and Policy, 2011, 27 (3): 123 -133.

[359] Weitzman, M. Prices vs. quantities [J]. Review of Economic Studies, 1974 (41): 477 -491.

[360] World Commission on Environment and Development. Our Common Future [M]. Oxford: Oxford University Press, 1987, 11 (1): 53 -78.

[361] Xing, Y. Q. , Kolstad, C. D. Do lax environmental regulations attract foreign investment? [J]. Environmental & Resource Economics, 2002, 21 (1): 1 -22.

[362] Yang L, Wang K L. Regional differences of environmental efficiency of China' s energy utilization and environmental regulation cost based on provincial panel data and DEA method [J]. Mathematical & Computer Modelling, 2013, 58 (5 -6): 1074 -1083.

[363] Yang Z, Zhao Y. Energy consumption, carbon emissions, and economic growth in India: Evidence from directed acyclic graphs [J]. Economic Modelling, 2014, 38 (2): 533 -540.

[364] Yang, F. , Yang, M. Analysis on China' s eco - innovations: regulation context, intertemporal change and regional differences [J]. European Journal of Operational Research. 2015, 247 (3): 1003 -1012.

[365] Yang, L. , Wang, K.. Regional differences of environmental efficiency of China' s energy utilization and environmental regulation cost based on provincial panel data and DEA method [J]. Mathematical and Computer Modelling,

2013 (58): 1074 - 1083.

[366] Yates, A. On a fundamental advantage of permits over taxes for the control of pollution [J]. Environmental & Resource Economics, 2012 (51): 583 - 598.

[367] Yin J, Zheng M, Chen J. The effects of environmental regulation and technical progress on CO_2 Kuznets curve: an evidence from China [J]. Energy Policy, 2015 (77): 97 - 108.

[368] York, R., Rosa, E. A., Dietz, T.. Bridging environmental science with environmental policy: plasticity of population, affluence, and technology [J]. Social Science Quarterly, 2002 (83): 18 - 34.

[369] York, R., Rosa, E. A., Dietz, T.. STIRPAT, IPAT and Impact: analytic tools for unpacking the driving forces of environmental impacts [J]. Ecological Economics, 2003 (46): 351 - 365.

[370] Yuan, B., Xiang, Q.. Environmental regulation, industrial innovation and green development of Chinese manufacturing: based on an extended CDM model [J]. Journal of Cleaner Production, 2018, 176 (3): 898 - 908.

[371] Zhang Qian, Chen Wanying, Feng Yanchao. The effectiveness of China's environmental information disclosure at the corporate level: Empirical evidence from a quasi - natural experiment [J]. Resources, Conservation and Recycling, 2021 (164).

[372] Zhang, N., Kong, F. B., Yu, Y. N.. Measuring ecological total - factor energy efficiency incorporating regional heterogeneities in China [J]. Ecological Indicator, 2015 (51): 165 - 172.

[373] Zhang, Z., Jin, X., Yang, Q., et al. An empirical study on the institutional factors of energy conservation and emissions reduction: evidence from listed companies in China [J]. Energy Policy, 2013 (57): 36 - 42.

[374] Zhao, X., Sun, B. The influence of Chinese environmental regulation on corporation innovation and competitiveness [J]. Journal of Cleaner Production, 2016, 112 (4): 1528 - 1536.

[375] Zhao, X., Yin, H., Zhao, Y. Impact of environmental regulations on

the efficiency and CO_2 emissions of power plants in China [J]. Applied Energy, 2015 (149): 238 - 247.

[376] Zhao, X., Zhao, Y., Zeng, S., et al. Corporate behavior and competitiveness: impact of environmental regulation on Chinese firms [J]. Journal of Cleaner Production, 2015 (86): 311 - 322.

[377] Zheng, D., Shi, M. Multiple environmental policies and pollution haven hypothesis: evidence from China's polluting industries [J]. Journal of Cleaner Production, 2017 (141): 295 - 304.

[378] Zhou, Q., Yabar, H., Mizunoya, T., et al. Exploring the potential of introducing technology innovation and regulations in the energy sector in China: a regional dynamic evaluation model [J]. Journal of Cleaner Production, 2016 (112): 1537 - 1548.

[379] Zhu, S. J, He, C. F, Liu, Y., Going green or going away: environmental regulation, economic geography and firms´strategies in China's pollution - intensive industries [J]. Geoforum, 2014 (55): 53 - 65.

[380] Zuo Y, Shi Y L, Zhang Y Z, et al. Research on the Sustainable Development of an Economic - Energy - Environment (3E) System Based on System Dynamics (SD): A Case Study of the Beijing - Tianjin - Hebei Region in China [J]. Sustainability, 2017 (10): 17 - 27.

后　　记

在本书完稿之际，对给予我莫大关心、支持和帮助的各方表达最真诚的感谢！

特别感谢国家社会科学基金项目“‘环境规制、技术创新、产业结构’三位一体的绿色转型机制研究（编号：15CJY035）”和黑龙江省哲学社会科学研究规划项目“波特假说框架下黑龙江省制造业绿色转型升级的创新驱动机制与发展对策研究（编号：20JYB026）”的资助。同时也感谢博士后科研启动金资助项目的资助。

感谢北京大学的王立彦教授在本书写作各环节的热心指导和宝贵意见，向他致以最崇高的敬意和衷心的感谢。感谢黑龙江科技大学的同事在著书过程中的引导和帮助。

本书的出版也得益于中国财政经济出版社的热情帮助、高效工作和全力支持，在此表示深深的谢意！

由于作者研究时间和学识水平有限，本书难免存在一些疏漏，若有不当之处，敬请学界同仁及广大读者批评指正。

张　倩

2021 年 1 月